BERND HEINRICH

# LAUFEN

BERND HEINRICH

# LAUFEN

GESCHICHTE EINER LEIDENSCHAFT

Aus dem Amerikanischen
von Hainer Kober

List

Die Originalausgabe erschien 2001 unter dem Titel
»Racing The Antilope.
What Animals Can Teach Us About Running And Life«
bei Cliff Street Books, einem Imprint von
Harper Collins Publisher Inc., NY
Vorliegende Übersetzung beruht auf der Taschenbuchausgabe
»Why We Run. A Natural History«, erschienen 2002 bei Ecco,
einem Imprint von Harper Collins Publisher Inc., NY

Der List Verlag ist ein Verlag
des Verlagshauses Ullstein Heyne List GmbH & Co. KG

ISBN 3-471-79457-3


Herstellung: Helga Schörnig
Satz: Schaber Satz- und Datentechnik, Wels
Gesetzt aus der 11,4/14,2 Punkt Caslon
Druck und Bindung: Bercker, Kevelaer
Printed in Germany

*Für Erica, Stuart, Eliot und Lena*
*und ihre ausdauernden Mütter*

# Inhalt

# Prolog

Die menschliche Erfahrung ist mit Träumen und Wünschen bevölkert. Für mich ist das Totemtier dieser Träume eine Antilope, schnell, kraftvoll und schwer zu fassen. Die meisten von uns jagen irgendwelche »Antilopen«, und manchmal erlegen wir sie. Doch oft gelingt es uns nicht. Warum versuchen wir es überhaupt? Ich glaube, weil wir ohne die Jagd auf Traumantilopen zu dem werden, was ein Schoßhund im Vergleich zu einem Wolf ist. Von Natur aus gleichen wir eher Wölfen als Schoßhunden, denn die gemeinschaftliche Jagd gehört zu unserer biologischen Grundausstattung.

Für mich tauchte im Mai 1981 eine neue »Antilope« am Horizont auf. Ich hatte gerade das erste Anzeichen erblickt und musste mich auf die Jagd machen. Soeben hatte ich meinen ersten Ultramarathon hinter mich gebracht, einen 50-Kilometer-Lauf, ein kurzes Rennen, das kaum als Ultramarathon gelten konnte. Doch auf dem letzten halben Kilometer war ich am damaligen amerikanischen Rekordhalter über 100 Kilometer vorbeigezogen, woraufhin ich mich fragte, ob ich womöglich in der Lage sei, Wettkämpfe über extrem lange Strecken mit Erfolg zu bestreiten. In diesem Jahr sollte die US-amerikanische Meisterschaft über 100 Kilometer am 4. Oktober in Chicago stattfinden. Obwohl ich in diesem Augenblick kaum noch einen Schritt gehen konnte, begann ich davon zu träumen, an dem 100-Kilometer-Rennen teilzunehmen, eine doppelt so weite Strecke, wie ich sie jemals gelaufen war.

Das Problem bestand darin: Wie bereitet man sich auf einen Lauf von solcher Länge vor? Als gelernter Zoologe schien es mir nur natürlich zu sein, mir anzuschauen, wie andere »Ausdauer-Arten« zu solchen Leistungen in der Lage sind, und ob ich bei ihnen irgendwelche Hinweise für Trainingsmethoden finden könnte. Dieses Buch ist jedoch nicht als Trainingshandbuch gedacht, auch habe ich es nicht geschrieben, um mit meinen sportlichen Großtaten zu prahlen, die im Übrigen ziemlich unbedeutend sind, wenn man sie mit denen anderer vergleicht. Ich habe es geschrieben, um aufzuzeigen, was alles für einen Ultramarathonlauf erforderlich ist, und um meine Lauferfahrungen mit den Erkenntnissen zu verknüpfen, die ich aus meinen Tierstudien gewonnen habe. Letztlich ging es mir darum, die Lauferfahrungen mit der menschlichen Biologie zusammenzubringen, um herauszufinden, was uns von anderen Tieren unterscheidet und was wir mit ihnen gemeinsam haben. Möglicherweise habe ich dabei einige neue Aspekte der menschlichen Evolution entdeckt.

Kapitel eins

# Warmlaufen

Ich liebe Crossläufe ... Du kommst auf eine Hügelkuppe und siehst zwei Stück Rotwild fliehen. »Was zum Teufel macht der denn?« ... Auf einer Aschenbahn komme ich mir vor wie ein Hamster.

ROBIN WILLIAMS, Filmschauspieler

Heute verbinde ich mit meinem täglichen Lauf fast immer den Zweck, mich nach einem langen Tag sitzender Tätigkeit zu entspannen. Ich komme nach Hause, fühle mich ein bisschen ruhelos, giere nach frischer Luft und während ich noch in Turnhose und leichte Laufschuhe schlüpfe, habe ich schon das Empfinden, ein neuer Mensch zu werden. Ich fühle mich frei wie eine Raupe, die sich in einen Schmetterling verwandelt. Wenige Augenblicke, nachdem ich die Schuhe geschnürt habe, jogge ich die Auffahrt hinunter. An diesem Tag im Spätsommer sind die Blätter noch hellgrün, doch in ein, zwei Wochen werden sie sich in ein flammendes Kaleidoskop aus Gelb, Orange, Rosa und Purpur verwandeln. Die Goldruten am Rande der staubigen Straße beginnen gerade zu verblassen, stattdessen blühen jetzt mehrere Arten wilder Astern. Aus den Augenwinkeln nehme ich die lavendelfarbenen, lila und blauen Flecken ihrer Blüten wahr. Gewöhnlich machen sich Hummeln auf diesen Blüten zu schaffen, aber heute bleiben selbst diese kälteresistenten Tiere bewegungslos in ihren unterirdischen Nestern tief in den Wäldern.

Als ich einen großen Monarchfalter mit orangefarbener und schwarzer Zeichnung auf einer Aster erblicke, frage ich mich, wie viel Zucker er wohl aus dem Nektar gewinnt, dient ihm doch der Zwischenstop in unserer Gegend dazu, auf seiner Wanderung von Kanada nach Mexiko Energie zu tanken. Die Schmetterlinge brauchen nämlich, wie auch die menschlichen Ultramarathonläufer (Läufer, die Rennen von 80 oder mehr Kilometern bestreiten), regelmäßige Versorgungsstationen auf ihrem Weg. Während der warmen, sonnigen Tage der letzten Wochen habe ich ständig Monarchfalter mit trägen, schwebenden Flügelschlägen an mir vorbeigleiten sehen. Diese Individuen sind mindestens schon die dritte Generation derer Insekten, die im letzten Frühjahr Zentralmexiko verlassen haben, um sich im Norden fortzupflanzen. Sie alle befinden sich jetzt auf dem Rückweg in ihr gemeinsames Überwinterungsgebiet in den kühlen Gebirgen bei Mexiko City, aus dem ihre Vorfahren aufgebrochen sind. Dort schonen sie ihre Energiekonserven während des Winters, indem sie sich buchstäblich in einen Kühlzustand versetzen, der ihre Stoffwechselprozesse verlangsamt. Die zarten Geschöpfe nehmen die unglaublich lange Reise auf sich, um dem tödlichen Frost zu entgehen, senken dann aber ihre Temperatur so ab, dass sie ihre Energievorräte während der Fastenmonate nicht aufzehren! Monarchfalter sind Langstreckenflieger. Das gehört zu ihrer genetischen Ausstattung, ihrer Bewältigungsstrategie.

Am Ende der Auffahrt wende ich mich nach links, am Biberteich vorbei. Heute ist es dort still. Im April war die Kakophonie der Schnepfen und Rotschulterstärlinge zu vernehmen, doch diese Bewohner sind seit zwei Monaten fort. Libellen schlüpften im kalten Wasser aus ihren Larven und suchten die Wärme. Heute hocken alle Libellen mit kalten Muskeln am Boden. Der Nebel sammelt sich in Tröpfchen auf ihren Flügeln, während sie schlaff auf den Rohrkolbenblättern hocken. Über den Teich werfe ich einen Blick hinüber zum Biberbau, wo die Kanadagänse genistet haben. Man weiß nie, manchmal erblickt man dort einen Elch, einen Blaureiher, einen Otter ... Heute lassen sich keine Elche und Gänse sehen. Dafür ertönen jetzt täglich, stündlich die klagenden Schreie der Gänse, Ausdruck ihrer Aufregung, dass es nun in langen V-förmigen Formationen nach Süden geht. Wie menschliche Läufer einander im Windschatten folgen, so nutzen die Vögel den verringerten Luftwiderstand, um Energie zu sparen.

Fast alles, was wir über uns wissen, ist aus Erkenntnissen erwachsen, die wir über andere Organismen gewonnen haben: Gregor Mendels »Erbsen«, George Beadles und Edward Tatums »Brotschimmel«, Barbara McClintons »Mais« und Thomas Hunt Morgans »Fruchtfliegen« – ihnen allen verdanken wir unser Grundwissen über Vererbung.

Mäuse, Ratten, Hunde und Affen haben als Versuchstiere in Studien gedient, aus denen wir eine schier endlose Fülle von Erkenntnissen über fast all unsere physiologischen Funktionen gewonnen haben. Aus Experimenten mit Ratten und Mäusen haben wir gelernt, wie man Viren bekämpft, Bakterien besiegt und sich vor mörderischen Krankheiten schützt. Ohne die Einsichten, die wir durch die Beobachtung anderer Tiere in ihrer natürlichen Umgebung gesammelt haben, hätten wir nur oberflächliches und bruchstückhaftes Wissen über unser Verhalten, unsere Psyche und unsere Ursprünge.

Der Koyokon-Häuptling Grandpa William verriet dem Anthropologen Robert Nelson (in: *The Island Within*, Vintage Books, 1991): »Jedes Tier weiß mehr als du.« Daher glaube ich auch, dass wir von Tieren viel über das Laufen lernen können. Sie liefen schon viele Millionen Jahre lang, bevor Geschöpfe in Erscheinung traten, die als Menschen zu erkennen waren.

Wir können Tiere finden, die uns in jeder der von uns so hoch geschätzten Eigenschaften überlegen sind: Fleiß, Treue, Loyalität, Tapferkeit, Monogamie, Geduld und Toleranz. Doch der Versuch, unseren eigenen Moralkodex durch den Vergleich mit anderen Tieren zu rechtfertigen, ist gefährlich. Ihr Beispiel lässt sich ebenso leicht dazu benutzen, um Hass, Gewalt, Folter, Kannibalismus, Kindesmord, Täuschung, Vergewaltigung, Mord und sogar Krieg und Genozid zu rechtfertigen. Sie können uns zeigen, wie wir wurden, was wir sind – aber nicht, wonach wir streben sollten. Wir können von ihnen jedoch lernen, so zu laufen, wie *wir* laufen möchten.

Angesichts der immensen Artenvielfalt auf unserem Planeten können wir schwerlich einen größeren Anspruch auf Einzigartigkeit oder auch nur Besonderheit erheben als die meisten anderen Tiere. Wir sind das Produkt eines langen, verwickelten Evolutionsprozesses, der in allen seinen Ausformungen dem gleichen Wechselspiel von Einschränkungen und Möglichkeiten unterworfen war. Nur wenn wir diesen verstehen, können wir über triviales Wunschdenken und willkürliche Annahmen hinausgelangen.

Jenseits des Teiches hämmert in dem anderthalb Meter dicken, schon halb abgestorbenen Zuckerahorn ein großer Specht auf die dicken, trockenen Zweige ein, ohne den Jogger zu beachten. In der Nähe fliegt ein Schwarm Wanderdrosseln von einer Gruppe junger Ahornbäume auf, die mit wildem Wein überwachsen sind. Ein letztes Mal noch fressen sich die Vögel Fett für ihre Wanderung an und sie tun sich an den Beeren gütlich, die günstigerweise zu dieser Jahreszeit reif werden. Ein Waldhuhn, das die von den Wanderdrosseln zu Boden geworfenen Weintrauben gefressen hat, explodiert in einem lauten Flügelwirbel. Sein kraftvoller, rascher Flug verblüfft mich. Würde das Huhn wiederholt aufgescheucht, ermüdete es rasch und könnte sich nicht mehr vom Boden erheben. Wie die meisten Zugvögel können die Wanderdrosseln ununterbrochen viele Hunderte, vielleicht sogar Tausende von Kilometern zurücklegen. Sie können uns zeigen, auf welchen Formen der Spezialisierung die Ausdauer beruht. Das Waldhuhn aber besitzt die Voraussetzungen für Schnellkraft. Ich nehme an, es hat die gleichen schnell kontrahierenden Muskelfasern wie menschliche Sprinter.

Keine 400 Meter die Straße hinunter komme ich an einem weiteren Biberbau vorbei, dieser hier nur anderthalb Jahre alt. Der neue Damm hat den Wald unter Wasser gesetzt; in diesem Sommer sterben die überfluteten Bäume ab. Die Biber fällen große Pappeln am Rand des Teiches, um mit den Zweigen unter Wasser Nahrungsverstecke anzulegen, die sie durch den kommenden Winter bringen. Als ich am Teich vorbeijogge, paddeln Brautenten eilig durch die neue Oberflächenschicht aus grüner Entengrütze, um sich in den überschwemmten Stechpalmbüschen zu verstecken. Die Beeren sind bereits rot und signalisieren den vorbeikommenden Zugvögeln, dass sie bald reif sind. Die Brautenten haben in einer nahen Höhlung genistet, die ein Helmspecht aus dem Stamm gehauen hat. Wenige Stunden nach dem Ausschlüpfen sind die Entenküken wie Pingpongbälle stracks zum Eingang und hinausgehüpft. Sie sind geborene Hochspringer. Die kleinen Brautenten sind im letzten Frühjahr in dem Teich herangewachsen. Im Mai waren sie winzige daunenbedeckte Küken, heute sieht die ganze Familie sehr erwachsen aus.

Bei jedem Schritt bemerke ich Raupen, die auf den über die Straße ragenden Zweigen gefräßig die Blätter verstümmeln. Früher habe ich Raupenkot gesehen, der auf den glatten Straßenbelag fiel, und beim Blick nach oben die großen grünen Seidenspinner und andere Schmetterlingslarven entdeckt, die sich jetzt verpuppt haben, um die kalte Jahreszeit in Winterstarre zu überstehen. Nur noch wenige Raupen sind zu sehen, doch schon bald werden mit dem Blätterfall die Nester der Wanderdrosseln und Vireos zum Vorschein kommen, die den ganzen Sommer über versteckt waren. Im Biberteich haben die sterbenden Ahornbäume bereits flammende gelbe und orangefarbene Blätter. Die eingehenden Bäume haben sich früher verfärbt als die anderen und ziehen bewundernde Blicke auf sich.

Langsam werde ich warm. Meine Schritte werden länger und lockerer. Ich fühle mich besser, denke klarer und erinnere mich an Dinge, die ich schon längst vergessen hatte. Kurz hinter dem Biberteich überquere ich die steile, überhängende Böschung entlang der Straße, wo ich im Frühjahr ein Wilsondrosselnest entdeckt habe. Im Vorbeilaufen habe ich die dunklen Augen der Vögel gesehen, als sie sich duckten und mich beobachteten. Jetzt ist das Nest verlassen – doch es beschwört die Erinnerung herauf an hellblaue Eier, rosige, nackte Junge, die ein dünner, weißer Flaum bedeckte, und fleckig gemusterte Jungvögel, die später vor mir auf der Straße entlanghüpften.

Noch ein paar Schritte – und die Buche taucht auf. Auf der Straße verraten keine Schalen, dass hier Eichhörnchen gefressen haben, also ist die Bucheckerernte in diesem Jahr wohl schlecht. Auf der anderen Seite der Straße stehen die alten Laubbäume, in denen ich so häufig einen Streifenkauz erblickt habe.

Wieder ein paar Schritte bis zur Straßenbiegung am Apfelbaum, wo ein Hirsch über die Straße setzte und wo ich einmal zwei junge Biber entlangwackeln sah.

Dann schließt sich eine ebene Strecke von einem knappen Kilometer an. Ich erhöhe das Tempo ein wenig und versuche, mir jedes Element meiner Laufbewegung bildlich vorzustellen. Überrascht nehme ich zur Kenntnis, wie sich die bewusste Visualisierung meiner Bewegung auf diese auszuwirken scheint. Bemühe dich um einen möglichst gleichmäßigen Bewegungsablauf – registriere genau, was die rechte Seite im Vergleich zu linken tut. Wenn ich mir vergegenwärtige, was ich tue, spüre ich, wie das Bewusstsein die Information wieder an den Körper rückmeldet und diese von dort wieder ins Bewusstsein gelangt. Hin und her, hin und her, okay – alles klar! Wie auch der größte Teil unseres Wissens bleiben solche Handlungen in der Regel unbewusst.

Am Teich der Farm biege ich von der Straße ab und springe über den Zaun, um nach den Fröschen zu sehen und um zu überprüfen, ob die jüngsten Regenfälle den Wasserspiegel wieder angehoben haben. Letzten Monat habe ich hier Laubfrösche gehört, auch Schreifrösche und andere Arten habe ich gesehen. Wie die Jäger, die das Buschland erkunden, rechne ich damit, auf meinen Läufen viele Schätze zu entdecken.

Wieder auf der Strecke werfe ich noch einen Blick hinauf zum Berg Camels Hump, dann laufe ich einen langen Hang zum Hunting River hinab. Ich fühle mich gut und spüre, wie mir frische Kräfte erwachsen durch die Erwartung der Dinge, die hinter der nächsten Biegung meiner harren, durch die Erinnerung an frühere Läufe und gelegentlich auch durch die Vorfreude auf ein Wettrennen in der Zukunft.

Kapitel zwei

# Frühzeitliche Läufer und wir

Doch glücklich ist der Mann und wird von Dichtern besungen,
der siegt mit Hand und geschwindem Fuß und Kraft.

PINDAR, griechischer Dichter, um 500 v. Chr.

... Entscheidend im Leben ist nicht so sehr,
zu siegen, sondern anständig zu kämpfen.

BARON PIERRE DE COUBERTIN,
bei der Wiedereinführung der Olympischen Spiele im Jahr 1896

Wir sind alle geborene Läufer, obwohl viele von uns das längst vergessen haben. Immer wird mir in Erinnerung bleiben, wie ich als Kind zum ersten Mal barfuß auf dem warmen Sand eines einsamen Waldwegs in Deutschland entlanglief, die Kiefern roch, Ringeltauben gurren hörte und grüne Tigerkäfer vor mir davonlaufen sah. Nie, *niemals* werde ich vergessen, wie ich am 4. Oktober 1981, mehr als 30 Jahre später, auf einer Asphaltstraße in den USA lief. An diesem Tag nahm ich mit 261 anderen Frauen und Männern an einem 100-Kilometer-Lauf in Chicago teil. Wie ich waren sie alle auf die eine oder andere Weise auf der Jagd nach einer Traumantilope. Als ich darüber nachzudenken begann, was das Laufen für uns Menschen bedeutet, und warum ich mich an solchen Rennen beteiligte, war ich überrascht, wie lebhaft sich ferne Erinnerungen und wie eindringlich sich neue Erkenntnisse präsentierten. Es lagen so viele Welten zwischen dem kleinen deutschen Jungen, der barfuß durch den Sand lief, und dem 41-jährigen Biologen, den seine Nikes über das Chicagoer Pflaster trugen. Doch jetzt verflochten sich diese Erinnerungen in meinem Bewusstsein mit den größeren Konturen menschlicher Existenz, verweilten bei der Verwandtschaft mit anderen Tieren und gingen zurück zur Dämmerung der Menschheit. Diese Gedanken verliehen dem Rennen eine ganz neue Bedeutung.

Bewegung ist fast gleichbedeutend mit Leben. Mit gestreckten Stängeln und kreisenden Ranken veranstalten Pflanzen ein Wettrennen um das Licht. In ähnlicher Weise konkurrieren die Samen vieler Pflanzen, als Erste auf das richtige Stückchen Boden zu gelangen. Einige von ihnen legen mithilfe einfallsreicher und höchst vielfältiger Mechanismen viele 100 Kilometer zurück: Sie lassen sich von Wind und Wellen tragen, oder reisen im Magen Früchte fressender Vögel und im Fell von Säugetieren.

Tiere bewegen sich meist aus eigener Kraft: Sie machen sich mithilfe ihrer Muskeln chemische Energie zunutze. Aber wie den Pflanzen ist es uns in jüngerer Zeit gelungen, uns von Wind, Wasser und anderen Tieren befördern zu lassen. In zunehmendem Maße gewinnt unsere Art auch, im Gegensatz zu anderen Arten, Energie aus Kohle, Öl und Atomen zum Zwecke der Fortbewegung.

Im Zuge der vielen 100 Millionen Jahre währenden tierischen Evolution hat der Selektionsdruck bei einigen Arten die Fähigkeit ausgebildet, sich weiter und rascher zu bewegen – sparsamer und unter widrigsten Umständen – als ihre Konkurrenten oder natürlichen Feinde. Räuber wie Beutetiere müssen sich schneller bewegen – oder sterben. Ein unbekannter Läufer fasste das in einem inzwischen berühmt gewordenen Aphorismus zusammen:

> Jeden Morgen wird in Afrika eine Antilope wach. Sie weiß, sie muss schneller laufen als der schnellste Löwe, oder sie wird getötet. Jeden Morgen wird in Afrika ein Löwe wach und weiß, er muss schneller laufen als die schnellste Antilope, oder er wird verhungern. Es spielt keine Rolle, ob du ein Löwe oder eine Antilope bist – wenn die Sonne aufgeht, solltest du besser laufen.

Natürlich müssen diese Tiere das nicht wissen – sie müssen nur schnell sein.

Mithilfe unserer grenzenlosen Phantasie und den technischen Errungenschaften, die sie hervorgebracht hat, sind unsere Reisen heute schneller, sparsamer und viel weiter, als unsere Muskelkraft reicht. Doch über Jahrmillionen war unsere schnellste Fortbewegungsart das Laufen. Tief in unserem Inneren sind wir noch immer Läufer, egal, ob wir das in unserem Verhalten zum Ausdruck bringen oder nicht. Dabei wirkt unser Bewusstsein wie unsere Lunge und unsere Muskulatur als Lebenskraft, die unseren Lauf beflügelt. Jedes Mal, wenn wir eine Straße entlangjoggen oder uns zu einem Marathonlauf aufstellen, feiern wir damit nicht nur das Leben im Allgemeinen und unsere individuelle Lebendigkeit im Besonderen, sondern betätigen auch unsere Phantasie, ohne die Wirklichkeit zu verkennen. Wir finden Sicherheit in der Gewissheit, dass keine Zauberei beteiligt ist. Was auf der anderen Seite nicht heißt, dass die Welt von einfacher Logik wäre, denn sie mag zwar einfach in ihrem Entwurf sein, ist aber äußerst komplex in ihren Einzelheiten.

Ich bin fast mein ganzes Leben lang gelaufen – über unterschiedliche Entfernungen und mit unterschiedlicher Intensität –, wahrscheinlich, weil die urtümliche, schmucklose Einfachheit des Laufens einen unwiderstehlichen Reiz auf mich ausübt. Es gibt viele Spiele und Sportarten, bei denen man läuft, doch nur das Laufen selbst rührt an die reine und fundamentale Spannung von Geschwindigkeit und Ausdauer – losgelöst von dem ganzen alltäglichen Beiwerk der Technik, der Meinungen und der Übertreibungen. Nichts – *gar nichts* auf der Welt, soweit es die reine Leistung angeht – kommt für mich der Faszination gleich, die von einem Lee Evans ausgeht, wenn er in die letzte Kurve eines 400-Meter-Laufs geht, von einem Peter Snell, einer Cathy Freeman, einem Billy Mills oder einer Joan Benoit Samuelson auf der Zielgeraden zu einem Olympiasieg. Warum? Weil es klar und kraftvoll ist.

Am Schluss seines Buches *The Complete Book of Running* schreibt der verstorbene James F. Fixx:

> Ich habe den Verdacht, dass die Wirkung des Laufens keineswegs außergewöhnlich, sondern ganz normal ist. Es sind die anderen Verfassungen, in denen wir uns befinden, unsere Gefühle, die ungewöhnlich sind, denn sie sind die Negation der Empfindungen, für die Sie und ich eigentlich gemacht sind. Als Läufer hangeln wir uns, glaube ich, direkt an der endlosen Kette der Geschichte entlang. Wir erfahren, was wir empfunden hätten, wenn wir vor zehntausend Jahren gelebt, uns von Obst, Nüssen und Gemüse ernährt und Herz, Lunge und Muskeln durch ständige Bewegung gesund erhalten hätten. Wir vergewissern uns, was dem modernen Menschen selten gelingt, unserer Verwandtschaft mit dem frühzeitlichen Menschen und sogar mit den Tieren, die ihm in der Evolution vorangingen.

Vor einigen Jahren hatte ich im Matopos-Nationalpark (heute Matobo) die seltene Gelegenheit, jene Verwandtschaft mit frühzeitlichen Läufern zu erleben, von der Fixx spricht. Ich befand mich auf einer Forschungsreise, um zu untersuchen, wie die Körpertemperatur die Fähigkeit des Skarabäus (Mistkäfers) beeinflusst, zu laufen und zu kämpfen. Auf den sanften Hügeln, deren felsige Ausläufer von kurzem Gras bedeckt waren, sah und roch ich die weiß und gelb blühenden Akazienbäume, in denen es von Bienen, Wespen und bunten Rosenkäfern wimmelte. Friedlich ästen Giraffen an den flachen Baumkronen der Akazien. Durch den Miombe-Wald streiften Rudel von Pavianen und Impalas. In dieser Landschaft sind zu bestimmten Jahreszeiten noch zehntausende von Gnus und Zebras zu sehen, unter deren Wanderungen die Erde erbebt. Elefanten und Nashörner ziehen wie prähistorische Riesen über das Land, ständig in Bewegung. Zufällig schaute ich unter einen ziemlich unauffälligen und kleinen Felsüberhang und war völlig verblüfft von dem, was ich erblickte.

Auf die Felswand unter dem Überhang war eine Reihe kleiner, strichartiger menschlicher Figuren gemalt, die sich offenkundig im Laufschritt befanden. Alle hielten sie deutlich erkennbar Bogen, Köcher und Pfeile umklammert. Die Jäger liefen alle in eine Richtung, von links nach rechts auf der Felswand. An sich war dieses zwei- oder dreitausend Jahre alte Piktogramm nicht außergewöhnlich. Doch dann bemerkte ich doch eine Besonderheit, und sie nahm mir fast den Atem. Sie betraf die Figur ganz rechts, diejenige, die die Prozession anführte. Sie hatte die Arme in die Luft geworfen, in der universellen Siegesgeste am Ende eines Laufes. Bei den meisten Läufern ist diese Bewegung unwillkürlich, ein Reflex nach einem langen, harten Kampf mit Hitze und Qual, bis zum beseligenden Augenblick des Sieges über alle Widrigkeiten. Das Bild der Buschmänner wird mich immer daran erinnern, wie weit die Wurzeln unseres Laufens, unseres Konkurrenztriebs, unseres Leistungswillens in die Frühzeit der Menschheit zurückreichen.

Während ich die afrikanische Felsmalerei betrachtete, wusste ich, dass ich es mit einer verwandten Seele zu tun hatte, mit einem Menschen, den es zwar schon lange nicht mehr gab, aber den ich verstand, als hätte ich gerade mit ihm gesprochen. In diesem Augenblick teilte ich nicht nur die Umwelt und die Geisteshaltung mit diesem unbekannten Buschmann, diesem laufenden Jäger, ich befand mich auch an dem Ort, an dem sich aller Wahrscheinlichkeit nach unsere gemeinsamen Vorfahren entwickelt haben. Der Maler hatte hier Hunderte von Generationen vor mir gelebt, doch das war nur ein Wimpernschlag im Vergleich zu den unendlichen Zeiträumen, die verstrichen waren, seit ein zweibeiniges Geschöpf – halb Affe, halb Mensch – vor etwa vier Millionen Jahren die Sicherheit der Wälder verließ und sich in die Savanne hinauswagte, um dort zu laufen. Nichts ist so edel, tief und irrational wie unser Laufen – und nichts so wild und urtümlich.

Kapitel drei

# Startschuss

Ich seh euch stehn, wie Jagdhund' an der Leine,
Gerichtet auf den Sprung ...

SHAKESPEARE, in: *Heinrich V.*

Für mich verkörpert dieses Buschmann-Bild die Verbindung zwischen Laufen, Jagen und dem menschlichen Streben nach Höchstleistung um ihrer selbst willen. Alle anderen Tiere sind sehr viel utilitaristischer. Ihnen fehlt der künstlerische Impuls, der sich von allen anderen Motiven und Belohnungen emanzipiert. Beim Anblick dieses Bildes dachte ich an den verstorbenen Steve Prefontaine aus Coos Bay, Oregon, der einst für die University of Oregon startete und einer der größten und mutigsten Mittelstreckler aller Zeiten war. In Prefontaines Worten: »Ein Rennen ist wie ein Kunstwerk. Die Menschen betrachten es, und es spricht sie auf so viele verschiedene Weisen an, wie sich ihrem Verständnis erschließen.« Ja, der Weg zur Wertschätzung führt über das Verstehen.

In meiner Jugend waren meine Götter Läufer wie Herb Elliott, Jim Ryun und die inzwischen längst vergessenen Männer, die mich besiegten. Das waren keine einfach Menschen. Einige von ihnen schienen allen Naturgesetzen zu spotten. Ich schätzte sie, weil ich verstand, dass das, was sie leisteten, außerordentlich und schwer zu begreifen war. Nur eines wusste ich: Es war keine Zauberei. Ich wollte wissen, wie sie waren, wie sie atmeten und wie sie lebten, warum sie von anderen Menschen so verschieden und warum sie einigen Tieren, die ich bewunderte, so ähnlich waren.

Der Anblick einer besonderen Leistung, egal, ob von Mensch oder Tier, ist für mich noch immer ein Quell unsagbarer Inspiration. Ich bin gerührt von den Träumen anderer, von den Opfern, die sie bringen, dem Mut, mit dem sie ihre Leistungsbereitschaft unter Beweis stellen. Es schnürt mir die Kehle zu, wenn ich ein Kind oder jemand anderen sehe, der einen hoffnungslosen Kampf kämpft – der hinausgeht und die einsamen Straßen entlangläuft mit einem Traum im Herzen, einem Glanz in den Augen und einem Ziel im Kopf. Meine Bewunderung gehört den Menschen, die den Mut haben, an den Start eines großen Rennens zu gehen und sich die Lunge aus dem Leib zu laufen für einen Traum. Ich weiß, wie jemandem zumute ist, in dessen Seele während der Traumzeit der Jugend das Feuer entfacht wurde, während einer Zeit, da wir als Läufer im Geist noch unbezwungen waren, uns unbesiegbar fühlten und dachten, die Welt sei unschuldig.

Viele Menschen aus meinem damaligen Umfeld im ländlichen Maine schienen keine großen Ziele zu haben. Ich sah sie jeden Morgen ihre schwarze Frühstückstasche mit Thermosflasche und belegten Broten in die tristen Eingeweide der ratternden Spinnerei tragen. Am Abend kehrten sie heim, melkten die Kuh und gingen zu Bett. Nach einigen Jahren dieses endlos wiederholten

Gleichmaßes starben sie, meist in demselben Krankenhaus, in dem sie geboren worden waren.

Ich wollte es anders machen. Doch das ist schwierig, wenn man keine Möglichkeit dazu sieht. Andererseits ist es schwer, untätig zu bleiben, wenn man glaubt, eine Chance zu haben, obwohl es oft genug riskant ist, es auf eigene Faust zu versuchen. Das bleibt selten ungestraft. Jedes Anzeichen von Verschiedenheit kann zur Zielscheibe für andere werden. Sogar mein Vater, dem ich so viel verdanke, hat mich diese bittere Lektion gelehrt.

Seine Augen wurden schlechter, sodass er seine Arbeit als Entomologe nicht mehr länger fortsetzen konnte. Er wünschte, dass ich in seine Fußstapfen träte und seinen Traum fortsetzte – die Erforschung der Taxonomie der Schlupfwespen. Doch ich hatte meine eigenen Träume, in einer anderen Welt. Er war ein hervorragender Feldforscher, doch seine Interpretationsfertigkeiten beruhten nicht auf der modernen Wissenschaft, in der ich ausgebildet wurde. Eines Tages, es war kurz vor Ende meines Vorstudiums, war ich für einige Urlaubstage nach Hause gefahren und saß neben seinem Schreibtisch in dem alten Bauernhaus in Maine, wo er alle seine Tage verbrachte, durch sein Mikroskop starrte und seine Exemplare »präparierte«. Dazu gehörte, dass er die Flügel und Beine jedes Insekts mit dünnen langen Insektennadeln auf einem Stück Kork feststeckte, bis sie getrocknet waren. Jeden Tag brachte er Stunden damit zu, zwei oder drei dieser Exemplare zu präparieren. Jedes Stück seiner mehrere Tausend Exemplare umfassenden Sammlung hatte die sechs Beine, zwei Fühler und vier Flügel genauso ausgerichtet wie alle anderen. Waren die Insekten getrocknet und die Nadeln entfernt, ordnete er sie in die sauberen Reihen ein, jedes mit Datum, Ort und so fort in fast mikroskopischen Druckbuchstaben.

Papa hatte als Deutscher an zwei Weltkriegen teilgenommen, er hatte auf sein Studium verzichtet, weil er mit 17 Jahren seinen Idealen folgte und sich freiwillig zum Kriegsdienst meldete. Der Thronfolger des österreichischen Verbündeten war einem Attentat zum Opfer gefallen, und da sah es mein Vater als seine Pflicht an, sein Land und dessen Bundesgenossen zu verteidigen. In diesen Ferientagen in Maine fragte ich ihn, ob ich mich auch melden sollte, um in Vietnam zu kämpfen. Von den letzten Worten abgesehen erinnere ich mich nicht mehr sehr genau an das, was er antwortete. Doch unser Gespräch nahm ungefähr folgenden Verlauf: »Amerika ist ein Experiment«, sagte er, um nach einer langen Pause fortzufahren, »dessen treibende Kraft die Jagd des Einzelnen nach dem Geld ist. Für eine Gesellschaft, die auf diesen Grundsatz verpflichtet ist, würde ich meine Haut nicht riskieren.«

Ich fühlte mich persönlich angegriffen, denn ich hatte hart gearbeitet, um Geld zu verdienen, mein Studium zu finanzieren, ein altes Auto zu kaufen. Ich war inzwischen ein überzeugter Amerikaner. »Das Experiment scheint doch gut zu klappen«, sagte ich und dachte an den Optimismus und die Zufriedenheit, die ich überall sah.

»Aber es ist noch nicht abgeschlossen«, fuhr er fort. »Geld bringt Bequemlichkeit, Bequemlichkeit macht schlaff, aber in der Geschichte haben immer die Härtesten, die Aufopferndsten überlebt und gesiegt.« Prompt begab ich mich zur Rekrutierungsstelle in Bangor und versuchte, mich bei den Fallschirmjägern zu melden.

»Wem sollen wir denn dienen, wenn nicht uns selbst?«, hatte ich meinen Vater rhetorisch gefragt und hinzugefügt, er suche schließlich auch eigennützige Befriedigung bei seinen Schlupfwespen und »vielleicht dienen wir ja auch dem allgemeinen Wohl, indem wir uns selbst dienen«.

Daraufhin zog er, wie ich damals fand, völlig deplatzierte Vergleiche zu den Gesellschaften staatenbildender Insekten, worauf ich ihm entschieden widersprach. Er schwieg einen Augenblick, legte seine Pinzette aus der Hand, blickte mich an und erklärte nüchtern: »Wenn du nicht wie ich denkst, bist du nicht mein Sohn.« Schweigend nahm er seine Arbeit wieder auf. Seine Auffassung, man müsse denken wie der andere, um von ihm geliebt zu werden, schien mir damals vollkommen überzogen. Sie ist es vielleicht aber gar nicht. Sie wird gewöhnlich nur besser verschleiert.

Teilweise wurde ich Wissenschaftler, weil ich ein gewisses Maß an Sicherheit in einer Welt suchte, deren Werte allzu häufig bestimmt werden von Bedeutung, individuellem Vorurteil, unbewiesenen Annahmen, Wunschdenken, Dogma und Sentimentalität. Doch selbst in der Wissenschaft gibt es häufig keine eindeutigen, allgemein anerkannten Maßstäbe, die außerhalb der eigenen, streng definierten Disziplin gültig sind. Was für den einen eine großartige Theorie ist, mag für den anderen nur eine verschwommene Vermutung sein. Mein größter experimenteller Triumph ist für jemand anderen vielleicht nur eine Trivialität, wenn es nicht in sein vorgefasstes, »nützliches« Bezugssystem passt. Das ist keine Bosheit, sondern unser Streben nach Höchstleistung, denn als Menschen haben wir alle unsere eigenen Grenzen – wir kennen sie aber nicht.

Für mich war das Laufen letztlich so faszinierend, weil sich seine Qualität nicht an dem *Nutzen* für jemanden oder ihrem Rangplatz in einer Hierarchie bestimmen lässt. Der Grad der Vollkommenheit wird gerecht und objektiv durch Zahlen festgelegt. Es gibt

Leistungsstufen, die jeder, der möchte, ohne Schwierigkeiten erkennen und anstreben kann, und ganz oben befindet sich ein Rekord. Es gibt klare Regeln, und über die Zahl, die man erreichen kann – die Zeit, die man für eine bestimmte Distanz braucht, der Platz, den man in einem Rennen erzielt, oder den Rekord –, lässt sich nicht diskutieren. Ebenso wenig kann sie gestohlen, gefälscht oder von jemand anders beansprucht werden. Der Test ist das Rennen, in dem Verdienst nichts und Leistung alles ist.

Ich bin schon gelaufen, bevor ich zehn Jahre alt war. Mit 40 Jahren fiel mir plötzlich Pindars Ode an den Olympiasieger ein – »Kurz ist des Menschen Zeit bemessen, in der er Freude hat« –, und ich erinnerte mich, dass der weltweit führende Laufphysiologe David Costill geschrieben hat: »Zweifellos erreicht ein Langstreckler den Zenit seines Leistungsvermögens zwischen 27 und 32 Jahren.« Als ich im Frühjahr 1981 41 wurde, begann die Unabänderlichkeit der Lebensprozesse von meinem Bewusstsein Besitz zu ergreifen. Trotzdem setzte ich wilde Hoffnungen auf einen lebenslangen Traum, der einen unbelehrbaren Glauben und Optimismus in mir entfachte. Es war noch immer möglich. Ich nahm mir fest vor, an den US-amerikanischen Meisterschaften über 100 Kilometer teilzunehmen, die im Herbst in Chicago stattfinden sollten, und sie, wenn möglich, zu gewinnen.

Tu es jetzt oder du wirst es ewig bedauern, sagte mir eine innere Stimme. Dieser Entschluss war gewiss nicht meine letzte Chance, mich lebendig zu fühlen, doch es kam mir so vor. Das Laufen war nur ein kleiner Teil meines Lebens gewesen, aber jeder Teil ist wichtig, wenn er überhaupt ein Teil sein soll.

Das Rennen in Chicago wurde angekündigt als eine Entscheidungsschlacht zwischen zwei Größen des Ultramarathons – Barney Klecker aus Minnesota und Don Paul aus San Francisco. Klecker hatte mit 29 Jahren gerade einen phänomenalen Weltrekord aufgestellt. Die 80 Kilometer war er unter fünf Stunden gelaufen – in 4:51:25, um genau zu sein. Paul stand ihm in seinen Leistungen nicht viel nach und war genauso hungrig darauf, zu gewinnen. Ich hielt Klecker und Paul für unbesiegbar. Sie waren menschliche Antilopen – schnelle, unschlagbare Läufer mit muskulösen Oberschenkeln, dünnen Waden und hoch gewölbtem Brustkorb.

Was würde geschehen, wenn Klecker und Paul – und der Rest von uns – über eine Distanz von 100 Kilometern liefen? Wir alle würden an unsere persönlichen Grenzen stoßen, aber da Klecker das Beste war, was die Welt auf diesem Gebiet bisher vorzuweisen hatte, würden auch die Grenzen der *menschlichen* Geschwindigkeit und Ausdauer auf dieser Distanz auf die Probe gestellt werden.

Meine damalige Frau Margaret war am Abend vor dem Rennen mit mir nach Chicago geflogen, aber wir gingen nicht zu der Veranstaltung am Vorabend des Rennens, wo Würdenträger und namhafte Läufer Reden hielten und wo Don Paul ein »spannendes Rennen« versprach. Ich wollte nur ein heißes Bad nehmen.

Den Sommer über hatten wir in den Wäldern von Maine gelebt, in einer winzigen, mit Teerpappe gedeckten Hütte ohne Elektrizität und fließend Wasser. Dort hatten wir Insekten und einen großen Virginiauhu beobachtet und ich hatte mich auf dieses Ereignis vorbereitet. Das Bad war nun ein Genuss, den ich mir unmöglich entgehen lassen konnte.

Am nächsten Morgen am Start schossen schemenhafte Figuren im Schatten der Morgendämmerung hin und her, streckten sich und liefen sich warm, während Windböen vom See her den Nieselregen vor sich hertrieben. Zitternd und nervös ging ich in meinem Baumwolltrainingsanzug umher. Ich brannte darauf, ihn auszuziehen. Ich brannte darauf, in wenigen Stunden das Nachlassen der Spannung zu spüren, die sich in Monaten harten, täglichen Trainings aufgebaut hatte, in dem ich ein höheres Tempo angeschlagen hatte, als ich jetzt im Rennen laufen würde. Für mich bestand das Rennen größtenteils aus den etwa 2500 Kilometern, die ich in diesem Sommer und Anfang Herbst gelaufen war und den vielen zehntausend Kilometern, die ich in den Jahrzehnten zuvor zurückgelegt hatte. Grob gerechnet war ich mindestens viermal um die Erde gelaufen. Jetzt waren es nur noch 100 Kilometer!

Die Spannung stieg, als wir uns hinter der kalkweißen Linie aufstellten, die man quer über den schwarzen Straßenbelag gezogen hatte. Ich fragte mich, wie viele andere Läufer es unter den 261 Startern aus allen Ecken der Vereinigten Staaten und Kanadas gab, die diesem Augenblick so lange entgegengefiebert, so hart für ihn trainiert und so oft in ihren Träumen vor sich gesehen hatten wie ich.

Später erfuhr ich, dass neben Klecker und Paul auch noch andere namhafte Läufer am Start waren. Zum Beispiel Park Barner. Park war eine amerikanische Legende des Ultramarathons, der im Training regelmäßig die bemerkenswerte Strecke von gut 300 Kilometern pro Woche lief. Dann war da noch Dan Helfer aus Morton, Illinois. Er war im Jahr zuvor Zweiter hinter Klecker bei dessen Rekordlauf über 80 Kilometer gewesen. Auch Roger Rouiller stand am Start, Teilnehmer an 63 Marathonläufen und amerikanischer Rekordhalter (in der Altersgruppe der über 40-Jährigen) über 80 Kilometer. Als vollkommener Neuling hatte ich nur von Klecker und Paul gehört, und die waren in meiner Vorstellung überlebensgroß. Was ich damals weder ahnte noch wusste: An diesem besagten Rennen nahmen die besten nordamerikanischen Ultramarathonläufer teil.

Paul, Klecker und die meisten anderen hatten vor mir Aufstellung genommen. Die Spitzen ihrer Laufschuhe berührten fast die weiße Linie. Ich hielt mich weiter hinten und versteckte mich im Pulk. Ein einziges bekanntes Gesicht konnte ich entdecken. Neben mir stand Ray Krolewicz, der aus Pontiac, North Carolina, kam. Ich hatte ihn am Vorabend kennen gelernt, als wir beide den Start inspiziert hatten. Was ich damals nicht wusste, auch Krolewicz war ein Lauf-Veteran, der schon an mehr als 60 Ultramarathons teilgenommen hatte. Ich hatte bisher nur einen einzigen auf meinem Konto. Von kräftiger Statur, sah er so zäh und unverwüstlich aus wie ein Kamel. Letztes Jahr war er Dritter in dem 100-Kilometer-Lauf geworden, der an gleicher Stelle stattgefunden hatte.

Unruhig bewegten wir uns hin und her – ein bisschen Stretching, ein loses Schuhband, das noch einmal nachgebunden werden musste, ein nervöser Blick auf die Armbanduhr. Je näher der entscheidende Augenblick heranrückte, desto enger versammelten wir uns hinter der Linie und erwarteten den Start in nervöser Gespanntheit. Einige streiften schon die Trainingsanzüge ab. Doch ausgekühlte Muskeln nehmen den Sauerstoff langsamer aus dem Blut auf und reduzieren damit ihre Fähigkeit, große Energiemengen in kürzester Zeit freizusetzen. Aus einer Studie an Tigerkäfern und aus meiner Zeit der Feldforschung in Afrika wusste ich, dass kalte Käfer viel langsamer laufen als warme. Also wartete ich noch.

Jetzt waren es nur noch Sekunden. Die Anspannung erfasste uns alle. Dann ertönte der Schuss. Die Linie der Läufer schoss vorwärts, als hätten Finger eine gespannte Bogensehne losgelassen. Klecker, Paul und einige andere schlugen ein Tempo an, das mich erschreckte. Wie ein Gnu in der Savanne wurde ich plötzlich Teil einer donnernden Herde, die hinter den beiden herrannte.

Während wir die ersten Kilometer abspulten, tauchte Krolewicz neben mir auf und redete ununterbrochen auf mich ein. Ich vermochte ihm nicht zuzuhören, sondern versank in inneren Monologen und langen Zeitabschnitten, in denen die Selbstbeobachtung und Selbstversunkenheit fast an Bewusstlosigkeit grenzte: Ich geriet in eine Läufer-Trance. Von Zeit zu Zeit versuchte ich meine Kräfte zu mobilisieren, indem ich aufmunternde Sprüche an mich richtete und mich bemühte, den Cat-Stevens-Song zu erinnern, den ich auswendig gelernt hatte, gewissermaßen als Begleiter und Trostspender während des Laufes. Doch alles, woran ich mich erinnern konnte, waren der Rhythmus und ein paar Wortfetzen: »Ich laufe schon lange Zeit, auf dieser ungewissen Erde ... Ewigkeiten kommen und gehen ...« Dann verstummten die Worte, stattdessen sah ich flimmernde Bilder von wirklichen Ewigkeiten, wie mir schien – Bilder, die kamen und gingen.

Kapitel vier

# Zurück zu den Anfängen

Jede Trennung gibt einen Vorgeschmack des Todes
und jedes Wiedersehen einen Vorgeschmack der Auferstehung.

ARTHUR SCHOPENHAUER

Was bringt einen erwachsenen Mann dazu, viel Geld und kostbare Zeit zu opfern, um sich am Chicagoer Seeufer die Seele aus dem Leib zu rennen? Das fragte ich mich während des Rennens, so, wie ich es mich vermutlich 100 Mal seither gefragt habe. Ich versuchte, Rationalisierungen zu finden. Wenn ich jetzt zurückblicke, weiß ich, dass ein Teil der Antwort einfach meine Lust am Laufen ist. Vielleicht geht diese Lust auf meine Kindheit in Deutschland zurück, als ich auf jenem Sandweg im Wald glänzende, metallgrüne Tigerkäfer jagte. Viel verdanke ich dieser ruhigen, ländlichen Existenz, in der der Wald mein Laufgitter war. Deshalb muss ich Sie dorthin entführen, zurück in meinen Wald.

Ich habe den Ort meiner Kindheit noch einmal besucht, im Morgengrauen, während einer Zwischenlandung auf einem Rückflug nach Boston. Eine Stunde, nachdem ich das Flugzeug in Hamburg verlassen habe, sitze ich in einem Bus nach Trittau und blicke hinaus auf die norddeutsche Tiefebene. Zum ersten Mal kehre ich zurück, um eine Welt in Augenschein zu nehmen, die im Laufe der Jahre in meiner Erinnerung ein verträumtes Märchenland geworden (oder geblieben) ist. Doch Trittau gibt es – ich sehe ein Schild, das es mir bestätigt, dann einige Läden, Lindenbäume, Strohdächer, rote Ziegelgebäude und sauber aufgereihte Kornfelder. Als die Straße einen kleinen Hügel hinabführt und eine Biegung macht, kommt mir der Anblick vertraut vor.

Der Bus hält. Ich bin in Trittau. Verwirrt versuche ich, mich zurechtzufinden. An der Ecke, genau gegenüber der Bushaltestelle, befindet sich ein Chinarestaurant. Dort stand früher die Grundschule, die ich besucht habe – mit tristen, kahlen Klassenzimmern und einem großen grauen Schulhof. Einmal verkleckerte ein Junge auf der Bank neben mir etwas Tinte. Er musste nach vorne kommen, die Hand ausstrecken, und der Lehrer schlug ihm mehrfach mit dem Lineal darauf. Der Junge gab keinen Laut von sich.

Den Gasthof, der der Schule gegenüberlag, gibt es noch immer. Die Gäste sitzen an Tischen und bestellen schon mittags Bier. Auch die Reihe der Rosskastanien an einer nahen Ziegelmauer sieht vertraut aus. Ich versuche, mir den dünnen, etwas zu klein geratenen Jungen zu vergegenwärtigen, der von seinem fünften bis zehnten Lebensjahr mit seinen Eltern und Geschwistern in einem einzigen Raum in einer kleinen Hütte in dem nahen Wald lebte. Mir scheint er jemand anders zu sein. Mit seiner ein Jahr jüngeren Schwester Marianne ging oder lief er jeden Morgen bis zu diesen Bäumen, die den Endpunkt des drei Kilometer langen Weges aus dem Wald in das Städtchen markierten. Einmal ist er mit seinem Vater im Zug in die nahe gelegene Großstadt Hamburg gefahren. Dort erstreckten sich Ruinen, so weit das Auge reichte, Relikte des Bombenkriegs im Nachkriegsdeutschland. Kein Grün. Man erzählte sich damals die grausige Geschichte von Menschen, die nach einem Bombenangriff verschüttet worden waren und jahrelang in einem Vorratsraum lebten, in dem es nur Säcke voller Mehl gab. Als sie nacheinander starben, vergruben sie ihre Toten unter dem Mehl, um den Verwesungsgeruch zu ersticken. Er selbst erinnerte sich auch noch an das schreckliche Geräusch der feindlichen Flugzeuge in den letzten Kriegsmonaten. Seither war er überzeugt davon, dass Städte natürliche Ziele sind, die es unter allen Umständen zu meiden gilt. Er liebte den Wald. War der Junge wirklich ich? Wenn ja, dann musste ich mich an diesen Wald erinnern. Er würde sich nicht verändert haben.

Damals hieß der Wald Hahnheide, später nannte man ihn Schwarmarner Schweiz und erklärte ihm zum Naturschutzgebiet. Ich brenne darauf, die Stätten meiner Kindheit wiederzusehen, doch zunächst überquere ich die Straße, die früher ein Kopfsteinpflaster trug, um Mittag zu essen. Ich setze mich an einen freien Tisch im Garten des Gasthofs und bestelle bei der gehetzten Serviererin Bier, Schnitzel und Pommes frites. Ich versuche, mich an den Wald zu erinnern, wie er roch, klang, sich anfühlte.

Wo ist die winzige Hütte tief im Wald, in der wir so viele Jahre wohnten, in jener fernen Zeit, als Krähen meine Gefährten und Laufkäfer meine Jagdbeute waren? Erinnerungsfragmente treiben durch mein Bewusstsein. Wie die abgerissenen Melodiefetzen eines Liedes, das man vor langer Zeit gelernt hat, klingen sie an und verstummen wieder. Jeder Fetzen zieht die nächste Strophe herauf.

Ich nehme meinen Rucksack auf und gehe den inzwischen fast wieder vertrauten Weg an der Steinmauer und den Rosskastanien entlang. Keine 100 Meter weiter stoße ich bei den alten Linden am Teich auf eine alte Mühle aus roten Ziegeln. Einst wurde ihr riesiges Wasserrad aus Holz mit dem Wasser vom Wehr angetrieben. Hier haben wir die Bucheckern verkauft, die wir im Wald gesammelt hatten. Sie wurden zu Margarine verarbeitet.

Es überrascht mich, dass die alte Mühle noch immer steht, doch weit besser und freudiger erinnere ich mich an die Blässhühner und die grauen, scheuen Teichhühner, die im dichten Schilf und den Weiden am Ufer des Mühlteichs nisteten. Hier vernahm ich den Gesang der Schilfrohrsänger und entdeckte ungeahnte Schätze in den Nestern der vielfältigen Vogelwelt, die sich meinem rastlosen Forschungsdrang offenbarte.

Meine Schritte wurden rascher, als ich die leichte Steigung zur Stolzenbergvilla nahm. Dieses Anwesen war unser Ziel gewesen, als wir in meinem vierten Lebensjahr vor der gefürchteten Roten Armee flüchteten, die von Osten heranrückte. Wie durch ein Wunder hatten wir die Flucht aus Preußen unversehrt überstanden, obwohl wir eine Reihe schrecklicher Abenteuer durchlebten, die sich so tief in unser Gedächtnis einbrannten, dass sie noch Jahrzehnte später unsere Identität bestimmten.

Wir hatten unglaubliches Glück gehabt! Drei Monate lang dauerte unsere Flucht. Mitten im Winter und bei Nacht brachen wir auf in der Nähe von Danzig, entkamen den Russen mit knapper Not, zunächst in einem Pferdeschlitten, später in einem Pferdewagen, dann in einem Lastwagen, einem Viehwaggon. Es folgte ein kurzer Aufenthalt bei einer hoffnungslos unterlegenen und eingekesselten deutschen Panzereinheit. Von dort brachte uns eine schwer lädierte Junker, eine Ju 52, fort, die nur noch einen Propeller hatte, kaum abheben konnte und unterwegs beschossen wurde. Aber wir schafften es! Andere Flüchtlinge, die früher nach Westen aufgebrochen waren, als das Durchkommen noch leichter war, waren vor uns eingetroffen. Statt des erhofften Zimmers bei den Stolzenbergs, die Bekannte meines Vaters waren, bekamen wir eine vorübergehende Notunterkunft in einem offenen Schuppen auf einer nahe gelegenen Weide. Aber es war inzwischen Frühjahr '45, kurz vor Ende des Krieges. Von diesem Schuppen aus erkundeten Papa und Mamuscha den Wald und entdeckten die verlassene, aus einem einzigen Raum bestehende Hütte, die unser Zuhause wurde, bis wir nach Amerika auswanderten und uns auf einer verfallenen Farm in Maine einrichteten.

Damals ging oder lief ich auf meinem Schulweg täglich an der Stolzenbergvilla vorbei. Schon immer hatte das Anwesen gespenstisch und verlassen ausgesehen, mit seinen efeuüberwachsenen Mauern und den Kirschbäumen im verwilderten Garten. Im ersten Stock wohnte ein Junge, der etwas älter als ich war und kleine Bleistückchen stibitzte, indem er sich aus dem Fenster lehnte und sie von der Dachrinne abbiss. Damit erlegten wir Vögel mittels der Katapulte, die wir uns aus sorgfältig ausgesuchten Astgabeln und einem alten Fahrradschlauch gebastelt hatten. Im Erdgeschoss bewohnte Frau von Gordon ein Zimmer, die wie wir aus Ostpreußen geflohen war. Sie rauchte Zigarren aus selbst angebautem Tabak und war tief gebeugt vom Gram. Im Krieg hatte sie den Mann und ihre drei Söhne verloren.

Ich habe keine Ahnung, wer heute in dem Haus lebt, aber es zieht mich unwiderstehlich dorthin. Es sieht noch baufälliger aus, als ich es in Erinnerung habe. Kaum eine Überraschung angesichts der vielen Jahrzehnte, die inzwischen vergangen sind. Unter denselben Kirschbäumen wie einst gehe ich auf dem Ziegelpfad entlang und klopfe zögernd an die Holztür des Hintereingangs. Keine Antwort. Ich klopfe noch einmal. Dann nähern sich zögernde, schwere, hölzern klingende Schritte. Pause. Knarrend öffnet sich die Tür. Mit leerem Blick schaut mich eine alte Frau an. Auf Deutsch sage ich ihr, dass ich einer der fünf (manchmal sechs) Heinrichs sei, die nach dem Krieg sechs Jahre lang in der kleinen Hütte draußen in der Hahnheide lebten. Sie starrt mich an, sagt keinen Ton, schließt die Tür. Vielleicht ist ihr Leben noch immer voller Gefahr.

Ich folge dem Weg, der an der alten Bahnstrecke entlangführt, und gehe in Richtung des winzigen Bahnhofsgebäudes, wo damals die riesige schwarze Dampflok hielt. Gleis und Bahnhofsgebäude gibt es nicht mehr, aber ein Fahrradweg existiert noch. Zweimal pro Tag kam ich hier vorbei. Einmal musste ich die ganze Tour zweimal machen. Papa hatte etwas Holz von einem Kiefernstumpf verkauft, den er aus dem Boden gegraben hatte. Ich hatte Geld mitbekommen und sollte auf dem Heimweg von der Schule in der Dorfbäckerei Brot kaufen. Doch ich kam mit leeren Händen nach Hause. Also musste ich umkehren und den Weg noch einmal machen, um zu lernen, dass man das, was man nicht im Kopf hat, in den Beinen haben muss – eigentlich eine gute Theorie, tatsächlich hat sich aber das Laufen nie als probates Mittel gegen meine Vergesslichkeit erwiesen. Doch gut möglich, dass es mich zu einem besseren Läufer gemacht hat.

Meine Intuition sagt mir, dass es, wenn man früh anfängt, keiner besonderen Anstrengungen bedarf, um ein großer Läufer zu werden. Es gibt kaum eindrucksvollere Läufer als Bruce Bickford, der auf einer Farm in Maine aufwuchs und so gut wie gar nicht trainierte, abgesehen von der harten Farmarbeit, bis er in seinem zweiten Highschooljahr mit dem Crosslauf begann und sofort Weltklassezeiten lief. Ähnliches gilt für Joan Benoit Samuelson aus Freeport, Maine, eine der weltbesten Marathonläuferinnen aller Zeiten. Mit dem systematischen Training begann sie erst in der Highschool, als sie 16 war. Dagegen fing Andrew Sockalexis, ein berühmter Läufer Anfang des 20. Jahrhunderts, mit zehn Jahren zu laufen an, als sein Vater ihm im Indianerreservat »Penobscot« in Old Town, Maine, neben dem Haus eine Rennstrecke anlegte. Im Gegensatz zum Gewichtheben muss man beim Laufen den Körperbau wohl relativ wenig verändern: Man tut, wozu der Körper geschaffen ist. Man hält sich an das genetische Rohmaterial, eine geeignete Ernährung und ein paar einfache Anweisungen. Die Frage lautet, was ist das Rohmaterial und was der Umweltauslöser, die »Anweisungen«.

Ich erinnere mich nicht mehr an alle Anweisungen, aber ich weiß noch, dass es eines Tages schon spät wurde, als ich auf dem Rückweg zu unserer Hütte war. Da sah ich einen Mann vor mir auf dem Weg. Augenblicklich schlug ich mich in den Wald und machte einen großen Umweg, weil ich noch nie zuvor jemanden auf »unserem« Weg gesehen hatte – einem Weg, der nirgendwo hinführte. Es war spät, weil ich getrödelt und an der Kruste des Brotes herumgekaut hatte, das ich gekauft hatte. Ich wusste, dass es Unrecht war, denn ich durfte nichts essen außer dem, was ich während den Mahlzeiten bekam. So hatte ich es nicht eilig herauszufinden, welche Konsequenzen ich zu gewärtigen hatte dafür, dass ich der Versuchung nachgegeben hatte. Damals, mit den Stücken der Brotkruste im Mund, hatte ich vom Paradies geträumt, einem Ort, wo man essen kann, wonach und wann es einen gelüstet. Ich weiß noch genau, an welcher Stelle des Weges ich mich befand, als ich an Brathähnchen dachte, das Ingredienz, an dem man nach meiner festen Überzeugung den Himmel erkennen würde. Letztlich aber war dieser Wald mein Himmel – seiner Insekten, Pflanzen und Tiere wegen, die mir alle übergroß und überdeutlich ins Bewusstsein traten, sodass ich jede ihrer kostbaren und wunderbaren Einzelheiten bestaunen konnte.

Jetzt eile ich den Hügel hinauf und vorbei an dem Haus, in dem Förster Grützmann gewohnt hatte. Zweimal am Tag sah er Marianne und mich vorbeikommen und nannte uns Hänsel und Gretel. Seit Jahren züchtete Förster Grützmann Raupen in Kisten hinter dem Haus. Papa, der ein leidenschaftlicher Sammler von parasitischen Schlupfwespen war, hatte sich die Wespen genommen, die manchmal aus den Mottenpuppen hervorkrochen, und eine neue Sammlung angelegt. Seine alte Sammlung, die sein Lebenswerk darstellte, hatte er in Metallkisten vergraben zurücklassen müssen, irgendwo in einem Wald in Ostpreußen, das heute zu Polen gehört. Jahrzehnte später konnte sie wohlbehalten geborgen werden. Später schickte Papa Förster Grützmann einige Moosexemplare aus Maine für dessen Moossammlung. Der Förster war ein wichtiger Mann in unserem Leben, denn er besaß eine Flinte und nahm Papa mit auf die Vogeljagd. Manchmal trottete ich mit und spielte den Jagdhund, indem ich die erlegten Vögel apportierte. Mamuscha häutete die Tiere und richtete sie zu Museumsstücken her. Dann verkaufte Papa sie an das American Museum of Natural History in New York und andere Museen. Auch nach Kriegsende blieb

Deutschland noch abgeschottet von der Welt. Postsendungen und Reisen ins Ausland waren verboten. Über einen Mittelsmann, einen holländischen Freund, gelangten unsere Päckchen damals nach Übersee. Bei diesen Jagdausflügen sah ich zum ersten Mal das Wunder der Vogelwelt von nahem, eine Schönheit, die man nur ahnte, wenn man sie von weitem betrachtete. Im Sommer gingen wir mit Grützmann auch auf die Raupenjagd. Wir legten ein Laken unter einen kleinen Baum und schüttelten ihn. Auf diese Weise fingen wir alles, was herunterfiel. Erstaunliche Geschöpfe purzelten dabei aus den Bäumen. Was ich in diesen Jahren lernte, bereichert noch heute mein Leben.

Als Förster hatte Herr Grützmann ein Auto. Eines Tages fuhr er langsam durch den Sandweg zu unserer Hütte, als Marianne und ich gerade aus der Schule kamen. Eifrig lief ich neben seinem Wagen her. Es war Sommer, und da ich barfuß wie immer war, spürte ich unter meinen Zehen die warme, weiche Beschaffenheit des Sandes. Häufig lief ich auf dem Schulweg, obwohl ich oft stehen blieb, um Ameisen und Grabwespen zu beobachten oder um Marianne Gelegenheit zu geben, wieder heranzukommen. Mir war immer nach Laufen zumute. An diesem Tag lief ich mit Förster Grützmanns Auto um die Wette. Als wir an die Wegbiegung kamen, wo der versteckte Pfad in den Wald zu unserer Hütte führte, war ich noch immer neben ihm. Er hielt, stieg aus, war sichtlich überrascht, mich noch immer neben sich zu sehen, und sagte irgendetwas über meine läuferischen Qualitäten.

Erinnerungen fluten heran. Als ich hinabblicke, erwarte ich halb und halb, einen nackten kleinen Fuß zu erblicken. Aber wir haben nicht mehr Ende der 1940er Jahre. Ich sehe die schmutzigen Nike-Laufschuhe, Marke Mariah mit dunkelblauen Streifen, die ich für das

100-Kilometer-Rennen in Chicago angezogen habe. In jeden Schuh sind mit einer Rasierklinge drei Löcher hineingeschnitten, damit die Füße mehr Luft bekommen und die Schuhe weniger wiegen. An der Seite habe ich mit bereits verblassender Kugelschreiberschrift die Endzeiten meiner besten Rennen notiert. Diese Zahlen stehen für wichtige Augenblicke meines Lebens. Und hier stehe ich nun und sehe plötzlich die Vergangenheit und Gegenwart ineinander fließen und verschmelzen.

Bewegung ist die Essenz meines Lebens. Damals bewegte ich mich, um von einem Ort zum anderen zu gelangen. Ich benutzte dazu meine Beine. So wie es andere Lebewesen tun. Meine Lieblingstiere, die Laufkäfer, legten in einer wunderbar koordinierten Bewegung ein beachtliches Tempo vor, wobei es ihnen irgendwie gelang, ihre sechs Beine genau aufeinander abzustimmen. Die meisten Laufkäfer sind nachtaktive Räuber. Doch eine Gruppe von ihnen, die herrlich grün schillernden Tiger- oder Sandlaufkäfer, ist tagaktiv. Sie suchen den Sonnenschein. Im Frühjahr sah ich sie auf diesem sandigen Abschnitt unseres Weges. Es gab sie in großer Zahl. Näherte ich mich einem, lief er so rasch davon, dass seine fadendünnen Beine zu einem einzigen Schatten verschwammen. Kam ich noch näher, hob er ab und flog dicht über dem Boden, dem Weg folgend. Oft erhöhte ich dann ebenfalls mein Tempo und versuchte, den Käfer einzuholen, der wie ein leuchtendes grünes Juwel durch die Luft glitt. Doch der Käfer flog schneller, als ich laufen konnte, und landete weit vor mir im Sand. Dann kam ich näher, und die Jagd begann von neuem. Nie konnte ich an warmen, sonnigen Tagen einen von ihnen fangen. Bei bedecktem Wetter zeigten sie sich meist nicht, doch tat es einer, befand er sich im Nachteil. Nicht von der Sonne erwärmt, konnte er nur langsam laufen und überhaupt nicht fliegen. Der Käfer, der mich sonst so mühelos auf Abstand hielt, befand sich plötzlich in meiner Reichweite. Nachdem ich ihre Achillesferse entdeckt hatte, fing ich einen für meine wachsende Käfersammlung, in der die Laufkäfer einen Ehrenplatz hatten.

Bei Käfern wie bei Menschen hängt die Geschwindigkeit der Beine vom Körperbau und der Muskeltemperatur ab. Dafür bieten die afrikanischen Mistkäfer mit ihrer großen Vielfalt an Formen und Strategien der Wärmeregulierung ein sehr anschauliches Beispiel. Manche Arten erinnern mit ihren runden Leibern und dicken, kurzen Beinen an den untersetzten, muskulösen Körperbau von Gewichthebern. Ihre Beingeschwindigkeit ist sehr gering, aber ihre Kraft so groß, dass sie sich leicht durch festes Erdreich graben können. Andere Arten haben dünne Beine und sind mit ihren grazilen Gliedern sehr rasche Läufer, vorausgesetzt, die Temperatur ihrer Beinmuskeln ist hoch genug. Die Laufgeschwindigkeit wächst um 400 Prozent an, wenn die Temperatur von 28 Grad auf 35 Grad Celsius ansteigt. Unter diesen Bedingungen erreichen die schnellsten Laufkäfer Geschwindigkeiten von rund 25 Zentimetern pro Sekunde. Tigerkäfer laufen fünfmal so schnell, sogar bei gleicher Körpertemperatur, vermutlich, weil sie sehr viel längere und dünnere Beine haben als selbst die schnellsten Mistkäfer. Tigerkäfer nehmen regelrechte Sonnenbäder, um ihre Körpertemperatur hoch zu halten. Wenn sie heiß genug sind, können sie fliegen, statt zu laufen, wodurch sie ihr Tempo noch einmal enorm steigern. Wir halten uns, wie viele andere Käferarten, durch Zittern warm, daher können wir uns rasch bewegen, ohne unmittelbar von der Sonnenwärme abhängig zu sein. Doch die Tigerkäfer kennen den Trick mit dem Zittern nicht, und so konnte ich sie an wolkenverhangenen Tagen leicht fangen.

Als ich jetzt den Ort meiner Kindheit in Deutschland nach so vielen Jahren erneut vor Augen habe, erkenne ich den Wald zunächst nicht wieder. Die jungen Bäume sind erheblich gewachsen. Doch ich bin nicht überrascht, wie vertraut die Straße erscheint. Als ich sie entlanglaufe, erblicke ich zunächst nur Schnappschüsse aus der fernen Vergangenheit des Waldes. Doch je tiefer ich in ihn eindringe, desto stärker verschmelzen meine Vorstellungsbilder mit der Realität der Vergangenheit. Die Ringeltauben gurren, ein Eichelhäher stößt seinen rauen Schrei aus, ein Rabe krächzt. Im Hintergrund ertönt der fortwährende Gesang der Buchfinken und Laubsänger. Nachdem ich den Sandweg erreicht habe, auf dem ich früher barfuß mit Tigerkäfern und Grützmanns Auto um die Wette gelaufen bin, weiß ich, dass ich bald zu Hause bin.

Kaum habe ich den Waldweg betreten, sehe ich auch schon einem großen, schwärzlichen Laufkäfer vor mir hereilen. Seltsam, denn er gehört zu der nachtaktiven Art, deren Mitglieder in die Fallgruben fielen, die Papa und ich aushoben, um kleine Säugetiere zu fangen. Das Fleisch aßen wir und die Häute verkaufte Papa an Museen. Ich erinnere mich nicht, Käfer dieser besonderen Art jemals am Tage erblickt zu haben. Dass sich jetzt nach all diesen Jahren ausgerechnet ein solches Exemplar zeigt, hat für mich magische Bedeutung. Ich hebe den Käfer auf, nehme den scharfen Geruch seines Verteidigungssekrets wahr, setze ihn wieder ab und lasse ihn weiterlaufen. Auch ich nehme meinen Lauf wieder auf.

In der nächsten Kurve erfasst mich freudige Erwartung, nach dem kleinen Anstieg, wo Bienen und Wespen ihre Nester in den Sand gruben und wo ich in einer Kiefer einmal ein Nest mit zwei jungen Ringeltauben fand. Diese Täubchen schmeckten noch besser als die Brathähnchen in meiner Phantasie. Hier ist die Stelle, wo der kleine plätschernde Bach, der mit schwarzen Steinen ausgelegt ist, unter der Straße hindurchführt und wo ich braune, rot gefleckte Forellen auf ihrem Weg zur Laichstelle fing.

Ist das wirklich *der* Bach? Wo ist der schmale Fußpfad an dem moosigen Ufer, der in den Wald und zur Hütte führte? Plötzlich erkenne ich die Erle wieder, in der ich das mit Flechten getarnte sackartige Nest einer winzigen Schwanzmeise entdeckte. Ich bleibe stehen. Jetzt bin ich an der Stelle des Bachufers, wo Marianne einen toten Damhirsch und ich ein Wildschwein fand. Da ist er! Ich sehe die schwache Spur eines Fußwegs, der in den Wald führt. Die Hütte muss gleich hinter der Biegung liegen, noch eine kleine Steigung hinauf durch einen Buchen- und Kiefernbestand.

Als ich den Fußweg sehe, bleibe ich unvermittelt stehen. Die Vergangenheit strömt mir entgegen wie ein heißer Wüstenhauch aus dem Nirgendwo, und ich welke unter ihm dahin. Ich strauchele, knicke ein und beginne haltlos zu schluchzen. Lange Zeit überlasse ich mich meinen Tränen. Vielleicht sehe ich einen Fremden – aus der Vergangenheit – auf dem Weg, und der Fremde bin ich. Doch es könnte irgendjemand sein. Diese zweite Erkenntnis lässt mich überall Kinder sehen, deren Schicksal so nachhaltig von scheinbar unbedeutenden Kleinigkeiten bestimmt wird.

Als wir in den erste Frühlingstagen des Jahres 1951 die Hahnheide verließen und nach Amerika gingen, war mir, als stünde mir ein Flug zum Mond bevor und keine Schiffsreise über den Atlantik. Damals erschien es mir ausgeschlossen, dass ich jemals an diesen Ort zurückkehren könnte. Wir lebten von einem Tag zum anderen. Hier hatten wir Frieden und Schönheit gefunden, nachdem wir der Gewalt und den Schrecken des Zweiten Weltkrieges entkommen waren. Wir hatten uns dem Alltagstrott der anderen mit Erfolg entzogen, und ich hatte einen wunderbaren Start ins Leben erhalten, weil ich gelernt hatte, was wichtig ist – die Lebenszyklen von Schmetterlingen, das Verhalten einer Jungkrähe und die Lust, auf bloßen, mit harter Hornhaut bewehrten Füßen durch warmen Sand hinter Tigerkäfern herzulaufen.

Kapitel fünf

# Crosslauf in der Highschool

Sei ein gutes Tier und bleib deinen
tierischen Instinkten treu.

D. H. LAWRENCE

In diesem ersten Winter in den Wäldern von Maine waren meine Mutter, knapp einen Meter fünfzig groß und keine fünfzig Kilo schwer, und mein Vater, von seiner Statur her auch nicht gerade ein Holzfäller, unermüdlich mit ihrer Ablängsäge an der Arbeit, um die Familie zu ernähren. In diesem (und allen folgenden) Wintern lag der Schnee höher, als wir ihn jemals zuvor erlebt hatten. Wenn ein Baum fiel, versank der Stamm im Schnee und musste von Hand freigeschaufelt, in ein Meter zwanzig lange Stücke zersägt und dann mit Susie, dem Zugpferd unseres Nachbarn, zum Weg gezogen werden. Als beruflich noch ungeeigneter erwiesen sich Mamuscha und Papa, als sie versuchten, in einer kleinen, dunklen und staubigen Werkstatt im Städtchen Wilson bei der Herstellung von Drachenstäben zu helfen. Bald darauf landeten Marianne und ich in einem Heim, während unsere Eltern sechs Jahre lang unterwegs waren, um für Museen Tiere zu präparieren –

erst in Mexiko, dann in Angola – etwas, was sie hervorragend beherrschten.

In »Good Will«, wie das Heim damals hieß, führten viele Pfade kreuz und quer durch eine Waldwildnis von mehr als 1000 Hektar. Alle Jungen arbeiteten im Haus, in den Ställen, auf den Feldern und im Wald. In den sechs Jahren, die ich dort verbrachte, stieg ich auf vom »Hausburschen«, der das Geschirr abwusch und die Fußböden schrubbte, zum Koch, Stallburschen, Melker und schließlich zur Traumposition – dem Postjungen.

Bei unseren Spielen in »Good Will« lebten wir häufig in unserer eigenen kleinen Welt von Indianern und Grenzern. Der Wald war die Teststrecke für unsere Überlebensfertigkeiten. Einige von uns bauten sich kleine, behelfsmäßige Hütten, führten Scheinkriege und erlegten gelegentlich ein Stachelschwein oder einen Schneeschuhhasen. Schließlich richtete ich mir eine Strecke von etwa 800 Metern auf einem unserer Waldwege her, auf der ich mutterseelenallein entlanglief, das Gefühl der Freiheit und den Wind im Gesicht als einzige Belohnung. In meiner Vorstellung war ich dann stark und frei, ein Irokesenkrieger im Lendenschurz.

Wenn wir uns tiefer in den Wald hineinwagten, konnten wir unbekannte Gebiete am Rande unserer kleinen Welt erforschen. Wir bewaffneten uns mit Speeren aus Ahornschößlingen und übten uns auf einsamen Lichtungen in ihrem Umgang. Wenn das Eis vom Kennebec River verschwunden war und die Frühlingssonne warm auf das gelbe, platt gedrückte Gras schien, lag unsere verschworene kleine Gemeinschaft auf einer Waldlichtung nackt auf dem Boden, um sich die erforderliche Hautfarbe zu verschaffen. In unseren Knabenphantasien konnten wir uns nicht Aufregenderes vorstellen, als rivalisierende Banden zu bekämpfen und Tiere zu erlegen, um sie als Proviant in unsere Waldlager zu schaffen.

Philip und Freddie, meine damaligen besten Freunde, begegneten dem Ansinnen, die Tauben zu essen, die die Ställe der Rinder, Schafe, Pferde, Schweine und Hühner bevölkerten, zunächst mit Skepsis. Mir schmeckten sie köstlich, genauso gut wie die Ringeltauben aus den Kiefern der Hahnheide. Doch im Freien zu essen, das war auch ein Abenteuer, bei dem die Atmosphäre zählte. Für diese Unternehmungen bemächtigten wir uns eines der Schulboote, die in einer stillen Bucht des Kennebec River in der Nähe des Gartens vertäut waren. Wie die Kannibalen in dem Buch *Robinson Crusoe* brachen wir mit unseren inzwischen aus dem Leben geschiedenen Gefangenen auf, ruderten hinüber zu den Sandbänken am anderen Ufer, zu einer großen, mit kurzem Gras bewachsenen Lichtung in einem Gebiet, das Pines hieß. Ich liebte diese Sandbänke entlang des Ufers, weil sich dort Uferschwalben eingruben, ihre mit Federn ausgekleideten Grasnester bauten und perlweiße Eier hineinlegten. Auch ein Paar Gürtelfischer grub dort seinen – allerdings viel größeren – Bau. Zwei parallele Rillen im Sand zeigten, wo die Vögel ständig in ihren Tunnel hinein und aus ihm heraus watschelten, auf ihren kurzen, stämmigen Beinen, die ansonsten nur noch dazu dienten, auf einem Baumstumpf zu hocken, vom dem sich die Vögel, Schnäbel voran, ins Wasser fallen ließen, um nach Elritzen zu tauchen.

Das Gras dieser von Kiefern und Birken umsäumten Lichtung am Fluss hatte Prairiecharakter. Etwa 40 bis 50 Zentimeter unterhalb des Grasrands befand sich – und befindet sich noch auch heute – eine gezackte schwarze Linie in dem feinen gelben Sand. Sie erstreckt sich fast über die ganze Länge des 100 Meter langen

Ufers: die Holzkohle von alten Lagerfeuern der Indianer! Zu der Zeit, als diese Holzkohle abgelagert wurde, und in den langen Zeiträumen danach, muss der Fluss sehr viel mehr Wasser geführt haben als heute, um diese Schlammschichten absetzen zu können. Maine war teilweise von Gletschern bedeckt, und dieses Gebiet hier war später eine Tundra, die von Karibus und Schneehühnern bevölkert war.

Ich malte mir die Indianerlager entlang des Flusses vor vielleicht 10000 Jahren aus, als sich die Gletscher zurückzogen, und ich suchte nach Spuren, die mir verrieten, wie sie vielleicht gewesen waren. In der Holzkohle fanden wir Knochensplitter, und einmal stieß ich sogar auf eine kleine Steinaxt aus grünlichem, glatt geschliffenen Stein – einen Tomahawk (genau genommen, einen »Faustkeil«) – zwischen der Holzkohle und drei vom Feuer geröteten Steinen, die aus dem Sand hervorragten. Der kleine, an sich ganz unscheinbare Faustkeil verjüngt sich – ursprünglich etwa vier Zentimeter dick läuft er zu einer Schneide von sechseinhalb Zentimeter Breite zusammen. Die Axt hatte mich besonders beeindruckt, weil die sorgsam geschliffene Schneide mindestens zehn Scharten aufwies, die offenbar schon zur Zeit ihrer Entstehung in sie hineingeschlagen worden waren, denn keine dieser Scharten ließ Spuren der Abnutzung erkennen. Jemand hatte mit dem kostbaren Gerät offenbar vorsätzlich und wiederholt gegen einen Fels gehämmert, bevor er es ins Feuer warf. Hatten sich hier am Flussufer zwei Gruppen rivalisierender Jäger getroffen und nach einem Festschmaus mit Karibufleisch »das Kriegsbeil begraben«, indem sie diesen Faustkeil in einem symbolischen Akt zerstörten? Wenn dem so war, hatte der Zeuge ihrer symbolischen Handlung die Jahrtausende an diesem Ort überstanden, um uns vor Augen zu führen, dass unser Hang zum Kriegführen ebenso ausgeprägt ist wie unsere Sehnsucht nach Frieden.

Der Fluss glitt rasch und gleichmäßig am Ufer vorbei. Nachdem wir unser Boot auf den Sand gezogen hatten, banden wir es mit einem Tau an einem Baumstumpf fest. Diese Stunden waren vollkommen – weltverloren, zeitlos, unabhängig. Dicht rückten wir an das Feuer, das wir zwischen Feldsteinen entzündet hatten. Während wir unsere gerupften und ausgenommenen Täubchen an frisch geschnittenen Ahornstöcken braun rösteten, klagten wir sicherlich über unser streng reglementiertes Leben auf der anderen Seite des Flusses. Der Geschmack der Freiheit war das Beste an diesen Mahlzeiten.

Im Frühjahr und Anfang Sommer verbrachten wir alle unerträglich lange und quälende Stunden auf Händen und Knien und rutschten die endlosen Gemüsebeete entlang, die man uns zugewiesen hatte, um die dichte Schicht Unkraut zu beseitigten, die alles zu ersticken drohte, was wir angepflanzt hatten. Doch die Gärten spendeten weit mehr als Nahrung. Im Laufe der Jahre waren in den Beeten entlang des Flusses Messer und Pfeilspitzen aus Stein geborgen worden. Viele von ihnen waren in Glasvitrinen im oberen Stockwerk des Ziegelbaus ausgestellt, der als Schulmuseum diente. Das »Bates Museum«, wie es hieß, war einmal der Stolz der Schule gewesen, doch zu meiner Zeit war es baufällig und für den Publikumsverkehr gesperrt. Inzwischen ist es wieder geöffnet. Damals wurde es von einer Kolonie kleiner brauner Fledermäuse bewohnt, die in den Wänden quiekten und einen muffigen Geruch verbreiteten. Es barg wunderbare Schätze, und ich gehörte zu den wenigen Menschen, die den Drang verspürten, es zu betreten – durch ein kaputtes Fenster im Keller. Dort unten in der Dunkelheit, unweit des ausgestopften Eisbärs und Luchses, befand sich ein Durcheinander von alten Kutschen und landwirtschaftlichen Geräten. Für mich war hier das sicherste Versteck für die Puppen, die ich aus den Larven des Tomatenschwärmers gezogen hatte, das heißt, aus den Raupen, die ich beim Unkrautjäten entdeckt hatte. Hier brachte ich viele Puppen durch den Winter, nicht nur die des großen Tomatenschwärmers.

Gegen Ende des Sommers war der Fluss zwischen den Schulgärten und unserem sicheren und einsamen Lagerplatz am anderen Ufer fast vollständig mit den Baumstämmen bedeckt, die von den Wäldern im Norden zu den Papierfabriken im Süden geflößt wurden. Jeder Stamm trug am Ende ein aufgemaltes Zeichen, an dem man erkannte, zu welcher Fabrik er gehörte. Doch in den kleinen Buchten, die von den Stämmen vollkommen abgeriegelt wurden, wuchs Hechtkraut mit hellblauen Blüten. Barsch und Hecht lauerten im Schatten der Wasserrosen, um sich auf die metallenen »Goldfische« zu stürzen, die wir mit unseren Angelruten herausfischten. Im Kraut der bewaldeten Ufer nisteten Dunkelenten, und in das dichte Weidendickicht bauten kleine grüne Reiher ihre gezackten Nester aus Zweigen.

Der Martin Stream, ein Zufluss des Kennebec River, bildete die Grenze zwischen der Jungen- und der Mädchenfarm. Er war kühl, lag im Schatten von Schierlingstannen und blieb unbehelligt von Baumstämmen. Er hatte viele herrliche Badestellen, doch die offizielle, die die wir unter Aufsicht benutzten, lag etwa 800 Meter stromaufwärts bei einer großen, schiefen Schierlingstanne, die sich vom hohen Ufer weit über den Fluss neigte. Ein langes Tau hing von ihr herunter, das von einer nicht abreißenden Prozession nackter Jungen in ständiger Bewegung gehalten wurde und uns weit hinaus in den

Fluss beförderte. Wir durften nur nackt schwimmen, weil ein Junge einmal ertrunken war, nachdem sich seine Badehose in einem Wurzelstock unter Wasser verfangen hatte. Nacktheit war eine der wenigen Vorschriften, die wir gern befolgten.

Ein tief ausgetretener Pfad führte am Ufer des Martin Stream weit flussaufwärts, an der Einsiedlerhütte vorbei zu den Plätzen, an denen wir Forellen fischten. Oft lief ich an Sonntagen gleich nach der Kirche dort hinauf, um meinen Schwimmstil zu trainieren. Dabei entdeckte ich auf dem Weg eine Schierlingstanne, die ein Bienennest enthielt. Mit Mr. Graft, einem Lehrer, der sich mit Bienen auskannte, fällte ich die Tanne und legten einen Bienenstock an. Das Abenteuer war viel nahrhafter als der Honig, den wir sammelten. Während ich die Bäume nach Bienen absuchte, erblickte ich einmal einen winzigen Kauz, nicht größer als ein Kaffeebecher. Die gelben Augen des Sägekauzes blickten mich so verwundert an, wie ich ihn bewundernd. Ich empfand ein unwiderstehliches Verlangen nach diesem Geschöpf. Daher nahm ich etwas Lehm aus dem Flussufer, rollte ihn zu einer Kugel für mein Katapult zusammen, das noch immer, wie einst in der Hahnheide, mein kostbarster Besitz war, zielte, traf und betäubte den Kauz mit meinem Schuss. Bald nachdem ich ihn in der Hand hielt, kam er wieder zu sich. Ich konnte mich nicht satt sehen an dem kleinen Gesellen, setzte ihn in einen Käfig und verbarg ihn hoch in einer Fichte im Wald. Ich glaubte, der Vogel würde sich dort zu Hause fühlen, und ich konnte ihn sehen, so oft ich wollte. Doch nach einigen Tagen hatte ich ihn mir in allen Einzelheiten eingeprägt, sodass ich ihn wieder in die Freiheit der Wälder entlassen konnte.

Sehr ans Herz gewachsen waren mir auch die alten Zuckerahornbäume im Wald gleich hinter »Guilford

Cottage«, ein Stück die Straße hinab. Im Mai zwängten sich die spitzen Blätter der braun gesprenkelten Forellenlilien durch die dichte Schicht der feuchten, verklebten Ahornblätter auf dem Boden. Später folgten die hellgelben Blüten des Nickenden Dreiblatts. Auch blaue und gelbe Veilchen, lilafarbenes und weißes Dreiblatt und Herzblumen blüten hier. Eines Tages, als ich trainierte, mich an einem Tau an einem dieser Bäume emporzuhangeln, hörte ich einen schwachen, dumpf hämmernden Laut vor dem Gezwitscher der gerade zurückgekehrten Kronwaldsänger. Ich verfolgte das Geräusch zurück zu einem nahen Ahornbaum und bemerkte dort kleine Stücke von verfaultem Holz auf dem Boden. Im Aufblicken sah ich einen Kanadakleiber aus einem winzigen runden Loch in einem toten Ast ungefähr fünf Meter über mir herausschlüpfen. Der Kleiber flog auf einen anderen Ast, schüttelte den Kopf und ließ einen Schnabel voll Holzspäne fallen. Daraufhin kehrte er in sein Loch zurück und nahm sein Hämmern wieder auf. Das Nest im Inneren war aus feinen Streifen von Zedern- und Birkenholz gebaut, und die vier frisch gelegten Eier waren gleichmäßig mit bräunlich-lavendelfarbenen Flecken gezeichnet. Ich war noch nicht mit der Geisteshaltung »Schlag es nicht, fang es nicht, iss es nicht, fass es nicht an« in Berührung gekommen, die die Natur leicht in eine tote Museumsausstellung verwandeln kann.

Die Suche nach Vogelnestern wurde im Frühjahr zu meiner größten Leidenschaft und ermöglichte mir, Vögel von nahem zu beobachten, die Besonderheiten ihres Verhaltens kennen und – ja, vielleicht auch sie »lieben« zu lernen. Allerdings war es ratsam, meine Liebe nicht zu zeigen. Ich tat mein Möglichstes, um mein Interesse zu verbergen, obwohl einige Jungen wohl ahnten, was in mir vorging, wenn sie sahen, dass ich während der Abendstudien oder den Bibellesungen Vögel skizzierte.

Schließlich lief ich mit Philip und Freddie aus dem Heim davon. Im Laufe eines Tages und einer Nacht legten wir 80 Kilometer zurück, bis wir müde und erschöpft genug waren, um uns bereitwillig einfangen zu lassen. Von da an wurde ich von der Hausmutter mit Strafarbeiten eingedeckt – erst musste ich die Wände und Decken im Haus abwaschen, dann viele von ihnen streichen. Ich hatte kaum noch freie Zeit, noch nicht einmal, um am Samstagnachmittag das Geld zu verdienen, das ich dringend brauchte, um mir notwendige Dinge wie Kleidung und Zahnpasta zu kaufen. Etwa um diese Zeit fingen wir an, uns bei Nacht fortzuschleichen, ohne von den sonst so wachsamen Augen und Ohren von Mrs. Lizotte, unserer überaus gestrengen Hausmutter, bemerkt zu werden. In unseren Betten ließen wir zusammengeknüllte Kleidungsstücke zurück, die wie Körperformen aussahen, dann ging es auf Zehenspitzen die Treppe vor unserem Schlafzimmer hinab, doch erst, nachdem wir ihr sonores Schnarchen vernommen hatten.

Im Mondlicht suchten wir die Ställe auf, wo Philip tagsüber mit den Pferden arbeitete. Er wusste, was zu tun war. Wir sattelten auf und stoben in vollem Galopp über die Felder davon, eines Nachts sogar den ganzen Weg über die Martin-Stream-Brücke bis zur Mädchenfarm, vermutlich weil wir hofften, dort anderen Nachtwanderern zu begegnen.

Im Winter machten wir anstelle der Ausritte nächtliche Skiausflüge, häufig zum alten Golfplatz, der längst verwildert war, um dort unsere Abfahrt- und Sprungtechnik zu trainieren. Erst vor kurzem hatten wir dort eine Sprungschanze gebaut. Außerdem unternahmen wir auf Skiern und Schneeschuhen nächtliche Expeditionen in den Wald, was strengstens verboten und gerade deshalb ein aufregendes Abenteuer war.

Der Winter kam für mich gleich nach dem Frühjahr. Man musste nicht in sengender Sonne mühselig und endlos durch den Staub kriechen, um Unkraut zu jäten. Stattdessen schlugen wir Holz im Wald. Dabei arbeiteten wir in Gruppen. Aus trockenem Gestrüpp zündeten wir Freudenfeuer an, und die Mädchen backten manchmal Kekse und Doughnuts und brachten uns warmen Kakao.

Nachts lag ich wach im Bett und konnte manchmal das Eis unten auf dem Fluss arbeiten hören. Sein Krachen hörte sich wie eine Mischung aus Donner und Flintenschüssen an, und in kalten klaren Nächten konnte man das Geräusch meilenweit hören. Im Gegensatz dazu hatte der leise fallende Schnee eine stille, hypnotische Wirkung. In einem Schneesturm kam ich einmal einem Schwarm Bindenkreuzschnäbeln ganz nahe. Die lila Männchen auf den schneebeladenen Tannenzweigen bildeten einen wunderhübschen Kontrast zu den grünlich-gelben Weibchen.

Wenn Philip, Freddie und ich einen unserer Ausflüge unternahmen, begaben wir uns meist zu unserem Lager tief im Wald, in einem Gebiet, das Kendall Annex hieß und eine verlassene Farm war, die man der Schule gestiftet hatte. (Später wurde sie verkauft, woraufhin auf dem Gelände eine riesige Papierfabrik errichtet wurde, deren gewaltige Metallkonstruktionen heute kilometerweit zu sehen sind.) Damals gab es dort nur Wald und verwilderte Felder – das Ende der uns bekannten Welt. Diese Grenzen schoben wir mit dem erwähnten Ausreißversuch etwas hinaus. Während der ersten beiden

Tage überschritten wir noch nicht einmal die Grenze des Schulgeländes. Wir hatten April, es begann in Strömen zu regnen, und die Kruste des tiefen Schnees schmolz, sodass es praktisch unmöglich war, im Wald zu gehen. Der Martin Stream trat rasch über die Ufer, sodass wir nicht zu Kendall Annex hinüberkamen. Daher kehrten wir ans Ufer zurück und verbrachten zwei Tage unter einem umgedrehten Ruderboot hinter Direktor Garrisons Haus. Inzwischen hatte die Polizei eine weiträumige, aber erfolglose Suche gestartete.

Nach Einbruch der Dunkelheit, als der Regen aufgehört hatte, überquerten wir die Brücke und gingen in die Nacht hinein, um unsere lange Wanderung zu beginnen. Freudig erregt vernahm ich das Hundegebell von einsamen Gehöften und den Schrei des Streifenkauzes in den Sümpfen. Einmal hatte ich das Nest eines Streifenkauzes in der toten Krone einer großen Linde entdeckt. Mehrere Abende hindurch war ich zurückgekehrt, um das Tier bei seinem erstaunlichen Jaulen zu beobachten und zu belauschen. Im College schrieb ich einen der vielen verlangten Englischaufsätze über dieses Erlebnis. Normalerweise schrieben wir über Gedichte – zum Beispiel darüber, dass ein Baum »lieblich« sei, weil er »ein Vogelnest in seinem Haar trägt«. Nie hatte ich, was ich in diesen Gedichten las, gesehen, gehört oder empfunden, daher bekam ich im Allgemeinen ein Ausreichend und war dafür noch dankbar. Ich widerstand der Versuchung, mit Füller statt mit Bleistift zu schreiben, um nicht affektiert zu erscheinen. Zum ersten Mal hatte mir das Thema – ein Aufsatz über das Nest des Kauzes – gelegen, aber dieses Mal erklärte der Dozent, der Aufsatz entspreche überhaupt nicht meinem Stil und sei ganz »offensichtlich« zu gut –, für ihn ein klarer Beweis, dass ich geschummelt hatte.

Beim Laufen verhielt es sich anders. Da zählte nicht, was jemand dachte. Das Verdienst erhielt der, dem es gebührte.

Regelrechte Leichtathletik betrieben wir eigentlich kaum, aber Mr. Moody, der die achte Klasse unterrichtete, legte eine Weitsprunggrube neben dem roten Ziegelgebäude unserer Schule an und ermunterte uns zu Training und Wettbewerben. Mir gefielen die schnellen Sprints und der Absprung am Rand der Grube. Man flog praktisch durch die Luft, bevor man im weichen Sand landete, den Aufsprung markierte und die Weite maß.

Die Laufgeschwindigkeit war entscheidend für den Schwung beim Absprung und die Weite. Laufen sei, so hörten wir von Mr. Moody, wichtiger als die Fähigkeit, weit zu springen und einen Abdruck im Sand zu hinterlassen. Die Irokesenkonföderation der sechs Stämme, die den oberen Teil des Staates New York beherrschten, hätte ihre Macht der Geschwindigkeit ihrer Läufer verdankt, die Nachrichten mit erstaunlicher Schnelligkeit über den fast 400 Kilometer langen Irokesenweg mitten durch die Wildnis hätten befördern können. Eine Läuferstaffel vermochte die ganze Länge des Weges in drei Tagen zurücklegen; diese Geschwindigkeit machte die Konföderation möglich. Die Irokesenstämme veranstalteten Laufwettkämpfe, genau wie die Mandan-Indianer in North Dakota und zahlreiche andere Kulturen, von den Inkas bis zu den Griechen. Die Mandan-Indianer legten eine fünf Kilometer lange Laufstrecke in Form eines riesigen Hufeisens an, und die Gewinner erhielten als Zeichen ihres Sieges eine rot gefärbte Feder, die sie gegen wertvolle Dinge eintauschen konnten.

Mr. Moody lenkte unsere manchmal etwas destruktiven Triebe in sportliche Bahnen. Miss Dunham, auch eine Lehrerin, gab unserer Phantasie weitere Nahrung.

Sie erzählte uns von Indianern, die Rotwild erlegten, indem sie es unermüdlich verfolgten, bis sie es zermürbt hatten. Das Rotwild, das ich gesehen hatte, jagte in gewaltigen Sprüngen und Sätzen durch den Wald. Für mich stellten diese Tiere den absoluten Gipfel an läuferischer Leistung dar, und ich konnte mir nicht vorstellen, dass sie jemals ermüdeten. Wie sollte ein Mensch sie fangen? Das sagte sie uns nicht, dafür erzählte sie uns von Roger Bannister, der die Meile vor drei oder vier Jahren unter vier Minuten gelaufen war, eine Leistung, die man bis dahin für physiologisch unmöglich gehalten hatte.

Wir lebten unsere Triebe nicht in echten Schlachten und wirklichen Jagden aus, sondern fanden schließlich im Crosslauf ein Ventil für sie. In meinem ersten Highschooljahr hatte Bob Colby, unser Englischlehrer und Crosstrainer, Anfang Herbst in der Morgenversammlung verkündet, alle Jungen, die am Crosslaufen interessiert seien, sollten sich nach dem Unterricht in seinem Klassenraum einfinden. Crosslaufen ist ein Herbstsport, und in »Good Will«, einer Highschool, die von weniger als 100 Schülern besucht wurde, war es nach Baseball die beliebteste Sportart.

»Crosslauf ist ein Mannschaftssport«, erläuterte uns Mr. Colby, nachdem wir uns eingefunden haben, »in dem die Mannschaft mit der niedrigsten Punktzahl gewinnt. Der Erste erhält einen Punkt, der zweite zwei, der zwanzigste zwanzig Punkte und so weiter. Fünf Leute aus einer Mannschaft kommen in die Punktewertung. Platziert eine Mannschaft diese fünf Läufer auf den ersten fünf Plätzen, erhält sie für den Ersten einen Punkt, für den Zweiten zwei, für den Dritten drei, für den vierten vier, für den Fünften fünf Punkte – macht zusammen fünfzehn. Die ideale Punktzahl. Läufer, die es nicht in die Punktewertung schaffen, können ihrem Team trotzdem helfen, indem sie punktende Läufer anderer Mannschaften schlagen, sodass die eine höhere Punktzahl kriegen. Noch Fragen?«

Die Regeln waren einfach und klar. Je besser jemand im Team abschnitt, desto besser für alle. Mir gefiel die Vorstellung, dass individuelle Initiative zum Erfolg der Mannschaft beitrug. Hier hatte ich meine Chance, dazuzugehören. Aber wie sollte ich es schaffen? Als ich mich umsah, war ich nicht besonders zuversichtlich. Da war Jerry, der schon Manns genug war, sich zu rasieren. Und mit ihm noch 20 andere Hoffnungsträger. Mit 16 Jahren war ich der kleinste, pfirsichhäutigste und schmächtigste von allen, bei dem nur ein paar Pickel von der Adoleszenz kündeten. Schlimmer noch, ich hieß nur »Nature Boy«, meiner Vorliebe für Käfer und Vögel wegen. Dann gab es noch »Jughead«, der Holzkopf, 30 Zentimeter größer als ich, mit langem dunklem Haar, dass er mit Brillantine zurückgekämmt trug. »Ist Ihnen schon mal aufgefallen«, fragte er Mr. Colby, »dass Intellektuelle körperlich zurückgeblieben sind?« Weder bildete ich mir ein noch legte ich Wert darauf, ein Intellektueller zu sein. Trotzdem fand ich die Unterstellung in dieser Frage – körperliches Leistungsvermögen könnte geistige Interessen, vielleicht sogar die Liebe zu Vögeln und Käfern, ausschließen – empörend. Es lag zu sehr auf einer Linie mit anderen verbreiteten Vorurteilen. »Nein«, sagte Mr. Colby, »ist mir noch nicht aufgefallen.«

Unser Trainingsprogramm ging von einer Verbindung zwischen Körper und Geist aus. Platon, der als Ringer an den Isthmischen Spielen teilnahm, und Sokrates, von dem es heißt, er habe sich durch Training in einem Gymnasium in ausgezeichneter körperlicher Verfassung gehalten, vertraten beide die Auffassung, dass in einer vernünftigen Erziehung die Körperertüchtigung eine wichtige Rolle spiele. Wie ich später erfuhr, fanden einige von Platons Dialogen sogar in einem Gymnasium statt. Die indianischen und griechischen Ideale, denen wir nacheiferten, legten Wert auf die Ausbildung aller menschlicher Fähigkeiten.

»Zwei Wochen lang trainieren wir«, fuhr Mr. Colby fort, »dann nehmen wir die Zeit und schauen, wer in die erste Gruppe kommt – das sind die besten sieben. Die sieben Läufer, die zu den Wettkämpfen fahren.«

»Bei diesen Wettkämpfen«, erklärte Mr. Colby, »startet ihr gegen andere Schulen.« Unsere längste Fahrt würde nach Vinalhaven gehen, einer Insel vor der Küste von Maine. Nach einer langen Autofahrt musste man noch mit der Fähre übersetzen. Mein Wunsch, in die Mannschaft zu kommen, war größer denn je. Aber konnte ich mich gegen eines dieser Kraftpakete durchsetzen?

Wir erhielten die Sportkleidung und alles, was wir brauchten. Jeder bekam ein paar weiße Baumwollsocken, ein Suspensorium, ein Paar schmale Laufschuhe aus schwarzem Segeltuch mit dünner, harter Gummisohle. Das Dress bestand aus schwarzen Turnhosen und orangefarbenen Trikots mit dem »Good Will«-Wappen. Wir versammelten uns draußen auf dem Rasen zu unserem ersten Training. Jeden Nachmittag punkt drei Uhr fanden wir uns dort ein. Nachdem wir uns hinter der Schule aufgestellt hatten, begann Coach Colby mit der üblichen Gymnastik: Wir hüpften auf der Stelle und spreizten in der Luft Arme und Beine zur Seite. Dann ließen wir uns auf die Hände fallen und pumpten unsere Leiber im gleichen Rhythmus vom grünen Gras empor.

Im Penobscot-Stamm in Maine bestimmte jede Familiengruppe einige junge Männer, deren Aufgabe es war,

Elche und Hirsche müde zu laufen. Diese »reinen Männer« wurden ihrer Schnelligkeit wegen ausgewählt, und zu ihnen zu gehören galt als Ehre. Die Läufer wurden von einigen alten Männern beaufsichtigt, die dafür zu sorgen hatten, dass ihre Schützlinge keinen Sex hatten, mit angezogenen Beinen schliefen und kein Fichtenharz kauten, Untugenden, von denen man meinte, sie würden ihre Atmung beeinträchtigen und dafür sorgen, dass ihre Hoden beim Laufen vernehmlich zusammenschlügen und das Wild warnten. Wenn man nur ein paar Bedingungen veränderte, dann waren wir Schüler von »Good Will« wie diese reinen Männern. Auch wir wurden mit Mythen gefüttert, die aus rationalerer (das heißt, distanzierterer) und objektiverer Perspektive sicherlich ebenso absurd waren. Beispielsweise habe ich nie herausfinden können, warum wir alle Suspensorien tragen mussten. Aber es wäre mir niemals eingefallen, mich ohne eines auf die Strecke zu begeben.

Einheitliche Sportkleidung und gymnastische Übungen im gleiche Rhythmus machen noch kein Team. Dazu ist Stolz erforderlich, und Stolz erwächst aus Exklusivität. Nach dem Aufwärmen begann das eigentliche Training. Wir bekamen den Auftrag, die Green Road entlangzulaufen, uns oben nach links zu wenden, Uncle Ed's Road herunterzukommen und vorne an den Wohnhäusern vorbeizulaufen, bis wir wieder vor der Schule eintrafen. Das sollte auch die Wettkampfstrecke sein, wenn wir andere Schulmannschaften empfingen. Die Gesamtstrecke war knapp fünf Kilometer lang und sie führte fast ausschließlich über schmutzige Straßen. »Stellt euch auf … Auf die Plätze, fertig, los!«

Und fort waren wir. Jughead und Jerry zogen vorne davon. Jeder versuchte mit jedem anderen Schritt zu halten. Eine Ewigkeit schien vergangen zu sein, als wir endlich wieder vor dem Schulgebäude ankamen, aber ich war froh, dass ich nicht zu den Nachzüglern gehörte. Einige Wochen lang liefen wir wohl fast 25 Kilometer. Bald mussten die ständigen Nachzügler ihr Sportzeug zurückgeben. Wir wurden allmählich ein Team.

Unser erster Wettkampf im folgenden Jahr – meinem letzten Highschooljahr – wurde bei uns ausgetragen. Ich »ging« damals mit einem Mädchen, was nicht viel mehr bedeutete, als dass ich jedes Mal Schmetterlinge im Bauch hatte, wenn ich dem Objekt meiner Zuneigung im Korridor begegnete. Ich wünschte mir nichts mehr, als sie an der Ziellinie zu sehen. Bei der Vorstellung, sie könnte dort stehen, wurde mir die Zeit bis zum Freitagnachmittag, dem Termin unseres ersten großen Wettkampfes, unerträglich lang.

Ich kann mich noch immer an die Spannung vor dem Start und den einsamen, quälenden Kampf während der 18 bis 20 unendlichen Minuten erinnern, in denen ich jeden Muskel und jede Sehne zum Zerreißen anspannte, ohne ein einziges Mal zurückzublicken. Nur einen einzigen Wunsch hatte ich noch – dass es endlich vorbei sei. Während der ganzen Zeit dachte ich daran, wie schön es sein würde, endlich aufhören und ins Gesicht meiner Freundin blicken zu können. Als ich die kleine Betonbrücke überquerte, konnte ich die Ziellinie erblicken, an der sich einige Zuschauer versammelt hatten. Ich überquerte sie und vermochte mich kaum fassen vor Begeisterung. Ich war Erster. Wie meist in solchen Situationen ist die Qual rasch vergessen. Die Freude bleibt.

Mein überraschendes Abschneiden schien ein reiner Glückstreffer zu sein, doch dann wiederholte es sich noch viermal hintereinander. Danach hieß ich nicht mehr »Nature Boy«, sondern »das Tier«, eine weit zutreffendere und weniger abfällige Bezeichnung, da wir sicherlich alle Tiere sind. Es klag jedenfalls viel besser, und ich fühlte mich großartig.

Jeden Morgen vor dem Unterricht versammelten sich Schüler und Lehrer in der Aula. Mit der rechten Hand auf dem Herzen legten wir feierlich und im Chor den Treueschwur auf die amerikanische Flagge ab. Anschließend sangen wir ein patriotisches Lied über Bomben, die in der Luft explodierten, bei dem mir in Erinnerung an meine frühe Kindheit in Deutschland allerdings ganz anders wurde. Danach hoben wir die Köpfe und lauschten den Bekanntmachungen. Eines Morgens nach unserem fünften Crosswettkampf teilte Direktor Kelly der versammelten Schule mit, unsere Crossmannschaft habe bislang alle Wettkämpfe gewonnen, und ich sei der erste »Champ« der Schule – jemand, der fünf Rennen hintereinander gewonnen hatte. Trotz des Erfolgs hielt ich mich nicht für einen besseren Läufer. Ich gab mir einfach mehr Mühe und achtete sorgfältiger auf das, was ich aß.

Ich war nicht gerade das, was man einen wählerischen Esser nennt, und habe mir deshalb einigen Spott anhören müssen. Doch da ich über den Bewegungsdrang eines Tieres verfügte, wusste ich auch, dass die richtige Ernährung von entscheidender Bedeutung für meine läuferischen Leistungen war. Ich hatte häufiges Zahnfleischbluten, was auf einen Vitamin-C-Mangel, Skorbut, schließen ließ.

In einem Brief an Mamuscha und Papa in Afrika vom 3. Juli 1958 schrieb ich:

Mein Trainer denkt, ich könnte im Herbst Meister des Bundesstaates werden ... Morgen muss ich wieder zum Zahnarzt. Er sagt, er werde möglicherweise zwei Backenzähne ziehen müssen. Ich glaube, es liegt nicht daran, dass ich mir die Zähne zu wenig putze, das tue ich ziemlich regelmäßig. Es muss an dem Essen liegen, das wir hier bekommen – es nicht sehr gut. Viele der anderen Jungen haben die gleichen Probleme. Aber es hat keinen Zweck, über vergossene Zähne zu weinen.

Am 3. Februar 1959 schrieb ich:

Ich habe gerade eine Eiterbeule – es geht eine Epidemie um. Das ist rätselhaft und ein bisschen erschreckend. Gestern in der Kirche hat sich Marianne zweimal übergeben, und eines der Mädchen ist in Ohnmacht gefallen ... Außer mir haben noch einige andere Kinder Eiterbeulen. Das alle macht mich ziemlich wütend, weil ich glaube, vieles davon ließe sich verhindern, wenn man sich bemühen würde, uns eine ausgewogene Ernährung zukommen zu lassen. Ich denke, wir wären dann zumindest widerstandsfähiger.

Ich gab mir Mühe, selbst für eine ausgewogene Ernährung zu sorgen. Abgesehen von den gelegentlich gefangenen Täubchen, die wir im Frühjahr auf den Ställen fingen und am gegenüberliegenden Flussufer brieten, stahl ich einmal eine Dose Fruchtcocktail, die für unsere Hausmutter bestimmt war, und griff manchmal in den Getreidesilo, wenn ich in den Ställen Dienst hatte, und aß die Getreidemischung, die für die Kühe bestimmt war, in der Annahme, das Futter für die Kühe müsse unbehandelt und nahrhaft sein.

Noch größer wurde mein Appetit, als ich Postjunge wurde. Der Postjunge holte am Morgen nach dem Frühstück die ausgehende Post in einer Ledertasche im Verwaltungsgebäude ab, brachte sie mit dem Fahrrad zum Postamt Hinckley und kehrte dann mit der eintreffenden Post zurück. Nach dem Unterricht wiederholte sich der Vorgang. Das Fahrrad ließ ich immer am Verwaltungsgebäude stehen und lief den ganzen Weg.

Das nur aus einem einzigen Raum bestehende Postamt war das Reich von Gordon Gould, einem untersetzten Iren, der die Narben vieler Kämpfe trug. Er nannte sich nur Lefty. Lefty war er auch für mich und wird es in meiner Erinnerung immer bleiben, obwohl ich ihn tatsächlich nie den linken Haken schlagen sah, für den er berühmt war, als er auf dem besten Wege war, Weltmeister im Weltergewicht zu werden. Bis dann im Krieg eine deutsche Kugel seinem Traum ein Ende machte. »Ich bin nie k.o. gegangen«, erzählte er mir. »Jeden Tag bin ich acht Kilometer gelaufen und konnte in Null Komma nichts 200 Liegestützen machen.«

Auch Lefty hatte einmal »Good Will« besucht. Ich hörte ihm so gern zu, weil er das Leben und die Welt da draußen kannte. Er hatte im Zweiten Weltkrieg bei der 82. Fallschirmjägerdivision der US Army gedient, bevor er als Kriegsversehrter nach Hinckley zurückkehrte, um Postbeamter zu werden. Meist war er die einzige Person, die ich in dem Postraum erblickte, wenn ich dort morgens und nachmittags erschien. Je schneller ich lief, desto länger konnte ich bleiben und seinen Abenteuern lauschen.

In den zwei Jahren, die ich als Postjunge unterwegs war, habe ich Lefty bestimmt Hunderte von Stunden zugehört. Hingerissen stand ich vor seinem kleinen mit Gitterstäben bewehrten Schalterfenster, während er von seinen Erlebnissen in Anzio, Nordafrika, Sizilien, Belgien und Deutschland erzählte. Fast konnte ich den Pulverdampf riechen, den Geschützdonner hören und die Leuchtspurgeschosse sehen, wenn er von seinen Kameraden Ed »Arab« Adams (Adamczyk) und T. J. McCarthy erzählte. Manchmal standen ihm die Schweißperlen auf der breiten Stirn, wenn seine graublauen Augen tief in die meinen blickten und er seine lebhaften Erinnerungen abrief:

»Einmal feuerten wir auf die Deutschen auf einem Abhang gegenüber unserer Stellung. Da saß ein Maschinengewehrschütze, der verbarg seine Position nicht im Geringsten. Er zeigte uns mit einer kleinen weißen Fahne jedes Mal eine ›Fahrkarte‹ an, wenn wir daneben schossen. Als wir schließlich vorrückten, machten wir einen Bogen um ihn. Ein andermal kamen zwei von ihnen in der Nacht rüber. Irgendwie waren sie durch unsere Linien gekommen und hatten uns total überrascht. Jetzt hielten sie uns ihre Waffen unter die Nase, verlangten Zigaretten, setzten sich hin, rauchten und unterhielten sich mit uns. Dann gingen sie zurück. Eines Abends nahm ich unsere Maschinengewehrstellungen in Augenschein – ein Maschinengewehr war verschwunden. ›Was ist los?‹, fragte ich die Schützen. Einer sagte. ›Na ja, einer der Jungs bringt uns jeden Abend Kaffee von hinten, und als Losung sagt er immer: Nicht schießen – Kaffee kommt.‹ Heute kam die gleiche Losung, nur dass es die ›Krauts‹ waren. Sie haben gesagt: ›Wir wollen nur eure Waffen. Ihr könnt bleiben. Versucht das mal euren Offizieren zu erklären.‹«

Heidelbrink (ein anderer von Leftys Kameraden) konnte Deutsch. Er war in Deutschland zur Schule gegangen, kannte ihre Psychologie. Er ging hinter *ihre* Linien. Einmal kam er zurück, trug eine deutsche Majorsuniform und hatte eine ganze Kompanie Gefangener bei sich. Er hatte ihnen befohlen, sich aufzustellen und zu marschieren. Das hatten sie getan. Einem Befehl mussten sie einfach gehorchen.

»Wir sangen oft ›Oh Susannah‹. Eines Abends kam einer von ihnen mit erhobenen Händen rüber und sagte: ›Ich will mich nicht ergeben – aber ich sing so gern. Lasst mich mitsingen.‹ Das tat er dann, in einem tiefen Bariton.«

Natürlich ging es nicht immer so herzlich zu. Die Offiziere auf beiden Seiten hielten sie in Trab, sodass sie Feinde blieben.

Er erzählte mir nicht von allen Schlachten, aber was ich von Leftys letzter Schlacht hörte, war sehr eindrucksvoll:

»Ich sah die Leuchtspurgeschosse kommen, dann hatten die ›Krauts‹ mich erwischt – ich erblickte diesen Schenkelknochen neben mir. Schließlich wurde mir klar, dass es meiner war. Ich wurde so wütend und schmiss ihn nach ihnen. Dann war ich weggetreten. Sie nahmen unsere Stellung. Es waren Kinder, richtiggehende Kinder, die mich hinterher wegbrachten.

Das war gegen Ende des Krieges gewesen, und ich kam in ein belgisches Krankenhaus. Die deutschen Ärzte sagten mir: ›Wenn der Krieg vorbei ist und wenn Sie zu Ihren Militärärzten kommen, werden sie Ihnen sagen, dass das Bein amputiert werden muss. Das ist die leichteste Lösung. Lassen Sie es nicht zu. Ihr Bein *kann* gerettet werden.‹

Und so kam es auch. Als sie mich in ein Lazarett in die Staaten brachten, hieß es sofort: ›Leider müssen wir Ihr Bein abnehmen.‹ – ›Nein!‹, sagte ich. Sie sagten: ›Wenn wir es nicht tun, sterben sie.‹ – ›Dann sterbe ich eben‹, sagte ich.«

Lefty starb zwar nicht, konnte aber nie wieder laufen.

Für mich war Lefty ein wunderbarer Freund, der meinem Selbstbewusstsein gut tat. Wenn ich in »Good Will« lief, um irgendwelchen Menschen zu gefallen oder um sie stolz zu machen, dann für Lefty – und für Coach Bob Colby.

Unser Maskottchen in »Good Will« war der Biber. »Der Biber«, erzählte man uns, »arbeitet, wenn er arbeitet, spielt, wenn er spielt, unternimmt große individuelle Anstrengungen und stellt seine Mühe doch in den Dienst des Gemeinwohls.« Der Biber fällt die Bäume individuell, doch die Dämme und Bauten werden von der Familie gebaut und in Schuss gehalten. Außerdem trägt die Arbeit einer Bibergeneration zum Wohlergehen künftiger Generationen bei. Das war nicht nur Schulpropaganda. In diesen Verhaltensweisen sind die Ideale verkörpert, die uns zu Menschen machen. Auch wir sind soziale Tiere und dieser soziale Charakter ist uns vor Millionen Jahren von unseren affenähnlichen Vorfahren vererbt worden, wie er den Bibern, Ameisen, Schimpansen und Bienen von deren Vorfahren weitergegeben wurde. Wie andere Tiere üben wir die Dinge spielerisch ein, die für unser Überleben wichtig sind, und soziales Spiel fördert den Zusammenhalt. Unsere Schulsportmannschaften gaben uns das Gefühl, zu einer Gruppe zu gehören, eine Gruppenidentität zu haben. Gangs, die sich mit Messern und Revolvern bekämpfen – und ich kannte ein paar Jungen, die aus solchen Banden gekommen waren –, tun das Gleiche, aber um einen hohen Preis. Wenn wir in dem einen Kontext keine Verbündeten finden können, suchen wir sie uns in einem anderen. Allerdings gibt es eine Voraussetzung: Um Bündnisse zu schließen, brauchen wir zunächst verlässliche Feindbilder. Ohne Feindbilder sind keine Bündnisse erforderlich.

Eines Morgens auf dem Postamt zeigte mir Lefty eines. Mit seinen kräftigen kurzen Findern tippte er auf die Zeitung, den *Waterville Sentinel.* Dort stand in einer

Schlagzeile der Name von Bert Hawkins, einem unbesiegten Crossläufer von der Waterville Highschool, der jedes Mal, wenn er antrat, einen Streckenrekord aufstellte. Augenblicklich nahm Hawkins für mich bedrohliche, überlebensgroße Proportionen an.

Nie fühlt man sich so klein wie beim Anblick von Größe, daher versuchen so viele Menschen diejenigen schlecht zu reden, die fähiger sind als sie. Beim Laufen können Sie sich und andere nicht hinters Licht führen. Sie müssen sich den Tatsachen stellen. Ich wusste, dass Hawkins schneller war als Gott.

Der Wettkampf mit Hawkins war unausweichlich, weil Waterville nur einige Kilometer weiter am Kennebec River lag. Waterville High war eine Klasse-L-Schule (large – groß), wir dagegen eine S-Schule (small – klein). Trotzdem lud sie Coach Colby zu einem Wettkampf ein, und sie kamen. Ich sah die Waterville-Recken nicht, bevor sie aus dem Umkleideraum kamen, um zur Entscheidungsschlacht vor unserer Schule anzutreten. Wir waren klare Außenseiter. Außerdem wusste ich, dass ich in wenigen Minuten entlarvt sein würde: Ich war kein großer Läufer, ich gab mir einfach nur mehr Mühe.

Wie das Leben aller unsicheren Heranwachsenden war auch meine Existenz eine prekäre Gratwanderung zwischen dem Bestreben nach Unabhängigkeit auf der einen Seite und dem Wunsch auf der anderen, meinen allmächtigen Eltern und anderen Vorbildfiguren zu gefallen. Doch so recht gelingen wollte mir der Balanceakt nicht. Meine Hausmutter hegte von Anfang an die feste Überzeugung, dass bei mir Hopfen und Malz verloren sei. Sie nannte mich einen kleinen Hunnen, weil ich den falschen Akzent hatte und schlecht englisch sprach. Mit dieser vorgefassten Meinung gelang es ihr, in jedem harmlosen Akt der Freude, der Neugier oder des Übermuts böse und abscheuliche Verbrechen zu erblicken. Nach einigen Jahren fühlte ich mich all der Eigenschaften beraubt, auf die ich Wert legte und nach denen ich gestrebt hatte. Da ich nichts mehr zu verlieren hatte, versuchte ich meinen Stolz durch waghalsige Abenteuer und körperliche Leistungen zu retten. Mit Taten ersterer Art brachte ich meine Umwelt schließlich so gegen mich auf, dass man mich eine Woche vor meinem Highschoolabschluss von der Schule warf, während die Taten letzterer Art mir zu einer vernünftigen Ausbildung verhalfen. Dazu trug indirekt auch das Rennen gegen Hawkins bei.

Irgendjemand zeigte ihn mir. Er war ein hagerer Bursche mit einem schwarzen Bürstenschnitt – derjenige, der mir die Andeutung eines Lächelns schenkte (oder war es ein Feixen?), als wir uns zum Start aufstellten.

Wie man es von ihm gewöhnt war, begann Hawkins sehr schnell loszulaufen und hatte bald einen weiten Vorsprung herausgearbeitet. Wir erreichten die anderthalb Kilometer lange, leichte Steigung der Green Road, wo ich einmal versucht hatte, Direktor Kellys holzverkleidetem Kombi davonzulaufen, weil ich gerade versucht hatte, einen Feuerwerkskörper zu zünden, den wir im Chemiekurs gebastelt hatten. Der Knaller hatte nicht richtig gezündet, gab aber trotzdem dem Gerücht Nahrung, der kleine Deutsche habe versucht, »die Brücke in die Luft zu jagen«.

Wir befanden uns auf meiner Hausstrecke. Ich wusste, wenn ich bis zur Hügelkuppe an ihm dranbleiben konnte, würde Hawkins unter Umständen das Gefühl bekommen, er hätte einen schlechten Tag erwischt. Das war meine einzige Chance. Langsam arbeitete ich mich an ihn heran – offenbar hörte er schon Schritte, denn er drehte sich um und schaute. Keine 100 Meter weiter blieb er zu meiner absoluten Verblüffung seelenruhig stehen, um am Straßenrand zu pinkeln.

Wenn man den Hahn erst einmal aufgedreht hat, kann man ihn nicht gleich wieder schließen. Man muss es eine Zeit lang laufen lassen. Ich nutzte die Gelegenheit und übernahm die Führung. Nachdem ich die Hügelkuppe erreicht hatte, ging es nur noch bergab, und ich hielt meinen Vorsprung. Als ich über die kleine Betonbrücke kam, auf der ich meinen Blindgänger gezündet hatte, lag er immer noch zurück. Schon hörte ich die Mädchen jubeln und den Trainer rufen: »Auf geht's, Ben!« Ich sammelte meine letzten Kräfte und ging mit ein paar Schritten Vorsprung ins Ziel. Einer Antilope mögen ihre läuferischen Qualitäten gleichgültig sein, von den seltenen Augenblicken in ihrem Leben abgesehen, wo ein Löwe hinter ihr her ist. Für mich hatte dieser letzte Augenblick große Bedeutung. Es war der Sieg des Geistes über die Materie gewesen.

Die moderne Biologie hat inzwischen bewiesen, dass die Geist-Körper-Verbindung real ist, und einige ihrer Mechanismen entdeckt, die uns damals wie Sciencefiction erschienen wären. Der Geist ist die vermittelnde Instanz zwischen sensorischem Input und physiologischem Output. Wer hätte sich damals vorstellen können, dass eine Schmetterlingspuppe anhand eines bestimmten Helldunkel-Schemas oder auch anhand eines bloßen Lichtblitzes »entscheidet«, ob sie noch im Ruhezustand bleibt oder sich in den fliegenden Vollkerf verwandelt? Wer hätte sich ausmalen können, dass ein männlicher Spatz, der die Tage länger werden spürt, Testosteronschübe ins Blut erhält und eine Folge von physiologischen Veränderungen erfährt, die sein Verhalten verändern und ihn veranlassen, sich zu mausern, das heißt, sein unansehnliches Federkleid gegen ein strahlendes einzutauschen? Wer wäre auf den Gedanken gekommen, dass eine Taube eine Folge von tief greifenden Veränderungen durchläuft – von der Vergrößerung ihrer Eierstöcke bis zu Eiablage –, nur weil sie einige Zweige und ein balzendes Männchen sieht? In allen drei Fällen erregen oder aktivieren die sensorischen Reize das Gehirn, das daraufhin über eine ganze Kette von Hormonreaktionen auf den Körper einwirkt. Wir Menschen haben die gleiche Geist-Hormon-Achse und sind zusätzlich mit Bewusstsein ausgestattet, das manchmal nur sehr wenig sensorischen Input braucht, um das Gehirn zu reizen. Wir können jeden Input mit dem Vergrößerungsglas unseres Geistes verstärken. Doch es gibt Grenzen. Eine Krebserkrankung können wir nicht durch gute Gedanken heilen. Aber gute Gedanken können uns helfen, uns besser zu fühlen und unsere Kräfte effektiver zu nutzen. Sie können uns auch helfen, zu erreichen, was sonst unmöglich erschiene.

Das Crosslaufen hatte für mich den Übergang vom Laufen zum wettkampfmäßig betriebenen Sport gebracht. Ich hatte Blut geleckt und mich verändert. Als Crossläufer lernten wir, uns auf unsere Energie zu konzentrieren, jedes Atom unserer Energie für eine einzige Aufgabe zu mobilisieren, wenn auch nur kurzzeitig. Doch wir arbeiteten intensiv für ein genau vorgegebenes Ziel, nicht nur während der Wettkämpfe, sondern auch in den langen Vorbereitungszeiten. Wie sich herausstellte, hatte das noch einen anderen Vorteil für mich.

Die Möglichkeit, ein College zu besuchen, erschien mir zunächst so fern, dass ich sie noch nicht einmal in Betracht zog. Es gab keine Kurse in irgendeinem Bereich der Biologie, und in Latein waren meine Leistungen schlecht, obwohl mein Vater doch gesagt hatte, es sei die Sprache der Biologie. Wie könnte ich hoffen, irgendetwas in einem Fach zu leisten, dessen Sprache ich noch nicht einmal beherrschte? Chemie? Statt Experimente durchzuführen bastelten wir manchmal Feuerwerkskörper, aber unbeaufsichtigt. In Physik lasen wir aus dem Buch vor. Aus den Lehrbüchern behielt ich wenig, stattdessen lernte ich das, was ich erlebte. Alles, was ich berühren konnte, hatte emotionale Bedeutung für mich. Mein Kopf war angefüllt mit einem Wissen, das bei vielen Menschen als überflüssig und trivial galt (und vielleicht immer noch gilt) – dem Wissen über alles, was dort draußen auf der Welt kroch, flog oder schwamm. Großen Einfluss übten auf mich auch Abenteuergeschichten über Entdecker in Afrika aus. Meine finanziellen Mittel waren gleich Null. An den wenigen Samstagnachmittagen, an denen ich keine Arbeit im Heim zu verrichten hatte, verdingte ich mich für einen Dollar pro Nachmittag in den Ställen. Das reichte, um mir gebrauchte Kleidung und andere lebensnotwendige Dinge zu kaufen. Was konnte ich da erwarten? Trotzdem entschloss ich mich im Herbst meines letzten Highschooljahres, ans College zu gehen, als unser Direktor Mr. Kelly zu mir sagte: »Ben, an der University of Maine haben sie ein großartiges Crossteam.« Da wusste ich, dass ich eine College-Ausbildung brauchte und wollte.

Kapitel sechs

# Hexenkessel College

Nach was für Schwingen wagen wir zu streben?
Wessen Hand wagt das Feuer zu ergreifen?

WILLIAM BLAKE

Ich möchte ins Crossteam«, erklärte ich, als ich während der Orientierungswoche für Studienanfänger bei Edmund Styrna ins Büro trat, welches im Sportkomplex der University of Maine lag. Der Coach, wie ich ihn jahrelang nennen sollte, war ein hochgewachsener Mann mit Bürstenschnitt und buschigen Augenbrauen. Er lächelte mich strahlend an und führte mich ins Lager, wo er mich mit dem erforderlichen Sportzeug ausstattete. Dann nahm er mich mit in den Umkleideraum, wo alle Sportler einen eigenen Schrank hatten. So viel Aufmerksamkeit vom Trainer der besten Leichtathletikmannschaft des Staates, an der größten und eindrucksvollsten Universität, die ich mir vorstellen konnte, weckte in mir sogleich den Wunsch, mir für ihn die Lunge aus dem Leib zu rennen.

All das Neue, das so ganz anders aussah und roch, die Aufregungen und Erwartungen, war wie ein Rausch. Noch am selben Tag, dem ersten meines College-Daseins, zog ich das neue, saubere Zeug an und lief die Crossstrecke in meinen Stiefeln, anschließend ging ich zum Krafttraining in den Fitnessraum.

Ich hatte keinen Higschoolabschluss – man hatte mich ja eine Woche vor dem Abschluss wegen ungebührlichen Verhaltens von der Schule geworfen –, aber das spielte keine Rolle. Ich hatte die Highschool besucht und wurde vor den Graduierungsfeiern im Juni zum Studium zugelassen. Im Sommer zuvor hatte ich glücklicherweise einen Ferienjob beim amerikanischen Landwirtschaftsministerium gekommen. Ich musste im nördlichen Maine das Vorkommen des Schwammspinners ermitteln, eines berüchtigten Waldschädlings. In Houlton am Rande des »Hundert-Meilen-Walds« hatte ich mir ein kleines Zimmer gemietet. Obwohl mein Führerschein noch nagelneu war, fuhr ich jeden Morgen in meinem staatlichen Truck auf irgendeiner einsamen Straße entlang (sie waren alle einsam), um meine Fallen aufzustellen oder zu überprüfen, die als Köder mit den Geruchsstoffen (Pheromonen) des weiblichen Falters ausgestattet waren. Dadurch sollten die Männchen angelockt werden. Zwei Monate lang verbrachte ich meine Tage in vollkommener Einsamkeit, von den gelegentlichen Wochenenden abgesehen, an denen ich zur knapp 300 Kilometer entfernten Farm meiner Eltern trampte. Den ganzen Sommer über fing ich nicht einen einzigen Schwammspinner, was mehr oder weniger bewies, dass der Falter noch nicht ins nördliche Maine vorgedrungen war. Also konnte man auf den großflächigen Einsatz von Bioziden verzichten.

Nach der Arbeit blieb keine Zeit zum Laufen, um mich auf das College vorzubereiten, daher absolvierte ich mein Training während der Arbeit. Nachdem ich ein paar Minuten in Richtung meiner nächsten fast 500

Pheromonfallen gefahren war, hielt ich 50 oder 100 Meter vor der Stelle, um mir Gelegenheit zu einem kurzen Lauf zu verschaffen. Wenn ich dann wieder zum Truck zurückgelaufen war, fuhr ich weiter. Sobald ich wieder zu Atem gekommen war, sang ich in der Regel, was die Lungen hergaben, bis ich zum nächsten Halt kam. Als ich im Herbst an die Uni zurückkehrte, konnte ich noch immer keinen Ton treffen, aber ich konnte ein bisschen schneller und weiter laufen. Ich hatte keinen größeren Wunsch, als ins Crossteam zu kommen.

Am ersten Tag an der UMO (University of Maine in Oron) hatte ich ein wahres Muskelpaket beim Hanteltraining beobachtet. In den Ställen und Scheunen von »Good Will«, wo ich Getreidesäcke getragen hatte, war es mir, wenn auch mühsam, gelungen, einen 50-Kilo-Sack über den Kopf zu heben, aber nur bei kerzengeradem Rücken. Der Kraftprotz, den ich beobachtete, beugte sich nach vorn wie ein Taschemesser und hob dann die Gewichte, während sein Rücken parallel zum Fußboden war. Ich hatte noch nie zuvor richtige Gewichtheber in Aktion gesehen und wusste nicht, wie man es machte. So also? Kleinigkeit! Ich packte zwei schwere Hanteln, beugte mich nach vorn und begann zu drücken. Nach kurzer Zeit spürte ich ein Ziehen im Kreuz. Von so ein bisschen Schmerz ließ ich mich jedoch nicht aufhalten und machte weiter.

In den folgenden Wochen nahm ich meinen Job als Abwäscher in der Cafeteria wieder auf, da ich kein Stipendium bekam und auch von meinen Eltern keinen Pfennig erhielt – sie konnten noch weniger erübrigen als ich. Meine Rückenschmerzen jedoch dauerten an, und so gelang es mir nur, quälend langsam zu laufen, wobei mir manchmal der Schmerz wie ein Feuerstoß ins Bein fuhr. Der Arzt im Krankenhaus hatte mir gesagt, dass sei eine Muskelzerrung, die nach ein paar Wochen vorbei sei. Die Wochen vergingen, aber der Schmerz nicht, ganz im Gegenteil, er wurde schlimmer. Daraufhin sagte der Coach, ich solle noch einmal hin und den Chefarzt verlangen. Ich solle ihm sagen, von wem ich käme und dass ich zum Crossteam gehöre.

Dieses Mal wurde ich sorgfältiger untersucht. So sorgfältig, dass ich anfing, mir Sorgen zu machen. Schließlich teilte mir der Arzt mit, mit dem Laufen sei es nun für immer vorbei. Auch keine Arbeit mehr, bei der ich schwere Tabletts oder Tellerstapel tragen musste. Er sagte etwas von einem lumbalen Bandscheibenvorfall, der auf den Ischiasnerv drücke. »Sie können ihn operieren lassen, aber richtig heilen können wir die Geschichte nicht.« Man überwies mich an einen Neurologen in Bangor, dessen Urteil nicht weniger entmutigend ausfiel. Er sagte, Laufen käme nicht mehr infrage, und auch meine Berufspläne, eine Aufgabe im Forstbereich, müsse ich überdenken.

Ich konnte nicht mehr laufen. Mit meinem Job war es ebenfalls vorbei, sodass College und Beruf gefährdet waren. Dieser Weg war mir also verbaut, und ich musste mir einen anderen suchen. In einer solchen Situation kann man sich entweder auf den Zufall verlassen und nehmen, was sich bietet, oder eine ganz neue Strategie entwerfen. Angesichts der Unwägbarkeiten und Launen des Schicksals können diese ebenso unvorhersehbar sein wie jene. Mit einem Wort, ich hatte keinen Plan. Stattdessen stürzte ich mich mit einer vollkommen neuen Energie ins Studium und linderte meinen Schmerz etwas, indem ich mir ein Brett unter die Matratze schob. Der Eifer, mit dem ich mich dem Studium widmete, war denkbar angebracht, denn wie alle meine Schulkameraden war ich auf die geistigen Anforderungen der Collegekurse in Chemie, Wahrscheinlichkeitsrechnung und Physik nicht vorbereitet. Soweit ich weiß, hat keiner von ihnen das erste Collegejahr überstanden. Die Professoren taten ihr Bestes, die Spreu vom Weizen zu trennen und den akademischen Leistungsstand zu halten. So kam es, dass mich meine Rückenverletzung und später hinzukommende Kniebeschwerden an den Schreibtisch fesselten. Diese Verletzungen hatten noch eine weitere Konsequenz für mich, die den Militärdienst betraf.

Nachdem ich nämlich mein Sporttrikot bekommen hatte, verpasste man mir an der Uni als nächstes eine Uniform der US Army. Alle männlichen Studierenden mussten zwei Jahre lang an einem Kurs des militärischen Reserve Officers Training Corps (ROTC) teilnehmen. Er gehörte zu den Vereinbarungen, die man als Student an einer State University einzugehen hatte. Einmal in der Woche putzten alle männlichen Studierenden im ersten und zweiten Jahr ihre schwarzen Stiefel und den Schirm der flachen olivfarbenen Mütze spiegelblank. Dann traten wir in voller Montur zum wöchentlichen Exerzieren vor der Sporthalle in Gruppen, Abteilungen und Kompanien an, um unter den wachsamen Augen von Armeeoffizieren zu exerzieren. Studenten aus höheren Semestern, die befördert worden waren, schrieen Befehle, auf die hin wir schwenkten, Haltung annahmen und unser unhandliches M1-Gewehr präsentierten. Diese Übungen waren Gift für meinen Rücken, weil ich mich nicht beugen und bücken konnte, um meine kaputte Bandscheibe zu entlasten. Ich wollte die Universität aber nicht verlassen, daher nahm ich in diesen zwei Jahre klaglos an den obligatorischen ROTC-Übungen teil. Hinterher schuldeten wir »Uncle Sam« alle noch den richtigen Militärdienst. Die Frage lautete nur, wann und wo. Ich wollte nicht, dass der Wehrdienst nach dem

College noch lange über meinem Haupt schwebte, sondern beabsichtigte, ihn so rasch wie möglich hinter mich zu bringen. Daher begab ich mich vor Abschluss meines vierten Jahrs als Undergraduate auf die Rekrutierungsstelle in Bangor.

Dort bestand ich alle Tests und erwies mich als äußerst tauglich, weil ich mich, wie ich später noch erläutern werde, inzwischen erholt und einen einjährigen Buschaufenthalt in Ostafrika hinter mir hatte. Also meinte der Stabsarzt, ich sei hervorragend für den Einsatz in einem asiatischen Dschungelland geeignet, wo ich allerdings auf andere Ziele als Vögel schießen sollte. Ich war ein guter Gewehrschütze geworden. Als ich nicht laufen konnte, ging ich häufig zum Zeitvertreib auf den ROTC-Schießstand, weil mich Sergeant Bell, der ihn beaufsichtigte, so viel Munition verpulvern ließ, wie ich wollte. Ich sei eine »Naturbegabung«, sagte er, und forderte mich auf, in die Schützenmannschaft einzutreten. Das Kleinkalibergewehr, das ich mir zu Hause zusammen mit Phil Potter durch alle möglichen Nebenjobs verdient hatte, war mein kostbarster Besitz. Phil und ich hatten viele Schießübungen gemacht. Außerdem war die Frequenz meines Ruhepulses langsam genug, um zwischen den Herzschlägen zu schießen. Dadurch war die Streuung der Schüsse wesentlich geringer.

Alles ging nach Wunsch. Der Stabsarzt lächelte und sagte, ich hätte alle Voraussetzungen für meinen gewünschten Einsatzbereich, den der Fallschirmjäger. Ich brauchte nur noch ein Attest von meinem Arzt, weil ich, wie verlangt, meine früheren Verletzungen angegeben hatte. Kein Problem, ich suchte Dr. Graves, unseren Campusarzt, auf, der meine Krankengeschichte genau kannte. »Doc«, sagte ich, »ich brauche ein Attest für die Army.« – »Okay«, sagte er, »Sie können es sich morgen abholen.« Als er mir am nächsten Tag den verschlossenen Umschlag übergab, sagte er: »Damit ist die Sache geritzt, Ben.«

Das schien mir zwar ein merkwürdiger Kommentar zu sein, aber ich dachte mir nichts weiter dabei und brachte den Schrieb zum Stabsarzt, der ihn öffnete und durchlas. Plötzlich wandte er sich um und begab sich zu jemandem im Nebenzimmer. Dort hörte ich ihn fluchen. Verwirrt ging ich. Bald darauf erhielt ich per Post einen neuen Wehrpass. Auf ihm stand vermerkt, dass meine Tauglichkeit nicht mehr 1A war, wie seit meinem 18. Lebensjahr – als ich gemustert wurde, nachdem ich geschworen hatte, ein US-Bürger zu werden und wehrdienstpflichtig geworden war –, sondern nur noch 4F: körperlich untauglich für den Militärdienst. So kam es, dass ich in Dr. Dick Cooks Labor landete, wo ich Glasgefäße abwusch und andere Routineaufgaben erledigte, bevor ich mich schließlich mit den physiologischen Mechanismen der Zellatmung beschäftigen durfte. Eigentlich hätte ich um diese Zeit schon längst, wie einst Lefty, aus Flugzeugen springen sollen, in Fort Benning, Georgia, dem Ausbildungszentrum für Fallschirmjäger, oder irgendwo anders.

Obwohl ich während meiner ersten Woche an der Universität eine langwierige Rückenverletzung davongetragen hatte, wurde ich schließlich doch noch ein Mitglied des Crossteams. Ich war nicht so groß wie viele der Leute in den technischen Disziplinen, noch konnte ich sprinten wie eine Gazelle. Viel zu lange hatte ich mich in Größe, Kraft und Schnelligkeit mit anderen verglichen und war immer zu dem Ergebnis gekommen, dass ich ihnen unterlegen sei. Doch hier in dem Leichtathletikteam der Uni war eine Vielfalt von Fähigkeiten versammelt: Hürdenläufer, Sprinter, Hammerwerfer, Speerwerfer, Kugelstoßer, Mittelstreckenläufer, Hochspringer, Weitspringer und Stabhochspringer. Ich wurde Langstreckenläufer. Ich musste nicht wie alle anderen sein. Eine wichtige Lehre fürs Leben.

Langstreckenläufer haben ein gemeinsames Merkmal – die guten sind dünn. Die Athleten in Kraftdisziplinen wie Kugelstoßer und Hammerwerfer sind ganz andere Tiere als die Langstreckenläufer. Beide repräsentieren Extreme des Körperbaus, der Koordination, Geschwindigkeit und Ausdauer. Zahlreiche und vielfältige Aspekte der Physiologie sind von diesen Unterschieden betroffen. Um in die äußersten Bereiche des Menschenmöglichen vorzustoßen, brauchen die Werfer viel Körpermasse aus dicken, wulstigen Muskeln und starke Knochen, um sie zu tragen. Sie sind auf einen hohen Prozentsatz an rasch kontrahierenden Muskelfasern angewiesen, die Kohlenhydrate anaerob (ohne Sauerstoff) verbrennen und auf diese Weise für eine explosive Freisetzung der Energie sorgen. Ihre Leistung im Wettbewerb dauert im Allgemeinen ein, zwei Sekunden, die Vorbereitung Jahre.

Der Langstreckenläufer muss fast über den Boden schweben, manchmal stundenlang. Im Idealfall hat er leichte, dünne Knochen und lange Gliedmaßen mit wenig Muskelmasse wie ein Vogel. Der Schlüssel zur Leistung des Langstreckenläufers ist die ständige Versorgung seiner fettverbrennenden Muskeln mit Sauerstoff. Diese Fähigkeit setzt ein unfangreiches Versorgungssystem voraus, vor allem ein großes Herz, das mit einem Schlag ein großes Blutvolumen befördert, ein Herz, das rasch schlägt, wenn erforderlich, und langsam, wenn kein Bedarf besteht. Der Langstreckler braucht große Arterien, ein umfangreiches Netz von Kapillaren, eine beträchtliche Lungenkapazität und große Brennstoffreservoirs in Muskeln, Leber und anderen Körperbereichen. Seine Zellen müssen dicht mit Mitochondrien bestückt sein, den mikroskopischen Kraftwerken, die mit ihren Enzymbatterien Brennstoff und Sauerstoff in die Energie verwandeln, die für die Muskelkontraktion verwendet wird. Für die rasche Energieentfaltung von Sprintern oder Werfern sind keine Mitochondrien, kein Sauerstoff und damit auch kein Sauerstoffversorgungssystem erforderlich.

Beim Langstreckenlauf wird die Fähigkeit des Körpers, die Muskeln (sowie das Gehirn und alle anderen Organe) mit Sauerstoff zu versorgen, auf eine harte Probe gestellt. Die Mechanismen von Lunge und Herz sind von größter Bedeutung für diese Aufgabe, aber noch wichtiger ist das Blut. Unser Blut ist hochspezialisiert auf den Transport von Sauerstoffmolekülen aus der Lunge in die Mitochondrien, wobei es sich in Einklang mit den über kurze Entfernungen wirkenden Mechanismen befinden, die für die Beförderung durch die Membranen der Muskelzellen zuständig sind.

Die Fähigkeit des vom Herz in den Körper gepumpten Blutes, Sauerstoff aufzunehmen, ist fast hundertmal so groß wie die des Plasmas, weil jenes die Sauerstoff tragenden roten Blutkörperchen enthält. Jedes rote Blutkörperchen unserer rund 25 Billionen Blutzellen ist mit Millionen eisenhaltiger Proteinmoleküle beladen, dem so genannten Hämoglobin, und jedes Hämoglobinmolekül kann in der Lunge vier Sauerstoffmoleküle aufnehmen, um sie in den Kapillaren, etwa denen der Muskeln, abzuladen. Das Hämoglobin bezeichnet man auch als Atmungspigment, weil es hellrot ist, wenn es mit Sauerstoff beladen ist, um sich blau zu färben, sobald es den Sauerstoff abgeladen hat. Dann ist es das Blut in den Venen, das sich auf dem Rückweg zu Herz und Lunge befindet.

Wenn nun der Sauerstoff unablässig in die Kapillaren transportiert und abgeladen wird, sammelt er sich dort in hohen Konzentrationen, die verhindern, dass weiterer Sauerstoff herbeigeschafft wird. So würde das Herz das Blut völlig umsonst durch den Körper pumpen, gäbe es nicht ein zweites Pigment, das große Ähnlichkeit mit dem Hämoglobin hat. Dieses Protein, das Myoglobin (die Vorsilbe »myo« steht für »Muskel«), sorgt für die rote Farbe von Fleisch. Myoglobin befindet sich in den Muskelfasern, den Zellen. Da es Sauerstoff noch leichter bindet als das Hämoglobin im Blut, nimmt es den Sauerstoff aus dem Blut heraus und macht ihn für die Stoffwechselprozesse der Zelle verfügbar. Der Sauerstoff folgt dann dem Konzentrationsgradienten, dem Gefälle der Konzentration, von hoch im Blut zu niedrig in den Zellen. Dort wird er verbraucht.

Nicht alles Fleisch besitzt Myoglobin. Wie wir wissen, haben Hähnchen weißes und dunkles Fleisch, was zur Folge hat, dass auf jedem Picknick die Diskussion über die Frage entbrennt, wer das weiße Fleisch (die Brust) und wer das dunkle Fleisch (die Keule) bekommt. (Ich entscheide mich meist für das dunkle Fleisch, weil es Eisen enthält, einen Stoff, den alle Läufer brauchen.) Weißes Fleisch besteht größtenteils aus den rasch kontrahierenden, anaeroben Muskelfasern, die die Sprinter zu ihren explosiven Energieentladungen befähigen. Rotes, dunkles Fleisch dagegen besitzt ein Übergewicht an langsam kontrahierenden, Sauerstoff verbrauchenden Fasern, deren Kontraktionen nicht so viel Energie freisetzen, aber größere Ausdauer ermöglichen. Ein Waldhuhn hat weiße Brustmuskeln wie ein Hähnchen und entlädt seine Energie explosionsartig, wenn es auffliegt, wie ein Feuerwerkskörper, der gezündet worden ist. Es kann diese Leistung jedoch nicht lange beibehalten. Nach einer Reihe solcher Flugexplosionen hintereinander ist ein Waldhuhn praktisch flugunfähig. Anderseits ist es ein fast unermüdlicher Läufer, weil es dann nämlich seine dunklen Beinmuskeln verwendet. Langstreckenflieger brauchen wie Langstreckenläufer dunkles Fleisch, und Wandervögel wie zum Beispiel Laubsänger, Flussuferläufer und Gänse haben alle dunkles Brustfleisch, sprich: Flugmuskeln.

In *jedem* Muskel unserer Beine haben wir sowohl rasch wie langsam kontrahierende Muskelfasern. Die Mischung sorgt dafür, dass unsere Muskeln weder weiß noch dunkelrot sind, sondern vermutlich eine Art rosa Mischfarbe zeigen. Die Beinmuskulatur eines Langstreckenläufers enthält überwiegend Fasern des langsam kontrahierenden Typs – 79 bis 95 Prozent beim Hochleistungslangstreckler, gegenüber 50 Prozent beim Durchschnitt und 25 Prozent beim Hochleistungssprinter. Langsam kontrahierende Muskelfasern verbrennen Fett und brauchen für ihre Arbeit eine ständige Sauerstoffzufuhr, was den Vorteil hat, dass keine Milchsäure anfällt, die zu rascher Erschöpfung führt.

Das Verhältnis von rasch zu langsam kontrahierenden Muskelfasern ist von Individuum zu Individuum verschieden und legt in jedem entweder die Fähigkeit zum Sprint oder zur Ausdauerleistung an. Man geht heute davon aus, dass wir mit einem spezifischen Verhältnis der Muskelfasern zur Welt kommen. Doch noch gibt es keine Studien, in denen man untersucht hat, was für Muskelfasern erwachsene Sprinter oder Langstreckenläufer als Kleinkinder hatten. Wir wissen nicht, ob die Art der Muskelfasern schon bei der Geburt festgelegt ist, oder in frühem Alter durch die Lebensweise geprägt wird.

Sportmediziner bestimmen das Prozentverhältnis der Faserarten (relativ schmerzfrei, habe ich mir sagen lassen), indem sie Gewebsproben direkt aus den Muskeln entnehmen, sie färben und dann die verschiedenen Muskeltypen mikroskopisch auszählen. Auf diese Weise bestimmen sie, ob jemand eher eine Veranlagung zum Sprinter oder zum Langstreckler hat. Bis zu einem gewissen Grade lassen sich die Faserarten durch Training verändern. Neuerdings hat man herausgefunden, dass es zwei Arten rasch kontrahierender Fasern gibt, a und b genannt. Die FTa-Fasern (FT ist die Abkürzung von Fast Twitching, FTa: rasch kontrahierende Fasern des Typs a) sind etwas aerober als die b-Fasern, und diese Eigenschaft nehmen sie durch Training an. Die 50 Prozent FT-Fasern des Durchschnittsmenschen verteilen sich gleichmäßig auf a und b, doch erstklassige Marathonläufer weisen kaum noch FTb-Fasern auf. Man vermutet, dass der Fasertyp durch die Nerven bestimmt wird, die die Muskeln innervieren. Ein Neuron aktiviert gleichzeitig zahlreiche Fasern, mit denen es zu einer so genannten motorischen Einheit zusammengeschlossen ist. Bei rasch kontrahierenden motorischen Einheiten innerviert ein Neuron in der Regel 300 bis 800 Faserzellen, während langsam kontrahierende motorische Einheiten aus zehn bis 100 Faserzellen bestehen. Das Training bedingt nicht nur die biochemische Anpassung der Fasern, sondern auch die neurale Koordination ihrer Aktivierung.

Der Umstand, dass beide Muskelfaserarten in einem Muskel vertreten sind, verschafft uns Flexibilität. So verfügen wir sowohl über Schnellkraft wie über Ausdauer, doch solch Flexibilität ist ein Kompromiss. Ein Hochleistungssprinter verliert notgedrungen an Ausdauer und ein Hochleistungslangstreckler an Explosivkraft. Doch warum büßt ein Muskel, der besonders für Ausdauerleistung geeignet ist, Schnellkraft ein? Die

Antwort hat wahrscheinlich mit dem Umstand zu tun, dass für eine möglichst große Anzahl wiederholter Kontraktionen wertvoller Raum, der sonst für Muskelfasern genutzt werden könnte, geopfert werden muss für Mitochondrien, für eine weit gespannte Kapillarennetz, für Membranen, für Myoglobin und natürlich für das ganze Versorgungssystem. Ein anaerober FT-Muskel braucht keine Vorkehrungen für eine rasche Versorgung mit Sauerstoff oder Brennstoff, für den Abtransport von Abfallstoffen und für Temperaturregulierung. Er ist wie ein Rennauto, das dafür gebaut ist, sehr schnell über die Strecke zu jagen, und daher ganz anders aussieht als ein Wohnmobil, das man für eine Wüstendurchquerung hergerichtet hat.

Viele der Faktoren, die zusammenkommen müssen, um die Ausdauerleistung von Mittelstrecken- und Langstreckenläufern hervorzubringen, haben mit der Fähigkeit zu tun, auf Zellebene große Mengen von Sauerstoff im Zuge des aeroben Stoffwechsels zu verarbeiten. Die *maximale* Rate, mit der wir Sauerstoff verarbeiten können, ist abhängig von den vielen Variablen, die wir eben betrachtet haben, und noch von einer Reihe weiterer Faktoren. Das maximale Sauerstoffvolumen, das wir fortdauernd und gleichmäßig über mehrere Minuten verarbeiten können, kürzt man mit $V_{O2\text{-}max}$ ab. Natürlich muss jeder Langstreckenläufer, der ganz vorne mitlaufen will, ein ziemlich hohes $V_{O2\text{-}max}$ aufweisen.

Doch das $V_{O2\text{-}max}$ ist nicht der entscheidende Faktor, der die Ausdauerleistung begrenzt. Wenn der Brennstoff ausgeht, kann selbst ein Ferrari nicht weiterfahren. Doch im Gegensatz zum Ferrari werden wir Menschen schon lange im Voraus vor einer drohenden Erschöpfung unseres Brennstoffvorrats gewarnt – lange bevor die Brennstofftanks wirklich leer sind, fühlen wir uns schwach und genötigt, das Tempo zu drosseln. Ist der Läufer darauf spezialisiert, sehr große Entfernungen zu laufen, dann kommt es nicht nur auf seine Fähigkeit an, den in den Körperreservoirs vorhandenen Brennstoff zu mobilisieren, sondern auch darauf, dass seine Verdauungsorgane ihm den Brennstoff während des Laufens zuführen können.

Auch indirekte physiologische Schritte sind von entscheidender Bedeutung. Ein Langstreckenläufer erzeugt enorme Mengen an Stoffwechselwärme. Er muss in der Lage sein, diese Wärme durch Schwitzen abzuführen, was ein kompliziertes Gleichgewicht des Wasser- und Salzhaushalts voraussetzt. Außerdem müssen die Regulationsprozesse des Körpers das Blut entweder der Haut zuleiten, um die Wärme abzuführen, zum Verdauungssystem dirigieren oder zu den Brennstoffreservoirs des Körpers schicken. Nieren und Leber müssen ihre Funktion unvermindert fortsetzen, um die Abfallstoffe des Stoffwechsels zu verarbeiten und auszuscheiden. Ein Gewichtheber, Springer, Werfer oder Sprinter hat mehr als genug Brennstoff in seinen Muskelzellen. Da für ihn während des Wettkampfs kein Sauerstoffbedarf und keine Probleme mit Wärmeableitung und Beseitigung der Abfallstoffe entstehen, kann er seine Körpersysteme weitgehend ausschalten und sich ausschließlich auf die explosive Kraftanstrengung konzentrieren. Seine Aufgabe besteht darin, große Energiemengen in kurzer Zeit von Muskeln abzurufen, die überwiegend aus FT-Fasern bestehen. Dazu kann er auf hervorragende biomechanische Mechanismen und eine erlernte Koordination von Geschwindigkeit und Beweglichkeit zurückgreifen.

Auch dem Läufer wird biomechanische Effizienz abverlangt, besonders über lange Strecken, auf denen der sparsame Umgang mit Brennstoff und Energie von entscheidender Bedeutung ist. Alle seine Bewegungen müssen harmonisch und nahtlos mit einer fein abgestimmten Koordination Hunderter Muskeln und Tausender motorischer Einheiten verzahnt werden – das alles steht im Dienste einer umfassenden Aufgabe, eines riesigen Reflexmechanismus. Egal, ob er es bewusst gelernt hat oder nicht, sein Armschwung ist exakt auf seine Schritte abgestimmt. Beide sind mit seiner Atmung und wahrscheinlich auch seiner Herzfrequenz verknüpft. Bei einem wirklich effizienten Laufstil sind Arme, Atemzüge und Herzschläge Vielfache voneinander. Diese Vielfachen verändern sich mit Schritttempo und Anstrengung, nicht aber ihre Synchronizität. Es ist, als würden die Beine des Läufers den Takt für die Körperrhythmen vorgeben. Allerdings erfolgt während des Wettkampfes ein ständiger Wechsel des Rhythmus, je nach Strategie und Taktik und je nach Rennverlauf und Verhalten der Konkurrenten.

In Leichtathletikwettkämpfen testen wir scheinbar einfache Aufgaben, die jedes gesunde Kind bewältigen kann – laufen, springen und werfen. Ihre Schönheit erschöpft sich im Ideal von Kohärenz und Einfachheit. Alles ist im richtigen Verhältnis für die anstehende Aufgabe vorhanden, und nichts ist überflüssig. Bei den College-Leichtathleten habe ich diese Spezialisierungen im Extremen erlebt. Ich habe Fähigkeiten an ihnen beobachtet, die viele von uns haben, nur dass sie sich hier auf höherem Niveau zeigten. Sie waren das Ergebnis von Träumen und dem Drang nach Vollkommenheit.

Die unaufhörliche Verbesserung der Weltrekorde in allen Sportdisziplinen während der letzten 100 Jahre (in denen sie dokumentiert wurden) könnte nach biologischer Evolution aussehen. Wir kennen nicht *alle* Faktoren, die daran beteiligt waren und sind, und wir wissen nicht, wie sie sich relativ zueinander ausgewirkt haben, doch *eines* wissen wir mit Sicherheit: Die biologische Evolution hat damit nichts zu tun. In der Eiszeit mag sie eine Rolle gespielt haben, als wir in kleine, isolierte Populationen aufgesplittert und bei Beeinträchtigungen unserer sportlichen Leistungsfähigkeit stets vom Tode bedroht waren. Das ist vorbei. Heute leben wir in großen Populationen von zunehmender Homogenität, wo jede Mutation, die möglicherweise einen Zugewinn an sportlicher Leistungsfähigkeit bedeuten könnte, im Kontext einer Vielzahl von Merkmalen rasch unterginge. Auch sind wir keiner gezielten Selektion unterworfen, die die Fähigkeit zum Springen, Laufen oder Gewichtheben begünstigte.

Es ist natürlich verlockend, sportliche Rekorde in die Zukunft zu extrapolieren und anzunehmen, sie ließen sich ewig verbessern. Die offenkundige, triviale Wahrheit ist, dass das nicht der Fall sein wird. In nur einem Jahrhundert hat das Gesetz vom abnehmenden Ertragszuwachs schon gegriffen. Trotz einer enorm verbesserten Ernährung, einer Vervierfachung der Weltbevölkerung, einer ungeheuren zahlenmäßigen Zunahme von Sporttreibenden (anfangs waren es nur ein paar verrückte Engländer) aus aller Welt und aus sämtlichen sozialen Schichten, trotz revolutionärer Trainingstechniken, die sich auf umfangreiche Datenbanken wissenschaftlicher Untersuchungen stützen, trotz Profisportlern, die sich in hochmodernen Olympiazentren vorbereiten, trotz ungeheurer Fortschritte im Bereich der Ausrüstung (Schuhe, Stäbe, Speere, Kunstbahnen, wellenlosen Schwimmbecken, aerodynamische und hydrodynamische Bekleidung) erleben wir schon seit Jahrzehnten, dass die Rekorde nur noch um Bruchteile von Sekunden gebrochen werden. Die Messlatte der international anerkannten Leistungen liegt sehr hoch. Zwar gibt es an den Colleges noch immer Freizeitathleten, die von olympischen Ehren träumen, wie wir es einst taten, doch niemand hat heute die Chance, als Teilzeitsportler zu den Besten aus einem Reservoir von sechs Milliarden Menschen zu gehören. Heute kann auf internationaler Ebene niemand mehr siegen, der acht Stunden am Tag Hamburger wendet und nur abends oder an den Wochenenden Zeit zum Training findet.

Jim Thorpe, dem vielleicht besten Leichtathleten dieses Jahrhunderts, wurden seine olympischen Medaillen aberkannt, weil er einen lächerlichen Geldbetrag für die Teilnahme an einem unbedeutenden Baseballspiel annahm. Heute werden alle olympischen Athleten auf die eine oder andere Weise finanziell unterstützt; meistens leben sie ausschließlich von ihrem Sport. Es ist mehr als ein Verdacht, dass manch ein Wettkampf im Sprint oder im Gewichtheben von muskelbildenden Medikamenten entschieden wird. Das sind Sportarten, in denen schwere Muskelmasse einen Vorteil und keine Behinderung darstellt. Tatsächlich ist heute jede herausragende Leistung (also jede Leistung, die im Weltmaßstab zählt) von diesem Verdacht überschattet. Ich denke, diese Einstellung allein genügt, um den weiteren Vormarsch der Rekordleistungen zu stoppen, bevor wir noch unser biologisches Potenzial ausgeschöpft haben. Die Collegesportler werden alle Lust verlieren. Warum? Weil es den Läufern um Ruhm geht. Doping verspricht keinen Ruhm. Wenn der Dopingverdacht automatisch aufkommt, werden, von den reinen Berufssportlern abgesehen, kaum noch Athleten bereit sein, die heroischen Anstrengungen auf sich zu nehmen, die heute erforderlich sind, um außergewöhnliche Leistungen zu erzielen.

Warum sollen sie sich das antun, wenn man ihnen am Ende doch nur Betrug unterstellt!

In einigen Berichten heißt es, wenn man einem Athleten Blut entnehme und es ihm später wieder zuführe und so sein Blutvolumen und die Zahl der roten Blutkörperchen erhöhe (man spricht hier von Blutdoping), dann verstärke man seine aerobe Kapazität und seine Leistung im Langstreckenbereich. Abgesehen von den ethischen Fragen, die ein solches Verhalten aufwirft, sind die Ergebnisse der einschlägigen Studien nicht eindeutig. Außerdem bergen diese Verfahren Risiken. Ihnen liegen strittige physiologische Annahmen zugrunde. Wenn wir Blut verlieren, ersetzt unser Körper das Blut. Nun bilden wir aber Blut in dem Umfang, in dem der Körper es braucht. Daher nehme ich an, dass Blutdoping bei einem untrainierten Sportler zwar vorübergehend zu einer Leistungssteigerung führen kann, einem trainierten Athleten aber, bei dem alle Funktionen in Hinblick auf eine bestimmte Aufgabe genau eingespielt sind, nur schaden könnte. Für einen Hochleistungslangstreckler, der in der Regel ein größeres Blutvolumen, aber eine niedrigere Zahl an roten Blutkörperchen hat (um die Blutviskosität zu erhöhen und die Herzbelastung zu senken), kann ein Mehr an roten Blutkörperchen nur von Nachteil sein. Die künstliche Blutzufuhr ist ein bisschen so, als wollte man jemandem, der mit zwei Beinen bereits ideale Höchstleistungen vollbringt, noch ein drittes verpassen.

Glücklicherweise gehört zu den großen Vorzügen des Laufens, zumindest des Langstreckenlaufens, dass es eine ehrliche Angelegenheit ist. Sie müssen bedenken, dass Sie bei einem 10000-Meter-Lauf oder einem Marathon eine ganze Maschine mit einer fast unvorstellbar großen Zahl von ineinander greifenden Teilen bedienen, wobei kein Teil wichtiger ist als die anderen. Sie können nicht einfach eine Funktion erhöhen und erwarten, dass sich die Leistung verbessert. Der Natur kommt es nicht in den Sinn, zusätzliche Teile hinzuzufügen oder gegebene Teile mit besonderen Fähigkeiten zu versehen. Die Leistung lässt sich nur beeinflussen, wenn man das *ganze* System verbessert. Kann man das mit einem Dopingmittel erreichen? Vielleicht, doch die Verbesserung nur eines Teils durch einen einfachen Trick überträgt den einschränkenden Faktor nur auf das nächste Glied in einer langen Kette. Der einzige Faktor, der den ganzen Körper *wirklich* beeinflusst, auf eine umfassende und koordinierte Weise, ist der Geist, der uns Mut einflößt. Ich würde bei einer Wettkampfvorbereitung weit mehr auf Placebos, Glauben und spezielle Trainingsmethoden setzen.

Einfach zu laufen, um Geschwindigkeit und Ausdauer zu trainieren, berücksichtigt alle wichtigen Aspekte – all die unzähligen Glieder in der sehr langen und sehr komplexen Kette. Das heißt, die notwendige Komplexität und Effizienz des Laufens lässt sich ganz einfach erreichen – durch Laufen. Ich muss keine Gewichte heben. Nachdem ich mir die schwere Verletzung zugezogen hatte, habe ich nie wieder ein Gewicht angefasst, und ich habe nie den Hauch eines leistungssteigernden Wirkstoffs zu mir genommen. Um ein Läufer zu werden, bin ich einfach gelaufen.

Coach Styrna, der an der University of New Hampshire studiert hatte, berichtete uns, er habe an vielen Kursen teilgenommen, in denen er Dinge gelernt habe, die er nie gebraucht habe. Doch was er auf dem Sportplatz gelernt hatte, konnte er in allen Lebensbereichen brauchen. So erweist sich, dass es keinen Zauber gibt, der uns irgendwo hinbringt, sondern immer müssen wir, egal, wohin wir wollen, die erforderliche Zahl von Schritten tun, einen zur Zeit und in der richtigen Reihenfolge. Wir können nicht die letzte Runde eines Meilenrennens laufen, bevor wir nicht die ersten drei hinter uns gebracht haben. Darin liegt eine Wahrheit, Schönheit und Symmetrie, die durch nichts geschmälert werden kann. Jeder Schritt zählt, jeder ist ein Akt der Schönheit. Gemeinsam bilden sie den *Laufstil* und, in ihrer Gesamtheit, das *Tempo*.

Mein Interesse galt gleichermaßen der Physiologie wie dem Laufen. Mein Tempo verbesserte sich sowohl auf sportlichem wie auf akademischem Gebiet, und meine Aussichten, tatsächlich einen Universitätsgrad zu erwerben, wurden vielversprechend. Während des zweiten Sommers arbeitete ich wieder hoch oben in Maine, in den nördlichen Wäldern des Aroostook County, doch dieses Mal war ich nicht allein. Ganz und gar nicht. Ich befand mich in einem altmodischen Holzfällerlager, das mit 200 frankokanadischen Holzfällern bevölkert war, die jeden Sommer über die Grenze kamen, um Holz für die Papierwerke zu schlagen. Mit einigen anderen Forstwirtschaftsstudenten, die von der International Paper Company während des Sommers eingestellt worden waren, durchstreiften wir an fünf Tagen in der Woche mit einer Sprühdose den Wald. Wir markierten die Bäume für die selektive Abholzung. (Später gab das Unternehmen die selektive Abholzung wieder auf und kehrte zur großflächigen zurück.) Im Morgengrauen von der Glocke des Kochs geweckt, sprangen wir von unseren Schlafstellen und liefen in den Küchenschuppen, wo wir auf langen Bänken Platz nahmen, vor Tischen, die beladen waren mit Eiern, Schinken, Cornflakes, Doughnuts, Kuchen, Keksen, Kaffee, Tee … Nach diesem überdimensionalen Frühstück brachen wir in den Wald auf und kamen um fünf Uhr nachmittags zum Holfällerabendbrot zurück: Fleisch, Kartoffeln, Gemüse, Torten. Nach dieser nicht weniger opulenten Mahlzeit ruhte ich mich kurz aus, dann lief ich in meinen Stiefeln mehrere Kilometer auf der staubigen Straße entlang, die zu unserem Lager führte. Ich glaube, dieser aktive Lebensstil trug letztlich zur Gesundung meines Rückens bei, dem man so wenig Heilungschancen eingeräumt hatte.

Gut genährt und in ausgezeichneter Form fand ich mich zum Studienbeginn im Herbst wieder ein, noch motivierter als im Jahr zuvor wegen des damaligen schmerzlichen Rückschlags. In diesem Jahr flog ich förmlich über die Aschenbahn. Ich gehörte zu den schnellsten der Mannschaft und war im siebten Himmel. Im Scherz bezeichneten wir uns als »Tiere«. Am Start vor Rennen knurrten wir wie Hunde. Je besser wir liefen, desto mehr fanden wir, dass die Bezeichnung »Tier« einem Ritterschlag gleichkäme. Tatsächlich gewannen wir nicht nur die Crosstitel von Maine und Neuengland, wir bekamen sogar Gelegenheit, zu den Collegemeisterschaften der Oststaaten in New York City anzutreten. Und Wunder über Wunder, wir gewannen sie. Wir waren das beste Team östlich des Mississippis in unserer Gruppe. Mein Zimmer- und Mannschaftskamerad Fred Judkins aus Upton, unweit meines Heimatorts, gewann sogar den Einzeltitel, ein unglaublicher Sieg. Am Abend vor unserem Rennen aßen wir in einem Restaurant an der Madison Avenue. Fred verblüffte uns alle, indem er zwei Portionen Steak, zwei große Ladungen Folienkartoffeln und zwei Stück Apfeltorte mit Eiskrem verputzte. Er holte sich von allem das Doppelte. Später flog er als Hubschrauberpilot in Vietnam auch die doppelte Zahl an Einsätzen, die er hätte fliegen müssen.

Ich konzentrierte mich auf mein Studium und fand mich auch mit meinen Jobs ab: das Geschirr in der Cafeteria abzuwaschen und schmutzige Kaffeetassen im Gebäude der »Student Union« (einer Art AStA) einzusammeln. Zu meiner Überraschung begannen mich einige der Fächer richtig zu interessieren. Nach und nach gelang es mir B's anstelle der üblichen C's zu bekommen (ein A wäre die beste Note gewesen). Tatsächlich brachte ich es schon bald auf die akademische Bestenliste der UMO (ein Durchschnitt von B oder besser). Das war nicht ungewöhnlich bei Leichtathleten, aber für mich war es wirklich eine Leistung – immerhin hatte ich von vier der fünf Colleges, bei denen ich mich beworben hatte, zuvor Absagen erhalten. Der Trainer heftete einen Ausschnitt aus der Unizeitung ans Schwarze Brett, aus dem hervorging, dass die Mitglieder des Aschenbahn- und Crossteams den besten Notendurchschnitt aller Teams auf dem Campus hatten. David Parker, unser bester Sprinter und Neuenglandmeister über 400 Meter, hatte sogar einen glatten A-Durchschnitt, eine unglaubliche Leistung für jemanden mit Maschinenbau und Physik im Hauptfach.

Die Auszeichnungen für sportliche Leistungen wurden bei einem Festbankett im Winter verliehen. Ich bekam ein großes blaues *M*, den Buchstaben, der verriet, dass ich es ins Crossteam geschafft hatte. Zu der Auszeichnung gehörte auch ein dunkelblaues Jackett mit einem großen, hellblauen *M*. Wie alle *Lettermen*, »Buchstabenmänner«, trug ich es voller Stolz. Nach der Verleihung wählten die Teammitglieder den Kapitän der Crossmannschaft für das kommende Jahr.

Als wir nach dem opulenten Mahl und all den Reden die Stimmen abgaben, war ich nicht nur neugierig, sondern auch nervös. Die Versuchung war nicht gering, für mich selbst zu stimmen. Konnte man es wissen? Vielleicht war sie entscheidend. Doch ich widerstand der Versuchung. Wir schrieben unsere Wahl auf Papierstreifen, falteten sie zusammen und brachten sie dem Trainer, der mit allen anderen Würdenträgern am ersten Tisch saß. Nacheinander faltete er sie auseinander und legte sie auf verschiedene Stapel. Dann verkündete er: »Als Kapitän für das nächste Jahr ist gewählt – Ben Heinrich.« Ich hatte sehr mit meinen Gefühlen zu kämpfen ...

Das Studentenleben war wunderbar. Mit meinen Freunden besuchte ich die anspruchsvollen und anregenden Kurse und entspannte mich hinterher im »Bear's Den« bei einer Tasse Kaffee. Da waren die hübschen, fröhlichen Kommilitoninnen und die Verbindungsstudenten in ihren bunten Jacketts. Ich gehörte keiner Studentenverbindung an, wohl vor allem, weil ich keine Zeit für Partys hatte und mir viele soziale Fertigkeiten abgingen. Doch das Crossteam hatte mir jetzt den höchsten sozialen Ritterschlag verliehen. Ich durfte sie nicht im Stich lassen, zumal ich wahrscheinlich wirklich gebraucht wurde, hatten wir doch gute Aussichten, erneut die Meisterschaft von Maine, wenn nicht sogar von Neuengland, zu erringen.

Und dann ließ ich sie doch im Stich. Kurz nachdem das Team mich zum Kapitän gewählt hatte, erklärte Papa, der damals schon Ende 60 war, er und Mamuscha wollten nun ihre letzte Expedition unternehmen – und er forderte mich auf, mitzukommen nach Afrika, dem geheimnisvollen Kontinent, über den ich in den Büchern von Osa Johnson, Carl E. Akeley und anderen gelesen hatte. Afrika bedeutete für mich das äußerste Abenteuer. Ich war mir sicher, dass sich eine solche Chance nie wieder in meinem Leben bieten würde. Es war für mich die einzige Gelegenheit, meine Eltern zu begleiten und das Leben kennen zu lernen, von dem ich schon so viel gehört hatte, wenn wir Kinder damals in der Hahnheide und später während unseres ersten Jahrs in Maine bei Papa ins Bett krabbelten, und er uns von seinen Abenteuern in fernen Dschungeln erzählte. Nachdem ich dann für fast sechs Jahre nach »Good Will« gekommen war, hatte ich wenig von meinen Eltern gehabt. Ich hatte den Coach und das Team mit all meinen Kräften unterstützen wollen, doch nach reiflicher und schmerzlicher Überlegung wusste ich, dass ich keine Wahl hatte: Ich musste nach Afrika. Jahre später sollte mir klar werden, wie tief diese Reise meine Gedanken über das Laufen beeinflusste.

Meine Aufgabe in den 13 Monaten, die ich 1961/62 in Afrika verbrachte, bestand darin, Vögel zu jagen und sie für die Sammlung eines Museums auszustopfen. Es gab keinen freien Tag. Für mich war es eine unbezahlte Arbeit, weil Papa fand, das Privileg, mitgenommen worden zu sein, sei Entschädigung genug für mich. Er und Mamuscha hatten den Auftrag, seltene Vögel in isolierten Waldinseln für das »Peabody Museum« der Yale University zu sammeln. Zusammen mit etlichen Afrikanern war ich eine einfache Hilfskraft. Die einzige Abwechslung zur Vogeljagd war die Insektenjagd für die Sammlung meines Vaters.

Die ganze Zeit über lebten und arbeiteten wir in Zelten. Ich hatte ein Einmannzelt mit einem Schlafsack. Den größten Teil des Tages war ich mit einer Flinte in der Hand und einem Rucksack auf dem Rücken im Busch unterwegs. Bei Einbruch der Dunkelheit saß ich mit Mohamed, Waziri und Baccali, unseren afrikanischen Helfern, am Feuer. In meinem Zelt machte ich mir später bei Kerzenlicht noch ein paar Tagebuchnotizen. Bei Morgengrauen kroch ich aus dem Zelt, um die Hafergrütze zu essen, die Mamuscha gekocht hatte, und begab mich wieder auf meine Tagestour in den Wald. Ich war wie ein Raubtier, ungebildet und einfach, ich war 21 Jahre alt und liebte dieses Leben. Wozu brauchte ich Lohn? Ich konnte den ganzen Tag damit verbringen, neue Stimmen und neue Vögel zu entdecken. Davon bekam ich nie genug. Ich fühlte mich wieder wie in der Hahnheide, nur dass jetzt der kleinste Vogel oft die kostbarste Beute war. Nahrung war nur ein zweitrangiges, fern liegendes Ziel. Die Jagd war das Ziel.

Vor der imposanten Kulisse des Kilimandscharo wanderte ich täglich durch die Buschwüste, hörte Spornhühner, Perlhühner, Hornvögel, die Duette der Bartvögel und unzählige andere Vögel. Ich sah Gaukler, eine afrikanische Adlerart, und Geier am Himmel schweben. Der süße Duft der Akazienblüten stieg mir in die Nase, und ich erblickte ihre summenden Gäste, die leuchtenden Blatthornkäfer und Schmetterlinge. Die Affenbrotbäume hatten eine graue, runzlige Rinde, die aussah wie Elefantenhaut. Aus ihren Rissen und Falten ergoss sich ein Strom von Honigbienen. Ich sah die Fährten von Dikdiks und Giraffengazellen. Hin und wieder stieß ich auf einen sandigen Pfad, der zu einer Gruppe strohgedeckter Hütten führte. Am Abend roch ich den Rauch von Holzfeuern und hörte das dumpfe Dröhnen ferner Trommeln.

Ich hatte keinen Grund zu laufen, aber wenn wir in die Nähe einer schmutzigen Straße kamen, dann legte ich in der Regel einen kleinen Lauf ein, wenn unser knapper Zeitplan es erlaubte. Einmal, an den Hängen des Mount Meru, lief ich barfuß, wie ich das bei den Afrikanern gesehen hatte, und wie es der Äthiopier Abebe Bikila tat, der gerade den Olympiamarathon in Rekordzeit gewonnen hatte. Doch an meinem üblichen Wendepunkt, einem kleinen Teich, sah ich Blut zwischen meinen Zehen, und ich hätte den Lauf gern abgebrochen. Stattdessen musste ich mich sputen, weil es bald dunkel wurde und ich mich vor Raubtieren in Acht nehmen musste, egal wie schnell ich war. Das Adrenalin dämpfte den Schmerz, und ich gelangte sicher wieder ins Lager, zahlte aber einen hohen Preis dafür. Die Sohlen meiner Füße hatten sich in rohe Hamburger verwandelt. An beiden Füßen hatte ich die Haut eingebüßt und konnte zwei Wochen nicht gehen. Beim Laufen ist langes körperliches Training erforderlich, um alles abzuhärten, vom Kopf bis zu den Beinen und den Sohlen der Füße.

Aus der Rückschau betrachtet war meine Laufleistung an der University of Maine nach der Rückkehr aus Afrika gut, aber nicht überwältigend. Ich zog mir abermals eine Verletzung zu, diesmal beschädigte ich einen Knorpel in meinem Knie, als ich mein kleines rotes Auto, einen 100-Dollar-Hillman, einen Hügel hinabschob, um ihn, wie immer, auf diese Weise zu starten. Schließlich musste das Knie operiert werden. Der Hillman war nicht mehr zu reparieren.

Ich glaubte damals nicht, dass ich noch Großes in meinem Sport leisten konnte. Die Uni auf der Aschenbahn und im Crosslauf zu vertreten und hin und wieder einen Wettkampf zu gewinnen war schon fast mehr, als ich mir erhofft hatte. Eine Sache vielleicht ausgenommen.

Die Namen aller früheren Helden, die Universitätsrekorde aufgestellt hatten, waren auf Tafeln eingraviert, die an der Wand entlang der Tartanbahn in der Sporthalle hingen. Tausende von Malen war ich an ihnen vorbeigelaufen – die Namen und Leistungen der Athleten, die längst zur Legende geworden waren. Einigen wenigen aus der derzeitigen Sportlergeneration würde es zu meiner Zeit gelingen, ihre Namen an der Wand zu verewigen. Ich sah keine Möglichkeit, mich unter ihnen einzureihen. Schließlich verbesserten sich meine Zeiten im Zweimeilenlauf, meiner Spezialität im Aschenbahn-Team, sodass sich doch die schwache Möglichkeit abzeichnete, ich könnte meinen Namen noch auf solch einer Tafel sehen. Ein realistisches Ziel vor Augen stürzte ich mich mit neuem Elan auf das Laufen. Schließlich hatte ich die Überzeugung gewonnen, ich könnte es beim allerletzten Rennen schaffen, das ich jemals in der Sporthalle laufen sollte. Ich traute mir eigentlich selten mehr zu, als ich leisten konnte. Dies war meine Stunde. Ich würde versuchen, den Rekord zu brechen.

In den engen Abmessungen der Sporthalle waren zu viele Runden pro Meile zu laufen, als dass ich sie mitzählen konnte, während ich mich auf mein Tempo konzentrierte. Ich wollte vor allen Dingen auf einen gleichmäßigen Schritt und auf die Rundenzeiten achten, bis ich wusste, dass ich auf Rekordkurs war. Dann galt es nur noch, das Tempo zu halten und es bis zur letzten, der »Glockenrunde«, durchzustehen. Sobald die Glocke den Beginn der letzten Runde signalisierte, würde ich einfach die letzten Kräfte mobilisieren und laufen, was das Zeug hielt.

Alles lief nach Plan. Ich hörte den Trainer die Zeiten für die Viertel-, die Halbe- und die Meile hinausschreien. Ich hielt genau das Tempo ein, das ich mir vorgenommen hatte, ich fühlte mich gut und sparte einige Kräfte für den großen Schlussspurt auf. Am Rande der Bahn hörte ich die Leute rufen, die sich eingefunden hatten, um mich anzufeuern. Die Aufregung wuchs. Ich bot alles auf, was ich hatte. Noch eine Runde. Noch eine. Und noch eine. Ungeduldig wartete ich auf die Glocke, um den Schlussspurt vorzunehmen. Das Rufen draußen wurde lauter. Dann hörte ich das lang erwartete Glockenzeichen. Doch seltsam – nicht eins, sondern zwei kurz hintereinander; und sie erfolgten auch erst, als ich mich schon mindestens zehn Meter hinter der Linie befand, wo die Runde eigentlich hätte beginnen sollen. Egal. Vielleicht sollte mich das anspornen. Vielleicht wussten sie, dass ich auf Rekordkurs war. Ich holte alles aus mir heraus und lief, was der Körper hergab.

Diese letzte Runde war wahrscheinlich die schnellste Runde, die jemals nach dem Ende eines Rennens gelaufen wurde. Der Funktionär, der die Glocke bediente, hatte offenbar selbst die Übersicht verloren und nicht mehr gewusst, in welcher Runde ich war, daher war sein Signal nicht dazu bestimmt, mich auf die schnelle letzte Runde zu schicken, sondern sollte mich veranlassen, dass Rennen zu beenden. Den Rekord hatte ich bereits verfehlt, aber lediglich um zwei Zehntelsekunden. Als die echte letzte Runde kam, dachte ich, ich hätte noch einige zu absolvieren, und als ich schließlich die letzten Kräfte mobilisierte, war das Rennen schon vorüber.

Der Irrtum, dessen Opfer ich wurde, ist (meines Wissens) nie wieder irgendjemand an der University of Maine zugestoßen. Dass er sich ausgerechnet in dem allerletzten Rennen ereignete, das ich dort lief – demjenigen, in dem ich sicherlich einen Rekord aufgestellt hätte –, schien ein geradezu aberwitziger Zufall zu sein. Doch er glich vielen anderen Erfahrungen, die ich zuvor gemacht hatte und in denen sich das, was zunächst wie Pech ausgesehen hatte, im Nachhinein als Glück herausgestellt hatte. Und so fragte ich mich, welches Glück mir wohl aus dieser bitteren Enttäuschung erwachsen würde. Vielleicht hielt sie den brennenden Wunsch, noch einmal wettkampfmäßig zu laufen, am Leben oder gab ihm eine andere Richtung. Es gibt vielleicht kein beherrschenderes Ziel als eines, das man unmittelbar vor sich hat, aber keines ist hartnäckiger als dasjenige, das in der Ferne liegt und noch nicht erreicht ist. Jedenfalls vermittelte mir dieses verpatzte Rennen ein tief sitzendes Gefühl der Enttäuschung, das nie den Wunsch zur Ruhe kommen ließ, es noch einmal zu versuchen, ein Gefühl, dem ich 17 Jahre später und über eine viel längere Distanz endlich nachgab. Damals lief ich zwar noch zu meinem Vergnügen weiter, war aber davon überzeugt, dass meine Wettkampfzeit vorbei sei.

Läufer sind rational. Das müssen sie sein. Obwohl sie Träumen nachjagen, lernen sie, den Tatsachen ins Gesicht zu sehen, und sie lassen sich von Wunschdenken nicht sonderlich beeinflussen. Sie sind wie Wölfe und andere Raubtiere, die sich ihre Beute umsichtig aussuchen, wenn sie auf die Jagd gehen. Sie verfolgen keine schnellfüßige Antilope, von der sie genau wissen, dass sie sie nicht erwischen können. Damals in den 1960er und 1970er Jahren gab es noch viel jagdbares »Wild« für Leute, die einen Traum hatten und bereit waren, die nötige Arbeit zu investieren. Folglich gab es viele »Jäger« und ständig eine Fülle neuer Talente. Einige erwiesen sich, wahrscheinlich zu ihrer eigenen Überraschung, als Jahrhundertbegabungen. Sie wurden die Helden meiner Jugend und meines späteren Lebens – Jim Ryun, Herb Elliott, Peter Snell, Frank Shorter, Bill Rodgers, Billy Mills, Lasse Viren, Steve Prefontaine … Sie wollten Götter sein, und in gewisser Hinsicht waren sie es auch. Doch der eigentliche Grund, warum sie in Highschool und College unsere Helden waren, lag darin, dass wir insgeheim glaubten, im Grunde seien wir wie sie. Dass wir überzeugt waren, wenn wir uns nur genügend bemühten, wenn wir täten, was sie getan hatten, dann würden auch wir uns unter die Götter einreihen.

Heute sind alle Rekorde in unvorstellbare Höhen geschraubt worden. Die Folgen sind unabsehbar. Kevin Setnes, ein Ultramarathonläufer und Trainer, schrieb mir im Juni 2000:

> Ich denke, es ist keine Frage, dass Amerika den absoluten Tiefpunkt erreicht hat, was die Laufleistungen angeht. Zwar sind einige Rekorde aufgestellt worden, doch abgesehen von den wenigen Ausnahmen bleiben die Läufer heute erheblich hinter ihren Vorgängern von vor 15 Jahren zurück. Der Zehnte des Boston-Marathons in diesem Jahr wäre Mitte der 1980er Jahre 100. geworden. 1983 war ich mit 2:25 der 51. Amerikaner im Duluth-Marathon. Am letzten Wochenende war einer elf Minuten langsamer und landete trotzdem auf dem zehnten Rang. Die Olympiaausscheidung ist nur ein weiteres Beispiel in einer langen Liste.

Heute gibt es viel mehr Läufer als jemals zuvor. Doch sie laufen aus Freude, um ihrer Gesundheit willen und vielleicht aus sozialen Gründen – weil es ein geselliger Sport ist. Unter ihnen gibt es den einen oder anderen, der die Marathonstrecke in 2:20 laufen kann (eine Zeit, die noch vor einem halben Jahrhundert *alle* großen Marathonläufer und Langstreckler deklassiert hätte). Doch wer von ihnen käme ernsthaft auf die Idee oder fasste gar den Plan, es im Boston-Marathon zu höchstem Ruhm zu bringen? Wüsste er doch, dass dort zahlreiche Teilnehmer aus anderen Ländern antreten, die weit unter 2:10 laufen können und Ruhm wie Preise unter sich ausmachen. Ich jedenfalls würde es nicht tun. Damals, nach meinem gescheiterten Hallenrekord über zwei Meilen, wusste ich, dass es an der Zeit war, mich anderen Dingen zuzuwenden.

In »Good Will« hatte ich die abenteuerlichen Lebensgeschichten großer Entdecker und Wissenschaftler verschlungen. Darunter waren viele Helden aus dem wirklichen Leben, aber auch erfundene Figuren wie Professor Gottlieb aus Sinclair Lewis' *Dr. med. Arrowsmith*, der Reagenzgläser und Bunsenbrenner in den Rang sakraler Objekte erhob. Professor Gottlieb arbeitete allein in seinem Labor. Sein Vorbild inspirierte mich, denn die Leistungen des Wissenschaftlers werden, wie die des Sportlers, durch individuelle Anstrengungen hervorgebracht, dadurch, dass man einen Fuß vor den anderen setzt und sich nicht von seiner Richtung abbringen lässt. Diese Männer und Frauen der Wissenschaft waren Helden und Rollenmodelle für mich. In Experimenten versuchten sie herauszufinden, wie die Funktionen und Verhaltensweisen von Tieren zustande kommen. Weder betrieben sie Propaganda in eigener Sache noch gingen sie Klinkenputzen, um sich Einfluss zu verschaffen oder Geld aufzutreiben.

Nachdem ich meinen Collegeabschluss gemacht hatte und für kriegsdienstuntauglich erklärt worden war, wusch ich, wie gesagt, bei Professor Dick Cook Laborgläser ab. Dick Cook war für mich eine Verkörperung von Professor Gottlieb. Von ihm lernte ich, wie man Reagenzgläser mit einem Bunsenbrenner auf genau die richtige Temperatur bringt und wie man sterile *Euglena*-Kulturen züchtet und am Leben erhält. Ehe ich mich versah, untersuchte ich die Atmungsphysiologie und Stoffwechselprozesse von *Euglena*-Zellen. Eines Tages sagte Dick zu mir: »Warum schreibst du nicht darüber deine Diplomarbeit?« Damit schlug er mir eine neue Jagd vor, eine, die ich eben noch für undenkbar gehalten hätte. Nun schien sie plötzlich durchaus machbar zu sein. Nur dass es dieses Mal nicht darum ging, mich mit einem Rekord an der Wand der Sporthalle zu verewigen, sondern darum, Entdeckungen zu machen. Zwar ging diese neue Jagd in eine ganz andere Richtung, doch ironischerweise hatte die Forschungsarbeit, die ich durchführte, noch immer etwas mit dem Laufen zu tun.

Ein zentrales Dogma der Sportwissenschaft lautet, dass unser Sauerstoffverbrauch gleich unserem permanenten Energieverbrauch ist. Daher dachte man, das $V_{O2\text{-}max}$ sei ein exakter Vorhersagefaktor für die maximale Arbeitsleistung, das heißt unsere Fähigkeit, über lange Strecken schnell zu laufen. Häufig ist es auch der Fall, doch hätten Derek Clayton, Frank Shorter oder Alberto Salazar das Dogma gekannt, hätten sie möglicherweise noch nicht einmal versucht, Welt- und olympische Rekorde aufzustellen, weil ihr $V_{O2\text{-}max}$ bei 70 liegt, fast bescheiden im Vergleich zu beispielsweise den 84,4 von Steve Prefontaine. Der konnte 1,5 Kilometer in 3:54 laufen, doch seine Marathonleistung reicht nicht im Entferntesten an die der drei anderen heran, die in dieser Disziplin Weltrekorde aufstellten, olympisches Gold gewannen und die Könige der Straße waren. Tatsache ist, dass einige Menschen mehr aerobe Arbeit aus der gleichen Menge eingeatmetem Sauerstoff gewinnen. Das bezeichnen wir als Effizienz. Für mich war es wahrscheinlich ein Glück, dass mein $V_{O2\text{-}max}$ nie gemessen wurde, sonst hätte ich mich vielleicht nie einer Sportart zugewandt, die Lungenkapazität erfordert, denn wie sich erweist, ist es nicht so wichtig, was man hat, sondern was man damit anfängt.

Laufeffizienz setzt eine mechanische neuromuskuläre Koordination voraus, die wahrscheinlich in jahrelangem Training erworben werden muss. Sie erkennen sie an einem gleichmäßigen, flüssigen Laufstil, der frei ist von allen unnötigen Bewegungen, von allem Auf- und

Abgehüpfe, von seitlichen Armschwingungen und, natürlich, von allem zusätzlichen Gewicht. Ausgehend von den physiologischen Studien, die ich mit Dick Cook an der University of Maine durchgeführt hatte, konnte ich nicht umhin, mich zu fragen, ob nicht neben der mechanischen Effizienz auch Stoffwechseleffizienz auf Zellebene an der Grundausstattung des guten Läufers beteiligt sein könnte. Wir züchteten die einzelligen Urtierchen *(Euglena gracilis)*, die sich im Wasser fortbewegen, indem sie ihre Geißel kräftig hin- und herbewegen. Sie sind Stoffwechselvirtuosen, die von Sonnenlicht als Energiequelle leben können. Außerdem können sie ihre Energie aus Acetat gewinnen, kurzen $C_2$-Bruchstücken, die auch unsere eigenen Zellen verwenden, wenn sie die langen Kohlenstoffketten von Fetten zerlegen, um daraus Energie zu gewinnen. Energie können wir letztlich auch aus der einfachen Glukose gewinnen, dem Zucker, den wir erhalten, wenn wir das Glykogen, das in den Muskeln und der Leber gespeichert, zerlegen, um Energie zu gewinnen.

Dick und ich fütterten die *Euglenia*, indem wir entweder Acetat oder Glukose in dem wässrigen Medium auflösten, in dem wir sie züchteten, und dann maßen wir die Rate ihrer Sauerstoffaufnahme. Zu unserer großen Überraschung fanden wir bei den Acetat nutzenden Zellen eine viermal so große Rate des Sauerstoffverbrauchs (das heißt, des vermuteten Energieumsatzes) wie bei den Glukose nutzenden Zellen. Hingegen waren die Raten von Zellproteinsynthese und Wachstum sowie die Massen identisch. Wenn wir Zellen, die an Glukose gewöhnt waren, Acetat gaben, begannen sie enorme Sauerstoffmengen zu verbrauchen. Als wir dann beide Zellarten – die, die mit Acetat, wie die, die mit Glukose gezüchtet worden waren – wuschen, um die Sauerstoffaufnahme in

Abwesenheit des Substrats zu messen, erwiesen sich ihre Atmungsraten als gleich. Unsere Ergebnisse zeigten, dass die Acetat nutzenden Zellen die gleiche Netto-Energieerzeugung hatten wie die Glukose-Zellen, obwohl jene erheblich mehr Sauerstoff verbrauchten als diese. Außerdem erzeugten sie eine Azidität, der sie schon bald zum Opfer fielen, während die Zellen, die mit Glukose gezüchtet wurden, sich weiter teilten, vermehrten und gesund blieben.

Ich will damit nicht sagen, dass wir diese Ergebnisse direkt auf Läufer übertragen können. Doch sie zeigen, dass der Sauerstoffverbrauch, die Basis des $V_{O2\text{-}max}$, nicht der alleinige Vorhersagefaktor für den Energieverbrauch der Zellen ist. Das ließ uns vermuten, dass die Stoffwechseleffizienz möglicherweise genauso wichtig ist wie die mechanische Effizienz.

Unzählige Schritte sind erforderlich, bis ein verdautes Nahrungsmolekül endlich die in ihm enthaltene Energie in Adenosintriphosphat (ATP) und Creatinphosphat (CP) umgewandelt hat. ATP und CP sind die Energiequellen, die bei der Muskelkontraktion unmittelbar Verwendung finden. In dem komplizierten Umwandlungsprozess geht bei jedem Schritt potenzielle Energie verloren, daher bietet sich ein weiter Spielraum für zelluläre Ineffizienz, wenn die Zahl der Stoffwechselschritte groß ist. Bislang hat man diese zelluläre Ineffizienz noch nicht als potenziell wichtige Variable für das Zustandekommen sportlicher Leistung berücksichtigt. Wenn sie ein relevanter Faktor ist, können wir vorhersagen, dass die Schwankungsbreite bei Ausdauerathleten sehr viel größer ist als bei Sprintern oder Werfern, weil die Ausdauersportler auf die mitochondriale Atmung angewiesen sind. Daher hängt deren Leistung von einer sehr viel größeren Anzahl von Stoffwechselschritten ab.

Ein Sprinter kann drei bis fünf Sekunden laufen und dabei einfach von dem ATP zehren, das er vorher durch anaeroben Stoffwechsel im Zytoplasma der Zellen und nicht in den Mitochondrien hergestellt hat. Ein weiterer anaerober Stoffwechsel, der auf der Glukosespaltung beruht, lässt ihn noch ungefähr eine halbe Minute durchhalten. Dagegen muss der Langstreckler bei einem seiner Ausdauerrennen ständig jeden einzelnen Schritt des Energieerzeugungsprozesses durchführen, vom Magen (bei weiteren Marathonstrecken) bis zu den Mitochondrien in den Zellen, die durch aeroben Stoffwechsel das ATP für die Muskelkontraktion erzeugen.

Die Untersuchung der metabolischen Energieerzeugung eines Mikroorganismus wie *Euglena* ist aber unter Umständen durchaus nicht irrelevant, weil Mitochondrien, die Organellen unseres Körpers, die uns mit der gesamten aeroben Energie versorgen und uns die Fähigkeit verleihen, länger andauernde körperliche Tätigkeiten auszuführen, sich im Zuge der Evolution aus Bakterien entwickelt haben. Es ist nur eine Frage der Perspektive, ob wir sie »Zellorganellen« nennen oder »ideal angepasste Bakterien«, die uns als Wirtsorganismen verwenden, in denen sie leben und sich vermehren. Mitochondrien enthalten noch immer ihre eigene DNA, die veränderlicher ist als unsere chromosomale DNA. Daher liegt die Annahme nahe, dass ihr Stoffwechsel, der das für die Muskelkontraktion genutzte ATP produziert, ebenfalls veränderlich ist. Folglich könnte sich die Effizienz des aeroben Stoffwechsels und damit auch das $V_{O2\text{-}max}$ oder die Energieleistung bei gegebenem $V_{O2\text{-}max}$ von Individuum zu Individuum verändern. Wir bekommen unsere Mitochondrien alle über die weibliche Linie, durch die Eizelle. Wenn nun die mitochondriale Effizienz tatsächlich ein entscheidender Faktor für die aerobe Kapazität ist und wir den Wunsch verspüren, großartige Langstreckenläufer zu werden, dann folgt aus den obigen Überlegungen, dass wir uns bei einer klugen Elternwahl an die mütterliche Linie halten sollten.

Nach zwei Jahren hatte ich mit Dick Cook zusammen drei wissenschaftliche Aufsätze über den *Euglena*-Stoffwechsel veröffentlicht. Ich war Feuer und Flamme, weil ich dachte, hier könnte ich ein Zeichen setzen, das länger überdauern würde als ein Name, der an der Wand der Sporthalle stand. Wir hatten einen neuen Stoffwechselweg entdeckt, und ich war noch nie derart gefordert worden – nicht in der Leichtathletik und nicht in meinem Vorstudium. Jeden Tag tauchten wir im Labor auf – die Arbeit war so spannend, dass wir auch an den Wochenenden die Finger nicht von ihr lassen konnten.

Vor der versammelten zoologischen Fakultät hielt ich ein Referat über meine Arbeit, und als wir hinterher das Audimax verließen, nahm Dick die Pfeife aus dem Mund und sagte mit seiner melodischen, tiefen Stimme: »Das war verdammt noch mal das beste Referat, das ich seit langem gehört habe, Ben.« Das war natürlich insofern eine große Lüge, als Leute, die auf anderen Gebieten arbeiteten, es sicherlich für trivial oder unverständlichen Quatsch gehalten hatten. Doch das war mir egal, solange Dick angetan war. Später sagte Dick: »Tatsächlich hättest du eigentlich deinen Doktor dafür verdient. Aber ich gebe ihn dir nicht. Es ist Zeit, dass du Maine verlässt und andere Erfahrungen machst.«

Wie gesagt, *Euglena*-Zellen können sich in ihrer Energiegewinnung vollkommen unabhängig von *Nahrung* machen. Liefert man ihnen Licht, entwickeln sie rasch ihre eigenen Populationen von Kraftwerken – kleine grüne Organellen, so genannte Chloroplasten, die die

Energie direkt aus dem Sonnenlicht gewinnen. Wie die Mitochondrien aus Bakterien stammen, so haben auch die Chloroplasten einen sehr alten Ursprung; vor vielen Hundert Millionen Jahren entwickelten sie sich aus frei lebenden Algen, die in die *Euglena*-Vorfahren eindrangen. Aus einigen dieser Zweckgemeinschaften wurden Pflanzen. Aber sie haben, genauso wie die Mitochondrien in anderen Wirtsorganismen, aus denen Tiere wurden, immer noch einen Teil ihrer eigenen DNA.

Dick brachte mich auf den Gedanken, während des Zellteilungsyklus die RNA und DNA von *Euglenia* zu untersuchen, doch wir hatten keine Möglichkeit, zwischen den potenziell verschiedenen DNA-Arten zu unterscheiden. Auf einer unserer Diskussionen über diese Probleme – es war auf einer langen Autofahrt zu einem Angelausflug am Narraguagus River – schlug Dick mir vor, an die University of California in Los Angeles (UCLA) zu gehen, um dort zu promovieren. »Die haben dort 'ne Menge Protozoologen und Molekularbiologen. Du musst dich mit der extrachromosomalen DNA beschäftigen. Darüber wissen wir so gut wie nichts.« Ich hätte mir nichts Aufregenderes vorstellen können.

Da ich von der Arbeit als Forschungsassistent noch ein bisschen Geld übrig hatte, kaufte ich mir mein erstes richtiges – das heißt, normal startendes – Auto, einen gebrauchten weißen Plymouth Comet. Mit nichts als einem Rucksack voll Kleidung und einem Schlafsack auf dem Rücksitz fuhr ich quer durchs Land. Nachts parkte ich zum Schlafen auf irgendeinem verlassenen Feldweg und frühstückte am nächsten Morgen in dem ersten Imbiss, an dem ich vorbeikam. Nachdem ich die Staatsgrenze von Kalifornien überquert hatte, begab ich mich stracks zum Malibu Beach und versuchte zu surfen. Am Nachmittag fuhr ich durch die Redwood-Wälder und ging noch am gleichen Tag über die Flure des Fachbereichs Zoologie auf dem Campus der UCLA, wo ich einen Studenten kennen lernte, dessen Nachbar gerade ausgezogen war und der jemanden für die Übernahme des Apartments suchte. Eine Woche später lernte ich Kitty Panzarella kennen, eine Kommilitonin, die schon bald zu mir in mein kleines Apartment zog und meine erste Frau wurde.

1966 war Los Angeles ein ziemliches Erlebnis für jemanden, der aus den Wäldern von Maine kam. Heute noch sehe ich mich auf dem Santa Monica Freeway mit sechs dicht befahrenen Spuren in die eine Richtung und genauso vielen in die andere. Ein blauer Dunstschleier überzog endlose Reihen flacher Häuser, die von Palmen gerahmt waren, und durch den fernen Schleier erblickte ich ein gigantisches Labyrinth von Metallrohren, Tanks und Schornsteinen, die weißen Rauch ausspuckten. Während wir auf dem Freeway durch diese Landschaft fuhren, hatte der Fahrer (ein Kommilitone) die Fester herunter- und das Radio auf volle Lautstärke gedreht. Ich hörte Jim Morrison von den Doors in hypnotischem Rhythmus: »Light my fire ... light my fire ... try to set the world on fire.« Nicht sehr wahrscheinlich. Wir schwitzten, tranken Bier und fuhren zu einem Love-in im Griffith Park, wo Scharen von zugedröhnten Hippies mit langen Haaren und Bärten und Schlaghosen glückselig lächelten. Es war surreal, überirdisch. Wir hätten genauso gut auf dem Mond gelandet sein können.

Trotz eines hilfsbereiten Dozenten, einer lieben Frau und eines großzügig bemessenen Forschungsstipendiums hatte ich auch nach einem Jahr ernsthaften Bemühens bei der Suche nach einem Forschungsprojekt für meine Dissertation noch keine großen Fortschritte gemacht. Dem DNA-Problem konnte ich nicht mehr viel abgewinnen. Ich kam mir vor wie ein Mittelstreckler, der plötzlich feststellt, dass es ihm an der Grundschnelligkeit fehlt, und der sich deshalb keine realistischen Hoffnungen machen kann, noch einen Blumentopf zu gewinnen, egal wie viel Trainingsarbeit er auch investiert. So sah ich langsam meine Felle davonschwimmen und meine Hoffnung schwinden, noch Großes auf diesem Gebiet verrichten zu können.

Nur eine Konstante gab es in meinem Leben. Die Tartanbahn. Fast jeden Nachmittag und Abend suchte ich sie auf, einfach, um zu laufen. Ich dachte überhaupt nicht an Rennen, obwohl einige von uns, die wir uns hier regelmäßig trafen, einen informellen Klub bildeten und uns die »Termiten« nannten. Termiten sind vorbildliche soziale Tiere. Obwohl sie nicht sehr schnell sind gelingt es ihnen, sich durch reine Hartnäckigkeit und Zusammenarbeit durch festes Holz hindurchzubeißen. In kleinen Termitengruppen liefen wir vorwiegend die 400 und 800 Meter. Doch für die internen UCLA-Meisterschaften wurde ich für die Meile gemeldet. Einer von den Jungs aus unserer Mannschaft sprach davon, eines Tages 42,2 Kilometer zu laufen – einen Marathon. Ich hielt ihn für verrückt. Zur Not konnte ich mir die DNA von Mitochondrien und Chloroplasten vorstellen (obwohl mir lieber gewesen wäre, ich hätte sie anfassen können), aber wie jemand eine solche Entfernung im Dauerlauf oder gar im Wettkampftempo zurücklegen konnte, wollte mir nicht in den Kopf.

Kapitel sieben

# Wie sich die Flugausdauer eines Insekts verringern lässt

Aber frage doch das Vieh, und es wird dich lehren.

BUCH HIOB, 12:7

Die Jagd nach wissenschaftlichen Entdeckungen ist ein Spiel, das große Ähnlichkeit mit der Jagd auf Wild hat. Zunächst einmal werden beide um des Vergnügens willen betrieben, und beide liefern am Ende praktische Ergebnisse. Das Problem ist nur, dass das Unterholz des Lebens ungeheuer dicht ist und man keine Ahnung hat, was sich darin verbirgt. Man möchte sich ein besonders lohnendes Projekt suchen und hofft, man sei begabt genug, um es zu entdecken und durchzuführen. Doch es gibt keine Garantie, dass man es auch findet. Ich bildete mir ein, um meinen Doktor zu bekommen, müsste ich etwas vollkommen Unerhörtes und Überraschendes leisten, vergleichbar mit der Entdeckung der DNA, der Entschlüsselung des genetischen Codes oder der Entdeckung des mitochondrialen Wachstums. Wie gesagt, meine Bemühungen waren enttäuschend. Im Übrigen büßte ich auch bald, wie schon an der University of Maine, meine körperliche Bewegungsfähigkeit weitgehend ein. Nachdem ich nicht in der Lage gewesen war, brauchbare Daten aus der DNA zu gewinnen, und mir klar wurde, dass ich nicht dazu geboren war, den Rest meiner Tage am Labortisch eines Molekularbiologen zu verbringen – dass ich meinem Leben also dringend eine andere Richtung geben musste –, bekam ich plötzlich derartige arthritischen Schmerzen in Händen, Knien und Füßen, dass ich mich ein halbes Jahr nur an Krücken fortbewegen konnte. Wie in Maine verschaffte mir die körperliche Behinderung mehr Zeit für die Arbeit in der Bibliothek. Dann beschloss ich, einige Probeexperimente mit verschiedenen Aspekten des Verhaltens und der Physiologie von Tigerkäfern, Honigbienen, Raupen, Schmetterlingen und Schwärmern durchzuführen, um festzustellen, ob irgendetwas genügend Spaß zu machen versprach, das heißt, einen neuen intellektuellen Reiz besaß. Dieser Entschluss war ein höchst glücklicher Zufall, denn er erschloss mir weit bessere Möglichkeiten, als ich es erwartet hatte …

Was können Insekten uns lehren? Insekten sind so verschieden von uns, dass man meinen könnte, sie hätten sich auf einem anderen Planeten entwickelt. Sie haben kein Gehirn, wie wir es kennen, sondern nur eine Reihe unterschiedlich großer Nervenknoten. Sie haben keine Adern, keine Leber, keine Knochen, keine Lunge, keine Nieren und eine ganz andere Zusammenstellung von Hormonen. Von den Wüstenzikaden abgesehen, die in sommerlicher Mittagshitze aktiv sind, können Insekten auch nicht schwitzen, um Wärme abzuleiten. Ihr »Skelett« liegt außen und nicht innen. Hämoglobin haben sie nicht, weil sie ihr Blut nicht wie wir zum Sauerstofftransport verwenden. Stattdessen führen kleine Röhren, so genannte Tracheen, von verschließbaren Öffnungen in der Außenseite direkt in die Zellen und beliefern sie auf diese Weise ohne ein zwischengeschaltetes Kreislaufsystem mit Sauerstoff. Doch trotz der gewaltigen physiologischen Unterschiede lösen sie ähnliche Aufgaben wie wir und sind in mancher Hinsicht die erfolgreichsten Tiere auf unserem Planeten.

Da ich die Schwärmer und ihre Larven ziemlich gut kannte, wiesen mich George Bartholomew und Franz Engelmann, die mein Promotionsstudium an der University of California betreuten, auf Veröffentlichungen hin, aus denen hervorging, dass diese großen Insekten ihre Körpertemperatur im Flug regulieren – das heißt, diese trotz Schwankungen der Außentemperatur stabil halten. Als nächtliche Flieger können sie nicht vom Sonnenlicht profitieren wie Eidechsen und Schmetterlinge, daher nahm man allgemein an, sie würden dieses Kunststück durch ihren Stoffwechsel bewerkstelligen. Aber niemand konnte sich vorstellen, falls die Vermutung stimmte, wie dies tatsächlich vor sich ging. Bei diesem Thema ging es also um körperliche Aktivität, und die Daten, die ich über die Schwärmer zusammentrug, verwiesen mich auf ihre fliegerische Ausdauer.

Anders als Schmetterlinge und Bienen unterbrechen Schwärmer ihren Flug nicht bei der Nahrungsaufnahme, sondern stehen wie Kolibris in der Luft und fliegen von Blüte zu Blüte, ohne auf ihnen zu landen. Über eine gesteigerte Körpertemperatur verfügen sie nur kurz vor und während des Flugs. Im Gegensatz zum Kolibri hört die Wärmeerzeugung eines Schwärmers augenblicklich auf, sobald er sich gesetzt hat und zur Ruhe gekommen ist. Seine Körpertemperatur kühlt durch passive Konvektion ab und gleicht sich innerhalb von ein oder zwei Minuten der Lufttemperatur vollkommen an.

Der Wärmeverlust durch Konvektion lässt sich vielleicht am einfachsten durch einen Vergleich erklären.

Der Vorgang ähnelt dem Eintauchen eines Farbbeutels aus Tuch in Wasser. Wie die Farbe ins umgebende Wasser sickert, so gelangt die Körperwärme des Schwärmers in die Luft. Die Geschwindigkeit, mit der sich der Farbstoff im Wasser verteilt, hängt von dem Farbgradienten – der unterschiedlichen Farbkonzentration – an der Grenzfläche zwischen Beutel und Wasser ab. Wenn schließlich die Farbkonzentration im Beutel derjenigen im umgebenden Wasser gleicht (auf unseren Fall übertragen: wenn die Temperaturen sich weitgehend angeglichen haben), hört die Konvektion auf. Halten wir den durchlässigen Beutel mit Farbe (Wärme) in eine rasche Wasserströmung (Wind), erhöht sich die Verlustrate der Farbe (Wärme) erheblich, weil die Farbe, die sich in der unmittelbaren Umgebung des Beutels befindet, rasch davongetragen wird und auf diese Weise für einen Fortbestand des Farbgradienten sorgt. Allerdings kühlen wir nicht vollkommen passiv ab. Wir verlagern nämlich Wärme aus dem Inneren des Körpers an die Haut, um den passiv entstandenen Temperaturgradienten aktiv zu erhöhen. Außerdem schwitzen wir, was uns erlaubt, Wärme *gegen* einen Temperaturgradienten zu verlieren, das heißt von einer niedrigeren Innen- an eine höhere Außentemperatur.

Wie auch wir Menschen brauchen Schwärmer eine hohe Muskeltemperatur, um körperliche Aktivität leisten zu können. Ist die Umgebung kühl, stellen sie die erforderliche Muskeltemperatur durch eine langsam beschleunigte Tätigkeit her – indem sie zunächst mit den Flugmuskeln zittern, bevor sie tatsächlich fliegen. Allerdings erzeugen sie während des Flugs bei niedrigeren Lufttemperaturen nicht mehr Wärme als bei höheren. Entsprechend verhält es sich bei uns: Wenn wir bei niedrigen Lufttemperaturen laufen, benutzen wir unsere Beinmuskeln nicht gleichzeitig, um zu zittern. Durch das Laufen erhöhen wir unseren Stoffwechsel bereits von 1,5 Kilokalorien pro Minute auf 30, können dabei aber die Wärmeproduktion nicht abstellen. Sie ist, auch wenn wir an einem heißen Tag laufen, ein unvermeidliches Nebenprodukt der intensiven körperlichen Betätigung. Wärmeerzeugung und körperliche Betätigung sind unauflöslich miteinander verknüpft. Wir können diese Wärmeerzeugung nur verringern, indem wir unser Tempo drosseln, doch diese Option steht einem Schwärmer nur begrenzt zur Verfügung, da er große Energiemengen aufwenden muss, um zur Nahrungsaufnahme in der Luft zu schweben.

So ergab sich der Schluss, dass die Wärmeerzeugung bei Schwärmern ein reines Nebenprodukt des Energieverbrauchs für das Fliegen ist. Doch paradoxerweise zeigte sich, dass die Körpertemperatur beim Fliegen innerhalb eines erstaunlich breiten Spektrums von Lufttemperaturen stabil bleibt, obwohl der passive Wärmeverlust erheblichen Schwankungen ausgesetzt sein muss. Wie ist es möglich, so fragte ich mich, dass diese Tiere ihre Körpertemperatur gleichzeitig hoch und stabil halten, auch wenn sie sich einer großen Bandbreite von Umgebungstemperaturen ausgesetzt sehen, in denen man von erheblichen Schwankungen der passiven Konvektion ausgehen kann?

Da wir beim Laufen nicht in der Lage sind, die Wärmeerzeugung einzuschränken, beginnen wir, sobald die Überhitzung einsetzt, zu schwitzen, um uns von der zusätzlichen Wärme zu befreien. Auf diese Weise können wir weiterlaufen und weiterhin Wärme produzieren, ohne an Überhitzung zu leiden, solange wir genügend Flüssigkeit zum Schwitzen haben. Bei den Schwärmern fand ich kein Anzeichen für Schwitztätigkeit, und trotzdem stabilisiert sich ihre Körpertemperatur. Wie sie sich bei niedrigen Temperaturen warm hielten, das war mir klar, doch wie kühlten sie sich bei hohen Temperaturen ab? Wie entledigten sie sich der zusätzlichen Wärme, um ihre Muskeltemperatur zu stabilisieren, damit sie ihren Flug auch bei hohen Temperaturen fortsetzen können? Um das herauszufinden, führte ich eine Reihe von Experimenten durch, die bewiesen, dass sie durch einen einzigartigen Mechanismus dazu in der Lage waren, die in den Brustmuskeln erzeugte Überschusswärme abzuleiten. Die Schwärmer verlagern die Wärme aus der Brust (Thorax) in den normalerweise kühlen Hinterleib (Abdomen), wobei ihnen das Blut als Wärmetransportmittel dient. Da der Hinterleib kaum isoliert ist, bewirkt der darüber hinstreichende Wind eine Abkühlung durch Konvektion. Diese so genannte konvektive Kühlung durch den Hinterleib ist mit der Ableitung der Wärme am Autokühler zu vergleichen, nachdem sie mittels eines flüssigen Kühlmittels vom Motor dorthin geleitet worden ist.

Der Hinterleib des Schwärmers, der als Kühler dient, könnte das Insekt bei ständigem Fliegen noch bei einer Lufttemperatur von 30 Grad Celsius vor Überhitzung schützen. Doch ich konnte die Flugausdauer meiner Schwärmer auf zwei bis drei Minuten begrenzen, indem ich durch einen chirurgischen Eingriff gewissermaßen ihren Kühlerschlauch abknickte – das heißt, ich band ihre herzähnliche Struktur ab, die das Blut durch den Körper pumpt. Der Eingriff nahm den Schwärmern die Fähigkeit, Wärme in den Hinterleib zu transportieren. Die Brusttemperatur stieg steil an, während der Hinterleib kühl blieb. Bei den chirurgisch veränderten Schwärmern kletterte die Temperatur der Brustmuskeln, die die Flügel bewegen, auf den unerträglich hohen Wert von 44 bis 45 Grad Celsius an, woraufhin diese Insekten wie Marathonläufer, denen die Flüssigkeit für die Verdunstungskühlung ausgeht, von der Hitze erschöpft zu Boden fielen. Dass die Überhitzung und nicht die Ausschaltung ihres blutpumpendes Organs für die eingeschränkte Flugausdauer der Schwärmer verantwortlich war, wusste ich, weil Insekten, denen ich den dichten Pelz über dem »Flugmotor«, der Brust, entfernt hatte, sodass sich ihr passiver Wärmeverlust erhöhte, trotz der Herzoperation gut fliegen konnten. Es wird Sie vielleicht überraschen, dass die Schwärmer eine pelzige Brust haben, die ihnen hilft, die Wärme zu bewahren. Der dicke Pelz ist tatsächlich ein Handikap bei hohen Lufttemperaturen, hilft aber bei niedrigen Temperaturen, wenn die Tiere das entgegengesetzte Problem haben.

Von diesen und ähnlichen Ergebnissen überrascht und hocherfreut, veröffentlichte ich fünf verschiedene Artikel darüber, drei davon in der renommierten Zeitschrift *Science.* Bald folgten Veröffentlichungen, die zeigten, dass auch die körperliche Ausdauer verschiedener Säugetiere durch Überhitzung eingeschränkt wird. Eselhasen, Rote Riesenkängurus und Geparden sind alle mit Fellen ausgestattet, die sie warm halten sollen. Trotzdem konnte bei allen nachgewiesen werden, dass sie, wenn sie laufen, schon bei mittleren Temperaturen zur Überhitzung neigen, sodass sie schon bald innehalten müssen. Menschen dagegen zeigen dank ihrer hervorragenden Fähigkeit zu schwitzen selbst bei großer Hitze eine bemerkenswerte läuferische Ausdauer.

Die Notwendigkeit, manchmal warm zu bleiben, um körperliche Tätigkeit zu verrichten, und dann wieder die Erfordernis, sich der Wärme zu entledigen, um die körperliche Tätigkeit fortsetzen zu können, kann auch dazu führen, dass der Atmungszyklus mit dem Blutkreislauf exakt synchron wird. Wie ich gleich erläutern werde, bewirkt die Atmung, dass das Blut schneller durch den Körper gepumpt und die Wärme abgeleitet wird, was einige Insekten zu Ausdauerleistungen bei hohen Umgebungstemperaturen befähigt.

Um würdigen zu können, was für eine elegante Lösung manche Insekten gefunden haben – eine Entdeckung, die erstmals bei Hummeln gemacht wurde –, müssen wir uns einige grundlegende anatomische Verhältnisse vergegenwärtigen. Erstens, bei Bienen ist der Hinterleib mit der Brust nur durch den Petiolus, den engen Hinterleibsstiel, verbunden. Die gesamte Wärme, die bei fliegenden Bienen einige 100 Mal höher als der Ruhestoffwechsel ist (die genaue Zahl hängt davon ab, welche Körpertemperatur man für die Bestimmung des Ruhestoffwechsels wählt), wird von den in der Brust gelegenen Flugmuskeln gebildet. (Bei Insekten gibt es keine Muskeln in den Flügeln – alle Muskeln, die die Flügel bewegen, sind im Körper selbst verankert.) Die Temperatur des Hinterleibs unterscheidet sich im Allgemeinen nicht sonderlich von der der Luft, es sei denn, dieser dient wie bei Schwärmern als Kühler, der die Überschusswärme der Brust ableitet.

Die Flugmuskeln sind vollkommen aerob. Wie Langstreckenläufer lassen sich Bienen, im Gegensatz etwa zu Kurzstreckenläufern, auf keine anaeroben Defizite ein. Das große $V_{O2\text{-}max}$ der Bienen wird durch Luftsäcke im Hinterleib ermöglicht. Der ganze Hinterleib arbeitet wie ein Kolben, der die Luftsäcke durch positiven und negativen Druck zusammenpresst und ausweitet. Dieselben Druckveränderungen, die Luft in die Brust und aus ihr heraus pumpen, werden auch dazu verwendet, das Blut zu pumpen, und dieses Blut kann – aber muss nicht – zum Wärmetransport verwendet werden. Wird mithilfe des Blutes Überschusswärme aus den Brustmuskeln abgleitet, dann entlässt das ventrale Diaphragma Blut in einzelnen Stößen in den Hinterleib, während das kühlere Blut, das aus dem Hinterleib in die Brust gelangt, ebenfalls in einzelne Stöße »zerlegt« wird. Die warmen und die kalten Blutströme vermischen sich nicht, weil sie abwechselnd durch den Hinterleibsstiel geleitet werden, und zwar synchron mit den Atembewegungen des Hinterleibs. Diesen Prozess nenne ich »alternierenden« Strom, um ihn von dem Blutfluss zu unterscheiden, der gleichzeitig durch nebeneinander liegende Gefäße in entgegengesetzte Richtungen führt und als »Gegenstrom« bezeichnet wird.

Fliegen Bienen bei niedrigen Lufttemperaturen oder mit Unterbrechungen (etwa wenn sie auf Blüten arbeiten), haben sie das entgegengesetzte Problem, das heißt, sie müssen die Wärme in ihrer Brust konservieren. Unter diesen Umständen wird der Blutfluss zwischen Brust und Hinterleib erheblich reduziert, und die Atembewegungen spielen keine Rolle mehr für den Bluttransport. Stattdessen flimmert das Herz und schickte einen langsamen, dünnen Blutstrom in die Brust. Dank diesem Mechanismus bleibt die Wärme in der Brust, die beim oben angeführten Gegenstrom an den Hinterleib verloren ginge.

Heute geht man davon aus, dass die Synchronisierung verschiedener Systeme ebenso der Wärmeregulierung wie der Energieersparnis dient. Bei laufenden Vierfüßern, besonders bei energieeffizienten Langstrecklern wie Hunden, sind Atmung und Schrittrhythmus gekoppelt. Das Tier atmet passiv ein, wenn es die Vorderbeine nach vorn streckt, und atmet aus, wenn es diese Beine zurückzieht und dadurch das Volumen der Brusthöhle verringert. Infolgedessen reduziert die Energie, die zwangsläufig für das Laufen aufgewandt werden muss, die Energiemenge, die ansonsten zusätzlich für die Mechanik des Atmens erforderlich wäre. In ähnlicher Weise machen sich Vögel und viele Insekten die Veränderungen des Thoraxvolumens zunutze, die sich automatisch aus den Bewegungen ihrer Gliedmaßen ergeben, und versorgen sich auf diese Weise teilweise mit der erforderlichen Luft. Beim Menschen nimmt man im Allgemeinen an, es gebe keine solche Verbindung zwischen Atmung und Fortbewegung, daher müsse er gesonderte Energie aufwenden, um die Brust zum Atmen auszuweiten und zusammenzuziehen. Doch ich weiß, dass bei mir selbst eine ganz bestimmten Kopplung des Armschwungs mit der Atmung vorliegt. Sie ist automatisch und schwer zu verändern. Diese Kopplung kann nicht so viel Energie ersparen wie bei einem fliegenden Vogel oder einem laufenden Hund oder so viel wie die bekannte pumpende Atmung einiger fliegender Insekten. Aber bei einem langen Lauf erspart sie mir sicherlich einige Energie.

Was für Schwärmer, Bienen und Hunde gilt, scheint auch auf die körperliche Tätigkeit vieler anderer Tiere zuzutreffen, und ich selbst machte mir Atmung, Herzfrequenz, Schwitzen, Energiespeicher, Schritt und Lauftempo zunehmend bewusst. Beim Laufen versuchte ich einmal, mir möglichst viele dieser Variablen zu vergegenwärtigen und vor meinem geistigen Auge zu »sehen«, wie sie ineinander griffen. Dabei wurde mir klar, dass ich auf extrem langen Strecken ein ganz bestimmtes Muster von Atmung und Schrittrhythmus befolgte. Fast immer machte ich drei Schritte im Zuge eines Atmungszyklus: Zwei beim Einatmen und einen beim

Ausatmen. Wenn ich längere Schritte machte, war der einzige Unterschied, dass ich länger einatmete. Die Synchronisation blieb selbst bei veränderter Anstrengung erhalten. Lief ich sehr leicht, brauchte ich drei Schritte zum Einatmen, und wenn ich einen steilen Anstieg hinauflief, zwei Schritte. In allen Fällen war zum Ausatmen nur ein Schritt erforderlich, während sich das Einatmen über die verbleibenden Schritte verteilte. Wenn ich nicht lief, konnte ich auch die Herzschläge registrieren und stellte fest, dass ein Herzschlag dem Einatmen entsprach und die verbleibenden Herzschläge des Atemzyklus auf das Ausatmen entfielen. Ich weiß nicht, welche Bedeutung diese Rhythmik hat, aber ich vermute, dass sie etwas mit Energieersparnis zu tun hat. Laut David Costill haben Ultramarathonläufer bei gleicher Laufgeschwindigkeit fünf bis zehn Prozent weniger Energieverbrauch als Mittel- und Kurzstreckler. Unter Umständen braucht eine derartige Laufeffizienz Jahre, um sich auszubilden. Ein zwölfjähriger Läufer benötigt 40 Prozent mehr Energie, um mit einem zwanzigjährigen Schritt zu halten.

Synchronizität tat mir gut, daher verfiel ich vermutlich unbewusst in den Rhythmus, und gelegentlich versuchte ich ihn mir bewusst zu machen, um ihn noch zu verbessern. Dadurch, dass ich beim letzten Schritt des Atmungs-Schritt-Zyklus fast explosionsartig ausatmete, maximierte ich den Zeitraum, während dessen die Lungen frische Luft enthielten. Wie ein Gabelbock hielt ich den Mund beim Laufen offen. Zweifellos reduzierte das den Widerstand beim Ausstoßen der Luft und bedeutete eine Energieersparnis.

Mit ein bisschen gesundem Menschenverstand lassen sich viele allgemeine Eigenschaften der Evolution voraussagen. Doch der für die Temperaturregelung zuständige Mechanismus einer Biene lässt sich nicht vorhersagen. So erwies sich beispielsweise die gemeine Honigbiene unter heißen, trockenen Wüstenbedingungen als eine ganz außergewöhnliche Ausdauersportlerin. Selbst bei Lufttemperaturen von fast 40 Grad Celsius konnte sie fast mit ihrer bevorzugten Körpertemperatur fliegen. Konvektive Wärmeableitung klappt nur, wenn es einen steilen Temperaturgradienten zwischen Körper und Luft gibt. Ohne einen solchen Gradienten kann man Wärme nur durch Verdunstungskühlung verlieren. Ist also die erste Bedingung erfüllt, ist die zweite in der Regel eine notwendige Folge. Doch Bienen schwitzen nicht. Das wirft eine Frage auf: Was verleiht ihnen ihre Besonderheit?

Wie sich herausstellte, bedienen sie sich einer ganz ähnlichen Methode der Wärmeableitung, wie ich sie bei den Teilnehmern eines Rennens am Bowdoin College in Maine beobachten konnte. Der Lauf fand bei fast 30 Grad Celsius statt und alle zwei Runden steckten die Athleten den Kopf in ein Fass Wasser, das der Veranstalter Bill Gayton vorsorglich neben der Bahn hatte aufstellen lassen. Das Wasser, das von Kopf und Schultern der Teilnehmer verdunstete, hielt sie kühl, sodass sie trotz der Hitze laufen konnten. Überraschenderweise wenden Bienen, die Nektar gesammelt haben, eine ganz ähnliche Methode an. Sie würgen ihren Mageninhalt wieder aus und verteilen die Flüssigkeit mit den Vorderbeinen über den ganze Körper. In den Stock zurückgekehrt, werden ihnen von anderen Mitgliedern die festen Restbestände abgeleckt, die nach der Verdunstung des Wassers übrig geblieben sind. Nun ist allerdings das Hervorwürgen von flüssigem Mageninhalt für die Verdunstungskühlung kaum ein taugliches Mittel für uns Menschen.

Einige Störche und Geier kühlen sich mittels einer umgekehrten und doch sehr ähnlichen Methode. Sie lassen flüssigen Kot an den Beinen hinablaufen. Durch die Verdunstung wird das Blut in den Beinen des Vogels gekühlt, wodurch die Gesamttemperatur des Körpers um immerhin zwei Grad Celsius gesenkt wird. Wenn ein Truthahngeier an einem heißen Tag auf einem Zaunpfahl in der Sonne sitzt und seinen Darminhalt ruhig und vorsätzlich über die nackten Beine fließen lässt,dann hat das durchaus seinen Sinn. Jeder, der einmal an einem schwülen Tag bis zur Erschöpfung gelaufen ist, wird sich mit diesem Verhalten identifizieren können.

Während meiner Forschungsarbeit an Bienen (später, an der University of California in Berkeley) hatte ich mit Edward O. Wilson, dem weltweit führenden Experten für soziale Insekten an der Harvard University, korrespondiert und zu meiner großen Freude erfahren, dass er ebenfalls vom Laufvirus infiziert war. Da seine aktive Zeit vorbei war, machte er nun meinen Erfolg zu seinem Anliegen. Nachdem sich Ed mit den Einzelheiten meiner läuferischen Biographie vertraut gemacht hatte, erklärte er schlicht und einfach: »Du kannst den Marathon unter 2:30 laufen.« Und ich wollte ihm sofort beweisen, dass er Recht hatte.

Der Entschluss, einen Marathon zu laufen, war einen Augenblicksentscheidung. Ich las seinen Brief, und es war wie ein Blitzschlag – ich wusste, ich konnte nicht mehr zurück. Also joggte ich zur Sporthalle, zog mich um und lief zum Strawberry Canyon. Dabei stellte ich mir vor, den Boston-Marathon zu beenden und anschließend in Eds Büro im »Museum of Comparative Zoology« aufzukreuzen und von ihm mit breitem Lächeln begrüßt zu werden, weil ich unser Team so glänzend vertreten hatte – das der Biologen mit Schmetterlingsnetzen und Insektengläsern.

Bald nach Beginn des Trainings bekam ich Knieschmerzen. Ich ging zu einem orthopädischen Chirurgen, der sagte: »Sie haben (eine Art) Knorpeldegeneration. Wenn Sie nicht aufhören zu laufen, nehme ich Ihnen die Kniescheibe raus und schmeiße sie in den Mülleimer.« Das waren seine genauen Worte. Sie klangen mir noch lange Zeit in den Ohren. Doch ich stellte mir stattdessen vor, ich hätte ein loses Knorpelstück, das ich durch entsprechend langes Laufen allmählich zermahlen könnte, daher erhöhte ich meine tägliche Trainingsleistung.

Wie sich herausstellte, behielt Ed Recht und nicht der Orthopäde. Ein halbes Jahr später schaffte ich fast exakt die Zeit, die Ed vorrausgesagt hatte. Aber die Neuigkeit konnte ich ihm nicht überbringen. Als ich in sein Büro trat, hatte er schon die Bostoner Zeitung gelesen und begrüßte mich mit meiner Endzeit: »2:25!« Ich war fünf Minuten schneller gelaufen, als er vorhergesagt hatte. So hatten wir beide Anlass zur Freude.

Üblicherweise macht man in der Wissenschaft erstmal eine Vorhersage. Bewahrheitet sie sich weitgehend, freut man sich, weil die Idee dann wahrscheinlich richtig ist. Kommt jedoch etwas anderes heraus, dann bringt einen das möglicherweise auf eine Idee, an die man vorher noch gar nicht gedacht hat. Das ist noch besser.

Während meines Marathontrainings hatte ich mich intensiv mit der Bewegungsphysiologie von Insekten beschäftigt, besonders derjenigen meiner gegenwärtigen Versuchstiere, – der Hummeln, deren Flugreichweite nach meiner Einschätzung etwa meiner Laufreichweite, einem Marathon, entspricht. Ungleich weiter schaffen es die Vögel.

Vögel haben große Ähnlichkeit mit uns. Sie haben in etwa den gleichen Körperbau und die gleichen Organsysteme. Wie wir haben sie Lungen, Blut, richtige Herzen, Arterien und Venen, Leber, Gehirn und Nieren. Im Prinzip haben sie auch ähnliche Gliedmaßen, Sinnesorgane, Drüsen, Hormone und biochemische Prozesse. Die Mechanismen, die ihnen für Gastransport, Immunreaktionen, Entwicklung, Ausscheidung und Hirnfunktionen zur Verfügung stehen, sind mit den unseren praktisch identisch. Wir Menschen unterscheiden uns von ihnen in erster Linie dadurch, dass diese Merkmale bei ihnen und bei uns in unterschiedlicher Weise und in unterschiedliche Richtungen ausgeprägt sind, um spezifischen Anpassungsszenarien zu dienen. Vögel sind höher entwickelt als wir, was die Ausdauerphysiologie angeht. In Bezug auf Geschwindigkeit und Ausdauer sind sie uns unendlich weit überlegen. Den Insekten haben wir viele Geheimnisse der Ausdauer abgelauscht, die mit der Körpertemperatur zu tun haben, doch Vögel offenbaren uns die höchste Form der Ausdauer, zu der Geschöpfe aus Fleisch und Blut fähig sind.

Kapitel acht

# Extremsportler am Himmel

In Herbst und Frühling steigen viele Milliarden Vögel zum Himmel auf, um zu Nonstopflügen über Tausende von Kilometern aufzubrechen, die sie über Meere und Wüsten führen. Ihr Überleben hängt von ihrer körperlichen Leistungsfähigkeit, Entschlossenheit und navigatorischen Fähigkeit ab. Mein Rennen am 4. Oktober in Chicago war lächerlich unbedeutend im Vergleich zu dem, was diese Geschöpfe routinemäßig leisten. Ich brauchte nur 100 Kilometer in übersichtlichen Runden zu laufen und wurde unterwegs reichlich mit Essen und Trinken versorgt. Wie andere Vogelliebhaber trete ich des Nachts manchmal vor die Tür und richte mein Fernglas gen Himmel, wo die Silhouetten der Zugvögel vor dem milchigen Hintergrund des Vollmonds vorbeigleiten. Den schwachen Rufen aus dem Dunkeln lauschend, frage ich mich, wie unsere Mitgeschöpfe, aus Fleisch und Blut wie wir, ihre erstaunlichen Leistungen vollbringen. Können Sie uns lehren, was Ausdauer bedeutet und wie sie zustande kommt?

Bevor wir klären können, wie sie ihre Wanderung überleben, müssen wir zunächst herausfinden, was sie tatsächlich tun. Das ist erst in jüngerer Zeit entdeckt worden, vor allem dank der Arbeit von vielen tausend Menschen, die auf der ganzen Erde Vögel zur Erforschung beringt haben. Dabei ergibt sich ein erstaunliches Bild, das kaum glaubhafter ist als die alte Vermutung, nach der Schwalben nicht zwischen verschiedenen Kontinenten hin- und herpendeln, sondern »offensichtlich« im Schlamm überwintern.

Besonders beeindruckend finde ich die kleinen, schönen und außerordentlich zarten Waldlaubsänger. Jedes Jahr im Juni hallen die Wälder im gesamten Nordwesten der USA vom zischenden Wispern und Zwitschern der 35 Arten von Waldsängern wieder, die von ihrem langen Flug zurückgekehrt sind, um ihre Reviere abzugrenzen, Nester zu bauen und ihre Jungen aufzuziehen. Die Wanderung einer dieser Arten, des Streifenwaldsängers *(Dendroica striata)*, ist heute genauer dokumentiert als die der meisten anderen und soll uns als Beispiel dienen.

Mitte Juli ist der Brutzyklus des Streifenwaldsängers in den dichten Fichten- oder Tannenwäldern des Nordens abgeschlossen, und Alt- wie Jungvögel mausern sich. Dann tauschen die Altvögel ihren strahlenden Hochzeitsputz gegen ein mattes, unauffälliges Federkleid aus. Die Mauser ist in einem Monat abgeschlossen, und die gesamte Population, die über das Gebiet von Maine bis Alaska verteilt ist, beginnt sich in Bewegung zu setzen. Alle Vögel sammeln sich im Nordwesten der Vereinigten Staaten. Einzeln kehren sie aus Alaska und dem Westen an bestimmte Plätze zurück, an denen sie sich ursprünglich nach ihren transkontinentalen Zügen über tausende von Kilometern eingefunden hatten.

Nachdem die Vögel, deren Durchschnittsgewicht neun bis elf Gramm beträgt, die Rastgebiete an der Ostküste erreicht haben, treten sie in eine Phase gesteigerter Gefräßigkeit ein, die man wissenschaftlich mit dem höflichen Ausdruck »Hyperphagie« umschreibt. Dank der Beeren, die um diese Zeit reif werden, und dem massenhaften Vorkommen von Blattläusen und anderen Insekten verdoppeln sie ihr Körpergewicht in nur zehn Tagen. Zum größten Teil besteht die hinzugewonnene Körpermasse aus Fett, das in dicken Schichten unter der Haut über dem Hinterleib und der Brust unmittelbar unter dem Hals gespeichert wird. Mit einem derartigen Energievorrat versehen, versammeln sich die Vögel dann in ihren letzten Rastgebieten in der Umgebung von Cape Code, Massachusetts. Von dort aus brechen die winzigen Bewohner der Nadelwälder in Massen zu einem unglaublichen Nonstopflug über rund 3500 Kilometer bis teilweise hin nach Venezuela auf.

Der Startschuss, der sie auf ihren extremen »Ultramarathon« über den Atlantischen Ozean schickt, ist der Durchzug einer Kaltfront. Mit einer Geschwindigkeit von etwas mehr als 32 Stundenkilometern machen sie sich zunächst den Wind zunutze, vorausgesetzt, sie erwischen eine Kaltfront mit südöstlichen Strömungen. Allmählich schließen sich die aufbrechenden Vögel zu Schwärmen von 500 bis 1000 Individuen zusammen. Am zweiten Tag erreichen diese Schwärme die ruhigen Luftmassen über der Sargossasee. Nach drei Tag ununterbrochenen Fliegens werden sie von den Passatwinden erfasst und tauchen mit ihrer Hilfe bald danach vor der Nordküste Südamerikas auf.

Vielleicht sind die Streifenwaldsänger nur ganz normale Zugvögel, aber auch dann führen sie uns, wie auch die anderen Singvögel, die im Sommer unsere Wälder bevölkern, vor Augen, zu welch spektakulären Flugleistungen diese gefiederten Geschöpfe fähig sind. Noch erstaunlichere Wanderungen unternehmen die arktischen Strandläufer, brüten sie doch viel weiter im Norden und überwintern viel weiter im Süden.

Einer von ihnen ist der Weißbürzelstrandläufer *(Calidris fuscicollis)*. Dieser Küstenvogel, kaum größer als ein Spatz, brütet nördlich des Polarkreises. Im Herbst zieht er wie der Streifenwaldsänger ostwärts über den amerikanischen Kontinent an die nordöstliche Küste. Schlank geworden, frisst er sich wieder Fett an, bevor er sich auf seine Nonstop-Reise über 3600 Kilometern begibt, die drei Tage und Nächte dauert. Am Ende dieses Fluges erreichen die Vogelschwärme Surinam, an der Nordküste Südamerikas gelegen. Wie bei allen Ausdauerunternehmungen dieser Art ist die Energieversorgung von entscheidender Bedeutung für den Erfolg. Die Vögel brauchen Rastgebiete, die reichlich Nahrung bieten, damit sie sich mit der Energie eindecken können, die sie für die dritte und letzte Etappe ihrer langen Reise brauchen. Diese führt 3500 Kilometer über Land, quer über den südamerikanischen Kontinent, den Amazonas, bis nach Argentinien an die Südspitze Südamerikas, wo die Reise von insgesamt fast 15000 Kilometern zu Ende geht. Eine Reise, die fast von Pol zu Pol reicht. Der Zug folgt einem ausgeklügelten Weg, vorbei an großen Rast- und Nahrungsplätzen, die in speziellen Feuchtgebieten und unberührten Küstenstrichen liegen. Am Ende ihrer eindrucksvollen Herbst- und Frühjahrswanderung gelangen die Vögel wieder in den Polartag, nachdem sie jeweils aus der Mitternachtssonne der nördlichen oder südlichen Hemisphäre aufgebrochen sind. Kurzum, die Welt, in der sie leben, ist – von einer kurzen Übergangszeit abgesehen – ohne Nächte. Ununterbrochen können sie fressen, fliegen und herumtollen.

Den Populationen des Knutt, eines anderen arktischen Küstenvogels, verdanken wir weitere Informationen, vor allem, was den Energiehaushalt während der Wanderungen angeht. Kutts brüten rund um den Nordpol und haben weit verstreute Überwinterungsgebiete. In der Neuen Welt unternimmt der Knutt *(Calidris calidris rufa)* im Herbst eine Wanderung nach Süden, die rund 12 000 Kilometer lang ist. Wenn sich die Vögel noch keine Fettreserven für die Wanderung angefressen haben, wiegen sie normalerweise 120 Gramm, doch kurz vor dem Aufbruch haben sie sich ein Gewicht von 180 bis 200 Gramm angefressen, manchmal sogar bis zu 250 Gramm. Wie die kleineren Singvögel verdoppeln sie vor der Wanderung regelmäßig ihr Körpergewicht.

Hat ein Knutt sein Körpergewicht auf 250 Gramm aufgestockt (davon 130 Gramm Fett), hat er theoretisch genügend Brennstoffvorräte angelegt, um eine Strecke von 7500 Kilometern zurückzulegen. Bei einer Höchstgeschwindigkeit von 75 Stundenkilometern kann er rund 100 Stunden in der Luft bleiben, bevor er wieder herunter muss, um neue Energie zu tanken. Knutts legen ihre Wanderungen in langen Nonstop-Flügen zwischen den Ruhephasen zurück, die sie in den Rast- oder Nahrungsgebieten verbringen, wobei die Entfernung, die sie mit pro Flug zurücklegen, durch die Fettmenge, die sie mit sich tragen, begrenzt wird. Daher ist das Nahrungsvorkommen in den Rastgebieten, in denen die Vögel ein oder zwei Wochen fressen, bevor sie ihre Reise bis zum nächsten Rastgebiet fortsetzen, von entscheidender Bedeutung.

Knutts, die die James Bay in Nordkanada verlassen, fliegen drei Rastgebiete zur Nahrungsaufnahme an, bevor sie die Tierra del Fuego, ihren endgültigen Bestimmungsort an der Südspitze Südamerikas, erreichen. Knutts aus der westlichen Arktis suchen zunächst die amerikanische Ostküste an, fressen sich dort zwei Wochen lang Energie an, fliegen dann über das Amazonasbecken nach Südbrasilien, bevor sie sich auf die letzte Etappe bis zur Spitze Südamerikas begeben. Hier haben sie ununterbrochenes Tageslicht, während ihre Brutgebiete im Dunkel der arktischen Polarnacht liegen. Wie viele andere Uferläufer, Regenpfeifer und Seeschwalben umspannen sie mit ihren Wanderbewegungen den Globus von Pol zu Pol.

Für ihre langen Flüge brauchen die Vögel einerseits enorme Energiemengen, andererseits ist das Gewicht auch eine Belastung. Häufig fliegen die Uferläufer, wie auch Verkehrsmaschinen, höher als 4500 Meter, weil die Luft dort dünner und ihr Widerstand folglich geringer ist. Doch diese Flughöhe hat unter anderem den Nachteil, dass dort weniger Sauerstoff vorhanden ist. Außerdem braucht man, um in dünnerer Luft oben zu bleiben, eine höhere Geschwindigkeit, die für den nötigen Auftrieb sorgt. Dies wiederum verlangt mehr Energie und mehr Sauerstoff, damit die größere Fluganstrengung aufrechterhalten werden kann. Ein scheinbar auswegloses Dilemma, das an Hellers Roman *Catch-22* erinnert, doch die Vögel bewältigen es durch ihre Verdauungs- und Atmungsphysiologie.

Wie haben sich die bemerkenswerten Fähigkeiten der Vögel aus den Voraussetzungen entwickelt, die ihre terrestrischen Vorfahren, die Dinosaurier, besaßen? Als sich die Vorfahren der Vögel zum ersten Mal in die Luft erhoben, muss es einen starken Selektionsdruck in Hinblick auf die Gewichtsreduktion gegeben haben. Die Knochen wurden leichter, teilweise, weil sie hohl wurden. Eine weitere Gewichtsverminderung wurde vermutlich durch Veränderungen der Ernährung erreicht. Um den knappen Energiegehalt aus dem reichlich vorhandenen Blätterangebot zu gewinnen, brauchen Pflanzenfresser riesige Mägen und lange Därme. Kein Verkehrsflugzeug könnte fliegen, wenn es Pflanzenfasern als Energieträger verwenden müsste. Vielmehr braucht es spezielles Flugzeugbenzin mit einem günstigen Verhältnis zwischen Energie und Gewicht – ein Benzin, das rasch und leicht verbrennt. Um den energetischen Anforderungen des Fliegens zu genügen, müssen die Vorfahren der Vögel sehr selektiv in ihrer Ernährung geworden sein, das heißt, sich für Früchte und Insektenprotein statt für Blätter entschieden haben. Eine energiereiche Kost von Insekten und Früchten erlaubte ihnen, sich von viel Gewicht zu befreien – einem komplizierten, umfangreichen Verdauungstrakt, großen Zähnen und massiven Kiefern, um die Zähne zu verankern. Die Selektivität in Hinblick auf die Ernährung ermöglichte ihnen schließlich, noch selektiver zu werden, weil sie ihren Aktionsradius erweitern konnten. Ich vermute, dass ein solch selbstverstärkender Zyklus die explosionsartige Evolution der Vögel ausgelöst und dieser Tiergruppe die Möglichkeit eröffnete, sich zu einer der vielfältigsten, zahlreichsten und erstaunlichsten Lebensformen der Erde zu entwickeln.

Selbst heute noch wirken sich Veränderungen in der Ernährungsweise bei einigen Vögeln und bei allesfressenden Tieren wie uns direkt auf die Masse des Verdauungstraktes aus. Einfach dadurch, dass wir mehr Protein essen, können wir physiologische Reaktionen auslösen, die zu einer Verringerung von Umfang und Länge des

Verdauungstraktes führen. Obwohl die Veränderung der Ernährungsweise von energiearmer zu energiereicher Kost allein das Verhältnis von Energie und Masse so günstig verändert hätte, dass Langstreckenflüge möglich geworden wären, dürften die Vögel ihre extreme Ausdauer erst später erworben haben, als Nebeneffekt der Befreiung ihrer Körperhöhle von großen Teilen der Darmmasse.

Ist die Körperhöhle nicht mehr restlos gefüllt mit Verdauungsorganen, bleibt mehr Raum für andere Komponenten, Raum, der entweder mit anderen Organen gefüllt werden kann oder mit Luft, um den ganzen Organismus leichter zu machen. Letzteres war bei den Vögeln der Fall und bewirkte den großen Durchbruch, der ihnen das rasche Fliegen in großen, sauerstoffarmen Höhen ermöglichte.

Luft atmende Fische, Reptilien und Säugetiere müssen sich mit einem ineffizienten Atmungssystem herumschlagen. Wir atmen die Luft in eine sackartige Lunge ein, indem wir die Rippen heben und das Zwerchfell senken, sodass ein negativer Druck in den Lungen entsteht. Dann stoßen wir die Luft wieder aus, bevor wir einen neuen Atemzug tun. Es ist uns praktisch unmöglich, die Lunge komplett auszuleeren, weil wir die Brust nicht vollkommen zusammenfallen lassen können. Immer bleibt ein Rest Luft darin – Luft, der praktisch der gesamte Sauerstoff entzogen wurde. Wenn wir einatmen, mischen wir die neue, frische Luft, die mit Sauerstoff gesättigt ist, mit der sauerstoffarmen Restluft. Doch nicht so die Vögel.

Irgendwo, irgendwann gelang den Vorfahren der Vögel die große Neuerung: Sie verbanden ihre frei gewordenen Körperhöhlen mit der Lunge. Diese Verbindung ermöglichte es, die Luft durch die Lunge zu leiten. Mithilfe von aufblasbaren Luftsäcken in der Körperhöhlung führen Vögel heute die Luft durch eine relativ starre Lunge, und zwar sowohl während der Einatmungs- wie auch der Ausatmungsphase des Atemzyklus.

Auf den ersten Blick könnte der Eindruck entstehen, dass Vögel gar nicht ausatmen, wenn die Luft *durch* die Lunge hindurch geht und nicht hinein und heraus. Dennoch atmen sie aus! Das Kunststück besteht darin, dass sie zwei Atemzüge brauchen, um eine gegebene Luftmenge in den Körper hinein und wieder hinauszubefördern, da sich gleichzeitig zwei getrennte Luftvolumen durch das Atmungssystem bewegen. Die Lunge ist mit einer Reihe vor ihr und hinter ihr liegender Luftsäcke verbunden. Sowohl beim Ein- wie beim Ausatmen geht die Luft durch die Lungen, weil sich die Luftsäcke während des Einatmens vorne wie hinten ausweiten, wobei sie sich vorne mit Frischluft füllen, während die verbrauchte Luft (einer früheren Einatmungsphase) aus der Lunge in die vorderen Säcke strömt.

Diese Neuerung des Atemzyklus schuf Bedingungen, die den Vögeln erlaubten, schrittweise an fast allen Aspekten der Morphologie, der Physiologie und des Verhaltens Veränderungen vorzunehmen. Dadurch wurden sie zu den eindrucksvollsten Ausdauermaschinen aus Fleisch und Blut, die es auf unserem Globus gibt.

Diese beispiellosen aeroben und respiratorischen Fähigkeiten ermöglichen es Vögeln sogar, die erforderlichen hohen Stoffwechselkosten aufzubringen, die ein Flug in der dünnen Atmosphäre über dem Mount Everest verlangt, wo wir Menschen kaum noch kriechen können, da unser $V_{O2\text{-}max}$ kaum über dem Ruheniveau liegt. Beispielsweise fliegen Streifengänse *(Anser indicus)* im Zuge eines Nonstop-Flugs von rund 14500 Kilometern über den Gipfel des Mount Everest (8848 Meter) hinweg. Wie bekommen sie und viele andere Zugvögel, die sich in großen Höhen bewegen, genügend Sauerstoff für ihr Muskeln, da doch der Sauerstoffanteil nur ein Drittel des Gehalts auf Meereshöhe beträgt und Menschen in solchen Höhen schon nach wenigen Schritten erschöpft sind?

Die Lungen der Vögel und ihre eindrucksvolle Fähigkeit, Sauerstoff aus der Atmosphäre zu gewinnen, sind nur ein Teil der Lösung. Als nächstes muss das Blut den Sauerstoff auf der Luft holen, die durch Lungen geleitet wird, und ihn an die Muskeln liefern. Eine der Hauptanpassungsleistungen, die beim Vergleich zwischen Wildgans und Hausente sichtbar wird, ist die hervorragende Fähigkeit ersterer, Sauerstoff in den roten Blutkörperchen zu binden. Auf diese Weise gibt das Blut pro Flüssigkeitseinheit, die das Herz pumpt, mehr Sauerstoff an die Gewebe ab.

Anschließend muss der Sauerstoff vom Blut in die Muskeln gelangen, in denen er gebraucht wird. Bei allen Tieren, die große Mengen von Sauerstoff aufnehmen und verwenden können, ist das Muskelgewebe dunkel aufgrund der hohen Konzentrationen von Myoglobin, dem dunkelroten Protein, das den Sauerstoff aus dem Blut aufnimmt (bindet) und ihn an die Zellen liefert, wo die Mitochondrien, die winzigen energieerzeugenden Batterien, ihn mithilfe entsprechender Enzyme verwenden. Wildgänse haben eine höhere Konzentrationen dieser für die Energieerzeugung bestimmten Enzyme in ihren Mitochondrien als die unsportliche und sesshafte Hausente. Alle diese verschiedenen zusammenwirkenden Eigenschaften tragen zum $V_{O2\text{-}max}$, der aeroben Kapazität des Tieres bei, jenem Merkmal, das seine länger andauernde Energieleistung bestimmt.

Der Energievorrat darf nur sparsam und umsichtig genutzt werden. Bei menschlichen Läufern ist Windschattenlaufen eine bekannte Strategie zur Energieersparnis. Vögel tun es automatisch, besonders sozialere Arten wie Gänse, Schwäne und Kraniche, indem sie in langen Linien oder V-Formationen hintereinander fliegen. Vom Windschattenfliegen abgesehen, meiden sie auch Gegenwind und warten vor dem Start auf Rückenwind. Wie beim Läufer ist auch das Idealtempo – das Tempo, das einem hilft, eine maximale Entfernung mit minimaler Anstrengung zurückzulegen – von großer Bedeutung. Das zeigten Ende der 1960er Jahre Vance Tuckers Studien an Wellensittichen im Windkanal.

Mit Erfolg ermittelte Tucker anhand des Sauerstoffverbrauchs die Arbeitsleistung fliegender Vögel bei verschiedenen Geschwindigkeiten, indem er seine Versuchstiere darauf dressierte, in einem Windkanal bei Gegenwinden verschiedener Stärke mit einer Maske über dem Kopf (zur Messung des Sauerstoffverbrauchs) auf der Stelle zu fliegen. Tuckers Versuchsanordnung entsprach im Wesentlichen dem Laufbandergometer zur Messung des Energieverbrauchs, mit dem die Fitness eines Läufers bestimmt wird. Überraschenderweise zeigten Tuckers Ergebnisse, dass der Energieverbrauch der fliegenden Vögel nicht einfach von der Geschwindigkeit abhängt. Bei einem Tempo von 20 Stundenkilometern verbrauchten diese Wellensittiche Energien, die fast am Maximum ihrer anaeroben Kapazität lagen – ein $V_{O2\text{-}max}$ von rund 35 Milliliter Sauerstoff pro Gramm Körpergewicht pro Stunde. ($V_{O2\text{-}max}$ des Menschen wird gewöhnlich in Milliliter Sauerstoff pro *Kilogramm* Körpergewicht pro *Minute* angegeben; zum Vergleich: Das $V_{O2\text{-}max}$ der Vögel wäre dann 583, nicht 53 gewesen.) Ihr minimaler Energieverbrauch während des Fliegens, ungefähr 22 Milliliter Sauerstoff pro Kilogramm Körpergewicht pro Stunde, trat bei der sehr viel höheren Fluggeschwindigkeit von 32 Stundenkilometern auf. Um Fluggeschwindigkeiten von mehr als 32 Stundenkilometern zu erreichen, mussten die Vögel wieder einen höheren Stoffwechselpreis zahlen. Schließlich erreichten sie bei einer Fluggeschwindigkeit von 48 Stundenkilometern das Maximum von 35 Millilitern Sauerstoff pro Gramm Körpergewicht pro Stunde. Ohne Mühe ließ sich ausrechnen, dass bei dieser Beziehung die maximale Flugreichweite pro gegebener Energiemenge bei einer Fluggeschwindigkeit von 40 Stundenkilometern erreicht wird, was einem leicht über dem Minimum liegenden Energieverbrauch entsprach. Rascheres Fliegen könnte die Tiere zwar schneller an ihr Ziel bringen, doch bei begrenzten Energiereserven kämen sie möglicherweise nie dorthin.

Heute gibt es eine Fülle von Daten über die Fluggeschwindigkeit von Zugvögeln, Daten, die wir der Radarbeobachtung verdanken. Man hat sie mit den Fluggeschwindigkeiten und Energiekosten verglichen, die man anhand von Flügelspannen und Körpergewichten errechnet hat. Diese Untersuchungen zeigen, dass die meisten Arten so fliegen, dass sie maximale Reichweiten erzielen, und nicht, dass sie möglichst viel Energie sparen. Wie so häufig bestätigen die Ausnahmen die Regel. Beispielsweise schlagen Mauersegler während der Brutsaison häufig im Schlaf – sie verbringen die Nacht, indem sie in großer Höhe hin- und herfliegen, statt sich irgendwo niederzulassen. Während dieser Ruhephasen verlangsamt sich die Fluggeschwindigkeit und nähert sich der Energieverbrauch seinem Minimum, weil die Entfernung, die zurückgelegt wird – anders als während des Zuges –, keine Rolle spielt. Offenbar sind Zugvögel bemüht, maximale Entfernungen zurückzulegen, wobei es ihnen nicht darum geht, möglichst wenig Energie zu verbrauchen oder eine möglichst hohe Geschwindigkeit zu erreichen, sondern sich auf den spezifischen Energieverbrauch einzupendeln, mit dem sie die größte Reichweite bei dem geringsten durchschnittlichen Energieverbrauch erzielen können. Auch Langstreckenläufer müssen das spezifische Niveau des Energieverbrauchs herausfinden, das für sie und die zurückzulegende Strecke am günstigsten ist. Und auch hier ist der Zeitpunkt wichtig.

Kleine Vögel wandern bei Nacht, aus zwei Gründen, wie man annimmt. Erstens, weil sie so genügend Zeit haben, ihre Energiereserven tagsüber wieder aufzufüllen. Zweitens, weil es das Problem der Dehydration löst. Die großen Mengen an Stoffwechselwärme, die durch die Flugbewegungen erzeugt werden, können wie bei Schwärmern und den meisten anderen Insekten allein durch passive Konvektion abgeleitet werden (durch den nicht unterstützten Wärmeverlust an die Luft), ohne dass eine zusätzliche Kühlung durch Wasserverdunstung erforderlich wäre. Dadurch, dass die Vögel bei Nacht fliegen, können sie ihre anstrengende Tätigkeit fortsetzen, ohne Rastphasen zum Trinken einlegen zu müssen. Wenn wir uns die Vögel zum Vorbild nehmen, müssten wir unsere Ultramarathons eigentlich in kühler Nacht laufen, um Wasser zu sparen.

Viele Vögel überqueren Meere und heiße Wüsten, in denen sie weder trinken noch neue Energiereserven anlegen können. Alle erforderlichen Wasser- und Energievorräte müssen sie mit sich führen. Wird Fett als Energieträger verbrannt, entsteht als Nebenprodukt Wasser, daher sind Energie- und Wasservorräte eng miteinander verknüpft. Ist der Wasserverlust nicht größer als die metabolische Wasserproduktion, wie es bei Insekten und Vögeln im Gegensatz zum Menschen in der Regel der Fall ist, dann kann die Fettverbrennung zur Energiegewinnung auch den Wasserbedarf decken.

Wie bereits erwähnt, fressen Zugvögel vor dem Aufbruch zu ihrer langen Reise so lange, bis sie wie kleine Fettkugeln aussehen. Müssten sich menschliche Ultramarathonläufer nicht genauso verhalten? Wenn unsere Rennen über interkontinentale Entfernungen gingen und die Regeln vorschrieben, dass wir nicht jederzeit essen könnten, dann, ja, dann würden diejenigen siegen, die sich eine ausreichende Fettschicht zugelegt hätten. Die dünnen Läufer, die zu Anfang die schnellsten wären, hätten keine Chance, das Rennen zu beenden. Nun laufen wir aber nicht über solche Entfernungen und die Veranstalter von Ultramarathons sorgen dafür, dass es entlang der Strecke überall Verpflegungsstellen gibt. Wir können essen, was, wann und fast auch so viel wir möchten. Unter diesen Umständen sind menschliche Ultramarathonläufer besser beraten, wenn sie schlank an den Start gehen. Wenn wir unterwegs die nötigen Wasser- und Energiemengen aufnehmen können, bedeutet alles zusätzliche Gewicht eine unnötige Belastung, die uns langsamer macht. Die meisten erstklassigen Läufer, Männer wie Frauen, tragen allerdings einige Prozent ihres Körpergewichtes als Fett mit sich herum (ein bis sechs Prozent). Würden wir es restlos aufbrauchen, kämen wir damit einige 100 Kilometer weit.

Die verbreitete Ansicht, Frauen seien bessere Ultramarathonläufer als Männer, weil sie im Durchschnitt mehr Körperfett besitzen, ist falsch. Im Durchschnitt sind Frauen über alle Strecken langsamere Läufer als Männer, und dieser geschlechtsspezifische Unterschied zeigt sich besonders über die längsten Distanzen. Wie ich später zeigen werde, gibt es biologische Gründe, diesen Umstand auf genetische Kompromisse zu beziehen. Einige Eigenschaften von Tieren sind geschlechtsspezifisch. Wenn einige Frauen so schnell und so weit laufen wie Männer (was viele können), dann geht diese Fähigkeit vermutlich auf Kosten der Fortpflanzung. Sie müssen so viel Körperfett opfern, dass der Eisprung aussetzt. Tiere sind beispielsweise absolute Anhänger des Schwangerschaftsabbruchs. Ihre Körper unterziehen sich der strapaziösen Aufgabe der Fortpflanzung nur, wenn die physischen Voraussetzungen, sie zu einem guten Ende zu bringen, vorhanden sind.

Trotz meines Körperfetts bin ich nicht in der Lage, hunderte von Kilometern zu laufen, ohne innezuhalten und meine Energiereserven aufzufüllen, und ich werde beschämt durch das, was jeder Singvogel und jeder Uferläufer selbstverständlich leistet. Voller Neid beobachte ich ihre Fähigkeit, unglaublich lange Entfernungen zwischen bestimmten Punkten des Globus zurückzulegen. Man könnte mir entgegenhalten, wenn ich ein Vogel wäre, hätte die phantastische jährliche Reise gar keinen besonderen Reiz für mich, diese Reise, die dem ewigen Tageslicht von der arktischen Tundra in die argentinische Pampa und wieder zurück folgt. Doch ich glaube, dieser Einwand ist falsch. Vermutlich handeln Vögel nicht unter dem Einfluss der Logik dessen, was sie tun, sondern sie werden von machtvollen Instinkten angetrieben. Sie verhalten sich so, wie sie es als richtig und lustvoll empfinden. Das Gefühl der Lust ist ein Produkt der Evolution, das gesunde Organismen veranlasst, das zu tun, was ihnen hilft, zu überleben und Nachkommen in die Welt zu setzen, genauso wie Furcht sie veranlasst, Gefahren aus dem Weg zu gehen. Was den Streifenwaldsänger im Herbst veranlasst, sich nach Süden zu wenden, wenn eine Kaltfront heraufzieht, unterscheidet sich wahrscheinlich grundsätzlich nichts sehr von dem Gefühl, das mich veranlasst, an einem warmen, sonnigen Herbsttag eine Landstraße entlangzujoggen. Er und ich, wir beide reagieren auf uralte Instinkte, die Anpassungszielen dienen. Obwohl wir vieles gemeinsam haben, lassen unsere Unterschiede einen direkten Vergleich unserer Ausdauerphysiologie schwierig erscheinen. Da ist uns die Antilope doch sehr viel näher.

Kapitel neun

# Die läuferischen Qualitäten der Antilope

Man ... durchforscht bis zu äußersten Grenze
das Gestein der Dunkelheit und Finsternis.

BUCH HIOB, 28:3

In unserer Welt gibt es zahllose mythische Antilopen, denen wir ewig nachjagen können, ohne sie je zu erwischen. Doch selbst die schnellfüßigen aus Fell, Knochen, Fleisch, Blut und Gedärmen, die uns unbesiegbar erscheinen, sind sterblich. Ein legendäres Tier, das mehrdeutig zu sein scheint, angesiedelt in einem Reich zwischen der Wirklichkeit, die wir anfassen können, und den Dingen, die zu erreichen uns Menschen nicht vergönnt ist, ist der Gabelbock der amerikanischen Ebenen. Man hat gemessen, dass er fast 100 Stundenkilometer läuft – nahezu doppelt so schnell wie ein Rennpferd –, und das nicht nur über kurze Strecken. Angeblich kann er mehr als zehn Kilometer in nur zehn Minuten zurücklegen. Die Hopi-Indianer glaubten, er sei ein Bote aus dem Geisterreich und eine mächtige Medizin. In einer neueren Ausgabe der internationalen Zeitschrift *Nature* wurde der Gabelbock zum besten Superläufer unter den Tieren deklariert, zum vorzüglichsten Langstreckenläufer, den Muskeln, Knochen und Blut zustande bringen können. Natürlich ist er ein Säugetier, also ein Wesen wie wir, denn auch wir sind bis ins winzigste Detail unserer Anatomie und Biochemie Säugetiere. Was genau hat der Gabelbock, was wir nicht haben, und wie ist er zu einem solch überragenden Läufer geworden?

Seit mehr als vier Millionen Jahren lebt der Gabelbock *(Antilocapra americana)* gemeinsam mit Raubtieren auf den offenen Ebenen Nordamerikas. Er hat sich in einem Lebensraum entwickelt, den man in viele Richtungen weit überblicken kann, und hat nicht dadurch überlebt, dass er sich vor seinen natürlichen Feinden versteckt hat, sondern dadurch, dass er ihnen davongelaufen ist. Seine Räuber – höchstwahrscheinlich Säbelzahntiger, Wölfe, Geparden, riesige kurznasige Bären, Dire-Wölfe, Rothunde und Hyänen – kamen ihrerseits seinen läuferischen Fähigkeiten sehr nahe. Dem »Wettrüsten« in Sachen Tempo und Ausdauer, das über Jahrmillionen stattfand, blieben die langsamsten Gabelböcke in vielen Jagden auf der Strecke. Schwäche wurde gnadenlos aufgedeckt und aus dem Genpool eliminiert. John A. Byers von der University of Idaho weist darauf hin, dass Gabelböcke heute »jedes moderne Raubtier in einem lächerlichen Maße an Schnelligkeit übertreffen«, und dass ihre läuferische Fähigkeit ein »Geist« jenes einstigen Selektionsdruckes sei, der sich vor etwa 10000 Jahren erheblich lockerte, als das große Sterben am Ende des Pleistozäns die nordamerikanische Fauna nachhaltig dezimierte. Das war etwa zur gleichen Zeit, als die Menschen von Asien über die Bering-Landbrücke nach Amerika gelangten.

Ein Schlüssel für die einzigartige Leistung des Gabelbocks ist seine ungewöhnlich hohe Leistungsabgabe, sein

$V_{O2\text{-}max}$. Das Maß der Sauerstoffaufnahme begrenzt die anhaltende körperliche Leistungsfähigkeit. Experimentell wird das maximale $V_{O2}$ oder die maximale aerobe Arbeitsleistung dadurch bestimmt, dass man die Belastung des Tieres allmählich steigert (beispielsweise indem man es zwingt, auf einem Laufband mit zunehmender Geschwindigkeit oder Steigung zu laufen), bis die Sauerstoffaufnahme einen Maximalwert erreicht. Die Belastung kann dann noch weiter gesteigert werden, doch nur sehr kurze Zeit – Sekunden –, weil sich Milchsäure im Blut zu bilden beginnt. Bei Sprintern, die alle Kräfte mobilisieren, wird dieser rasche Aufbau der Milchsäure subjektiv als »Verhungern« empfunden, ein Gefühl, als wenn die Muskeln erstarren. Der zusätzliche Sauerstoff, der nach der körperlichen Betätigung aufgenommen werden muss, um die während der Betätigung produzierte Milchsäure zu oxidieren, bezeichnet man als Sauerstoffschuld. Die zusätzliche Geschwindigkeit, die man sich erkauft, indem man einige Sekunden lang jenseits des $V_{O2\text{-}max}$ läuft, muss man hinterher teuer bezahlen. Die Kosten dieser Geschwindigkeit rentieren sich nur, wenn die Jagd relativ kurz ist und Ergebnisse bringt.

In einer Studie von Stan Lindstedt ließ man Gabelböcke auf einem Laufband mit 10 Metern pro Sekunde dahinjagen, wobei sie Polyäthylenmasken trugen, mit denen man ihre Atemluft einfing, um ihre aerobe Leistungsabgabe zu messen. Anschließend erhielt das Laufband eine Neigung von elf Grad, woraufhin bei den Gabelböcken ein eindrucksvolles $V_{O2\text{-}max}$ von 300 Millilitern Sauerstoff pro Kilogramm Körpergewicht pro Minute gemessen wurde. Zwar ist das nur die Hälfte dessen, was Wellensittiche, und ein Viertel dessen, was Schwärmer im Flug zeigen, aber es ist imposant, vergleicht man es mit einem Elitelangstreckler wie etwa dem Olympiasieger Frank Shorter, der rund 71 Milliliter pro Kilogramm pro Minute maß. Neben den Luftproben, die mittels der Maske gewonnen wurden, entnahm man während des Laufens am $V_{O2\text{-}max}$ auch alle drei bis vier Minuten Blutproben, um den Gasgehalt des Blutes und das Lactat zu bestimmen. Auf diese Weise vergewisserten sich die Forscher, dass die Tiere tatsächlich an ihrem $V_{O2\text{-}max}$ liefen und diesen Grenzwert nicht überschritten.

Wenn man die relative Leistungsabgabe eines Tieres einem Vergleich unterziehen will, muss man seine Körpermasse berücksichtigen. Kleinere Tiere haben im Allgemeinen viel größere Leistungsabgaben pro Einheit der Körpermasse, wie aus dem obigen Vergleich zwischen Schwärmer, Vogel und Mensch hervorgeht. Doch wenn wir den Effekt der Körpermasse in Rechnung stellen, war die aerobe Kapazität des Gabelbocks noch immer rund dreimal so groß, wie bei seiner Körpermasse von rund 32 Kilogramm zu erwarten gewesen wäre. Abweichungen von den Verhältnissen, die man aufgrund der Voraussagen erwarten würde, nennt man anpassungsbedingte Abweichungen, und die enorme Abweichung (300 Prozent) im vorhergesagten $V_{O2\text{-}max}$ des Gabelbocks lässt darauf schließen, dass diese Tiere in Hinblick auf ihre aerobe Stoffwechselspezialisierung tatsächlich über eine einzigartige Leistungsfähigkeit verfügen. (Die sportliche Leistungsfähigkeit eines Sprinters bildet einen direkten Gegensatz dazu – er läuft anaerob, das heißt, ohne Sauerstoffaufnahme, und ist fähig, eine riesige Sauerstoffschuld anzusammeln, statt sie zu vermeiden.)

Was hat die Antilope von ihrem außerordentlich hohen $V_{O2\text{-}max}$? Das Gleiche wie menschliche Sportler. Ein hohes Maß an Leistungsabgabe verwandelt sich in das

Potenzial zu einem anhaltend hohen Lauftempo. Doch bei einer gegebenen Geschwindigkeit entspricht die Sauerstoffaufnahme der Antilope durchaus den Werten, die wir bei anderen Arten finden. Die Laufgeschwindigkeit der Antilope lässt sich also nicht durch geringere Beförderungskosten erklären (das heißt, größere Effizienz). Folglich entspricht ihr höheres $V_{O2\text{-}max}$ direkt der aeroben Laufleistung.

So läuft das Problem auf die Frage hinaus, welche besonderen Eigenschaften das hohe $V_{O2\text{-}max}$ der Antilope erklären – die aerobe Kapazität, die erforderlich ist, um das andauernd hohe Lauftempo zu gewährleisten? Um diese Frage zu beantworten, hat man die Antilope mit einem wiederkäuenden Säugetier von etwa gleicher Größe verglichen, der Ziege. Ziegen sind weder schnelle noch ausdauernde Läufer. Stattdessen sind sie gute Kletterer. Ihren natürlichen Feinden entgehen sie nicht, indem sie ihnen davonlaufen, sondern indem sie sich in unzugängliche Gebirgsregionen zurückziehen. Da sie auf sicheren Felsvorsprüngen leben, brauchen sie nicht zu laufen und kommen mit nur einem Fünftel der aeroben Kapazität der Antilope aus.

In allen untersuchten strukturellen Aspekten, die mit der Physiologie und dem Sauerstoffverbrauch zu tun hatten, erwiesen sich die Antilopen den Ziegen überlegen. Antilopen haben umfangreichere Luftröhren, ein dreimal so großes Lungenvolumen, eine bessere Gasverteilung im Lungengewebe, ein weitaus größeres Herz, ein überlegenes Herzminutenvolumen, eine größere Hämoglobinkonzentration im Blut, mehr Muskelmasse, eine größere Anzahl von Mitochondrien und daher mehr Oxidationsenzyme in den Muskeln. Ferner regulieren sie ihre Muskeltemperatur so, dass sie um 2,6 Grad Celsius höher liegt als die der Ziegen. Wenn wir uns daran erinnern, dass das Lauftempo der Käfer eine Funktion der Körpertemperatur war, ergibt sich der Schluss, dass dieser Temperaturunterschied allein einen Energieumsatz bewirkt, der um 35 Prozent höher liegt. Kurzum, die läuferische Überlegenheit der Antilopen im Vergleich zu den Ziegen hängt nicht von irgendwelchen neuen Mechanismen ab. Es ist keine Zauberei. Vielmehr stellen die Antilopen ihre besondere Fähigkeit dadurch her, dass sie eine bestimmte Auswahl ihrer normalen Säugereigenschaften steigern. Da ist kein Trick dabei. Kein Anpassungsmechanismus an sich erklärt den Unterschied. Gabelböcke sind einfach in jedem Merkmal besser, das sich auf das Lauftempo auswirkt. Das entspricht den Erwartungen. Es besteht keine Notwendigkeit, irgendein Glied in der Kette relativ zu den anderen übermäßig zu stärken – beispielsweise hätte es keinen Sinn, das System, das die Muskeln mit Sauerstoff versorgt, so zu verbessern, dass es die Fähigkeit dieser Muskeln, den Sauerstoff zu nutzen, entscheidend überträfe. Abgesehen davon ist die Antilope mehr als die Summe ihrer Teile und keine Sektion wird jemals die wichtigste aller Eigenschaften der Antilope zutage fördern: ihren Willen und ihre Freude am Laufen. So schreibt Gary Turbak in seiner liebevollen Abhandlung über dieses Geschöpf:

> Es gibt unzählige Berichte über Antilopen, die offenbar aus reiner Freude und Übermut mit Pferden, Autos, Zügen oder was sich sonst anbot um die Wette gelaufen sind ... Lässt es sich nicht vorstellen, dass ein Gabelbock, wenn er sich an einem kühlen, frischen Präriemorgen von seinem Lager erhebt, alle Glieder streckt und über das taufeuchte Präriegras davonjagt, so schnell er kann ... einfach, weil es ihm gefällt? Warum sollte ein geschmeidiger Gabelbock in der Blüte seiner Jahre nicht den Wunsch ver-

spüren, sich bei 80 oder 100 Stundenkilometern den Wind um die Ohren pfeifen zu lassen? Oder sich am rhythmischen Trommeln seiner Hufe auf dem Prärieboden zu erfreuen? Oder den kreatürlichen Stolz zu genießen, der Beste von allen zu sein? Die Biologen mögen sich darüber lustig machen, aber es ist so sicher wie der nächste Tag, dass es sich so verhält. Es muss so sein.

Die meisten Biologen würden sich über die Botschaft in diesen Zeilen keineswegs lustig machen. Bei vielen Tieren nimmt das Spiel wichtige Aufgaben wahr. Sie üben dabei wichtige Fertigkeiten ein und empfinden Lust. Lust ist ein Mechanismus, mit dem sich viele ferner liegende Ziele erreichen lassen.

Laut John A. Byers, der sich eingehend mit dem Spiel befasst hat, besteht bei Jungtieren des Gabelbocks und anderer Huftiere, deren Überleben von ihrer Geschwindigkeit abhängt, das Spiel aus schnellem Laufen, in das Drehungen und Sprünge eingestreut werden. Lange Zeit hat man die Auffassung vertreten, dass ein solch übermäßiger, scheinbar nutzloser Energieverbrauch die Überlebensaussichten beeinträchtigt. Doch Byers hat herausgefunden, dass die Gabelbockjungen, die mehr spielten, in den ersten Lebensmonaten bessere Überlebenschancen hatten als Junge, die weniger spielten. Entsprechend ist das Hauptspiel von Fleischfressern die Scheinjagd – so zum Beispiel bei uns –, was sie letztlich zu besseren Räubern macht. Wir sind die einzigen Jäger der Welt, die ihre Jagdbedingungen absichtlich erschweren, wenn wir nicht auf das Fleisch angewiesen sind. Freiwillig entscheiden wir uns für weniger wirksame Waffen wie altmodischen Büchsen oder Pfeil und Bogen, obwohl wir modernste Gewehre mit Zielfernrohren benutzen könnten. Heute ist die Jagd für uns meist keine Notwendigkeit, sondern Spiel.

Wenn die extrem hohe Leistungsabgabe der Antilope ein Anpassungsmechanismus ist, warum finden wir sie dann nicht auch bei der Ziege oder bei uns? Was spricht dagegen, dass eine Ziege nicht nur klettern, sondern auch so schnell wie eine Antilope laufen kann? Die Antwort, die man auf diese Frage von Evolutionsbiologen gewöhnlich zu hören bekommt, lautet, dass alles seinen Preis hat. Ein möglicher Preis für ein hohes $V_{O2\text{-max}}$ könnte ein erhöhter Grundumsatz sein. Das heißt, eine große Muskelmasse zu besitzen, die dicht mit Mitochondrien bestückt ist, könnte bedeuten, dass auf lange Sicht mehr Energie verschwendet wird (wie ein Auto, das sich nicht abstellen lässt, mit acht Zylindern mehr verbraucht als mit vier). Nun sind Ziegen aber nicht gerade als wählerische oder zaghafte Esser bekannt, und es erweist sich, dass Antilopen in Ruhe weniger Nahrung zu sich nehmen als Ziegen von ähnlicher Größe.

Eine andere plausible Hypothese für die Kosten, die die hohe aerobe Kapazität der Antilope verursachen könnte, ist, dass der Gabelbock einen hohen Prozentsatz an stoffwechselaktiven Muskeln und einen geringen an stoffwechselinaktivem Fett hat. Dieses Verhältnis mache die Tiere sehr anfällig für Nahrungsknappheit. Wie menschliche Marathonläufer müssen Antilopen sehr dünn sein und sind es auch. Diese Schlankheit der Antilopen entspricht einem Mangel an Energiereserven und kann sich unter Umständen als sehr nachteilig erweisen. Bei Kälte und Schnee, wenn der Energieverbrauch infolge gesteigerter Wärmeproduktion erhöht werden muss und die Nahrung unter Umständen knapp wird, sind die Antilopen sehr anfällig.

In dem strengen Winter des Jahres 1984 starben in Wyoming Tausende von Antilopen. Im Winter 1985/86 gingen in South Dakota 80 Prozent der in dem Bundesstaat lebenden 5000 Gabelböcke an der Kälte, den dichten Schneefällen und dem Wind zugrunde. Und an den Zäunen. Sie waren nicht in der Lage, dem Wetter durch Wanderungen zu entkommen, sondern verendeten scharenweise hinter den Zäunen. Zwar verfügen sie über eine enorme Sprungkraft, haben aber ebenso wenig wie das waldbewohnende Rotwild im Zuge der Evolution die Fähigkeit erworben, senkrechte Sprünge auszuführen. Obwohl die Aufgabe für den Körper überhaupt keine Schwierigkeit darstellen würde, erweist sie sich für den Geist des Gabelbocks als zu hoch. Der Geist geht voran, der Körper folgt. Ein Gabelbock kann sich nicht vorstellen, über einen Zaun zu springen.

Zwar liegen keine Studien vor, aber ich nehme an, dass die Antilope für ihre läuferischen Fähigkeiten mehr Kompromisse eingehen muss, als gemeinhin angenommen wird, Kompromisse, die nicht nur Schnee und Kälte betreffen, sondern auch extreme Ausdauer. Gabelböcke verringern ihr Körpergewicht nicht nur, indem sie wenig Fett besitzen, sondern auch durch sehr kleine Mägen – ungefähr halb so groß wie die vergleichbarer langsamer Wiederkäuer. Folglich müssen sie Zugeständnisse in Bezug auf Ausdauer machen, das heißt, um ihr Tempo ausdauernd durchzuhalten, sind sie gezwungen, in häufigen Abständen Energie zu tanken, und zwar mithilfe energiereicher Nahrung. Gabelböcke sind wählerische Esser und ernähren sich von breitblättrigen Pflanzen, die am besten dort gedeihen, wo Bisonherden das Gras bereits abgefressen haben.

Obwohl man die Gabelböcke aufgrund ihrer hohen aeroben Kapazität zu den größten Ausdauersportlern unter den Säugetieren erklärt, hat man es bislang versäumt, ihre Ausdauer tatsächlich einem wissenschaftlichen Test zu unterziehen. Mindestens zwei menschliche Läufer haben es versucht. Dave Carrier, der am Fachbereich Biologie der University of Utah über die Biomechanik der Fortbewegung arbeitet, und sein Bruder Scott Carrier hatten gehört, dass die Navajo- und Paiute-Jäger in früherer Zeit Antilopen müde gehetzt hätten. Gemeinsam versuchten die Brüder die Probe aufs Exempel, doch Dave berichtete: »Wir haben kläglich versagt.« Die Antilopen, die in Gruppen leben, stoben über einen Hügel davon und »entwischten uns mithilfe des Geländes«. Die Brüder folgten ihnen, und als sie über die Kuppe kamen, stellten sie fest, dass die gejagten Antilopen sich einer anderen Gruppe angeschlossen hatten. Durch den Zusammenschluss mit anderen, die noch frisch waren, lösten sich die Tiere praktisch ab, um ihren Verfolgern davonzulaufen. Als Mitglied einer Herde benutzt eine Antilope die anderen auch als Schutzschild. Dann hat sie es nicht mehr nötig, den Verfolgern davonzulaufen, es sei denn, sie wäre das langsamste Tier der Herde. In Herden zu laufen könnte tatsächlich eine Antilopenstrategie sein, die sich in der Vergangenheit bei der Verfolgung durch Wölfe bewährt hat. (Menschen sind erst so spät nach Nordamerika gelangt, dass sie kaum noch sonderlichen Selektionsdruck auf die Laufleistung der Antilopen ausgeübt haben dürften.) Ich nehme an, ein fairer Test zum Vergleich der Laufleistung von Menschen und Antilopen bestünde darin, einen Gabelbock orangefarben anzumalen und in einem unvertrauten offenen Gelände freizulassen. Das dürfte eine neuere und interessantere sportliche Herausforderung für den Menschen sein als die Veranstaltung, die sich seit kurzem großer Beliebtheit erfreut: 24 Stunden lang auf einer 400-Meter-Bahn Runden zu drehen.

Ich wandte mich an meinen Freund Barre Toelken, einen Volkskundler an der Utah State University, der in den 1950er Jahren nicht nur bei einem Navajo-Stamm gelebt, sondern auch in ihn eingeheiratet hatte. Ich wollte in Erfahrung zu bringen, ob sich in der Folklore Hinweise darauf finden, dass die Indianer, bevor sie über weit tragende Feuerwaffen verfügten, die Sitte pflegten, Rotwild und Antilopen so lange zu hetzen, bis die Tiere erschöpft waren.

»Ich habe es noch in den 1950er Jahren erlebt«, schrieb er mir:

»Doch es waren Hirsche und keine Gabelböcke. Ich habe mit eigenen Augen gesehen, wie mein Freund Yellowman (in den 1950er Jahren mochte er vielleicht 40 oder 45 Jahre alt gewesen sein) in halb offenem Wüstengelände im Dauerlauf der Spur eines Hirsches folgte. Der Hirsch setzte in wilden Sprüngen davon, hielt inne und flüchtet erneut. Der Jäger, der in gleichmäßigem Tempo der Spur des Tieres folgte, ermüdete es schließlich. Dann näherte er sich dem erschöpften Hirsch, legte ihm die Hand über Maul und Nüstern und erstickte ihn. Dabei hielt er angeblich Maispollen in der Hand, die als heilig gelten. Der Hirsch starb, während er die heilige Substanz einatmete. Anschließend konnte sein Fell als heiliges Hirschfell verwendet werden, makellos, weil es von einem Tier stammt, das nicht verletzt wurde, als es sein Leben ließ. Von den Paiute-Indianern habe ich das nie gehört, aber ich weiß auch sehr wenig über sie. Persönlich kenne ich niemanden, der noch diese Art der Jagd betreibt, aber es muss noch einige Menschen geben, weil heilige Felle noch immer für Zeremonien gebraucht werden und auch noch immer zu bekommen sind. Im Allgemeinen brauchte Yellowman einen Nachmittag, um einen Hirsch zu zermürben.«

Im Gegensatz zu den meisten anderen Raubtieren ließ sich Yellowman offenbar nicht durch die Taktik des Hirsches narren, ein Rennen zu vermeiden. Die meisten Raubtiere sind sehr selektiv und bestrebt, nur Wild zu jagen, bei dem sie sich eine Chance ausrechnen, es nach einem *kurzen* Rennen zu reißen. Diesen Umstand macht sich Rotwild zunutze, indem es sich entweder einen großen Vorsprung verschafft oder in riesigen Sätzen davonstürmt, sodass sein Verfolger nur noch den weißen Spiegel sieht. Auf diese Weise entmutigt es seine Feinde.

Wie ich später erfuhr – aus dem Buch *Indian Running* von Peter Nabokov –, standen bei vielen Indianerstämmen läuferische Qualitäten hoch im Kurs, weil sie bei der Jagd und im Krieg von großer Bedeutung waren. Bei vielen Stämmen war es Sitte, Jagdtiere zu Fuß auf direkte oder indirekte Weise müde zu hetzen. Im Großen Becken wurden Gabelböcke erlegt, nachdem man sie in V-förmige Pferche getrieben hatte. Bevor die Omaha-Indianer auf den zentralen Ebenen Pferde verwendeten, hatten sie Bison-Läufer, die den Himmel nach Raben absuchten. Daran erkannten sie, wo sich die Bisonherden aufhielten, und liefen ins Lager zurück, um Jäger für den Angriff zu holen. Die Hopi-Indianer schätzten die Kalifornischen Eselhasen und hetzten sie müde, indem sie ihren frischen Spuren im Schnee folgten. Sowohl Pueblo- wie Yuki-Jäger hetzten, ebenso wie die Papago- und Pima-Indianer, Rotwild zu Tode.

In heutiger Zeit lässt man manchmal Tiere gegen Menschen antreten, meist geht es dabei um Wetten. Eines dieser Rennen, bei denen es zu einem objektiven Vergleich zwischen der Geschwindigkeit und Ausdauer von Menschen und anderen Tieren kommt, ist das jährliche »Man vs. Horse«, ein Wettrennen, das in der walisischen Stadt Llanwrtyd Wells stattfindet. Das ist ein durchaus ernsthafter Wettkampf, der von William Hill, dem größten Wettbüro Großbritanniens, gesponsert wird. Das Unternehmen hat dem ersten Läufer, der gegen ein Pferd gewinnt, 21000 Pfund (31500 Euro) zugesagt. Bislang, während der ersten 20 Jahre, wurde die Prämie noch nie ausgezahlt. Noch hat kein menschlicher Läufer ein Pferd geschlagen, das von einem Jockey geritten wird (Staffelmannschaften mit vier Läufern gelingt es dagegen häufiger).

Immerhin werden die Ergebnisse immer knapper. Im letzten Rennen traf Mark Croasdale, ein britischer Läufer, der den Marathon des Marine Corps in 2:23 gewonnen hat, nur 80 Sekunden hinter dem Pferd im Ziel ein. Da die besten Marathonläufer inzwischen Zeiten um 2:06 erzielen, ist es wohl nur noch eine Frage der Zeit, bis Menschen die besten Pferde in einem Langstreckenlauf schlagen – sogar in einem, der so kurz ist wie dieser, sechseinhalb Kilometer kürzer als die Marathon-Distanz.

Alles in allem lässt sich feststellen, das Gabelböcke hervorragende Läufer über mittellange Strecken sind, über vielleicht 30 bis 45 Kilometer, doch es gibt keine Hinweise, dass sie sich für Ulatramarathonstrecken eignen. Gabelböcke und Pferde sind nie gezwungen, 40 oder 50 Kilometer in einem Stück zu laufen, um sich vor Wölfen in Sicherheit zu bringen. Zumindest im offenen Gelände des Yellowstone Park holen Wölfe den Elch, den sie sich als Beute ausgesucht haben, in der Regel nach ein bis zwei Kilometer ein. Wenn nicht, geben sie die Jagd auf. Laut Doug Smith – seines Zeichens Wolfforscher und Leiter des »Yellowstone Wolf Recovery Project«, der seine Wölfe häufig aus einem kleinen Flugzeug bei der Jagd beobachtet – setzen Wölfe die Verfolgung selten über mehr als drei Kilometer fort. Daher nehme ich an, dass Elche oder Gabelböcke kaum gegen einen trainierten Menschen bestehen könnten, der von persönlichem Leistungswillen beseelt ist, wie er sich etwa im Sieg bei einem Wettrennen manifestiert.

Geschwindigkeit ist ohne Bedeutung, solange nicht die Entfernung festgelegt ist. Dieses Prinzip zeigt sich am deutlichsten bei menschlichen Läufern, die sich auf unterschiedliche Strecken spezialisieren. Ich habe mir die Mühe gemacht, die Laufgeschwindigkeiten (getrennt für Männer und Frauen) bei Weltrekorden abhängig von den zurückgelegten Strecken – 100 Meter bis 200 Kilometer – in einem Diagramm abzubilden. Wie erwartet, geht die maximale Laufgeschwindigkeit bei Männern von rund 37 Stundenkilometern mit der zurückgelegten Entfernung erheblich zurück – ungefähr um das Dreifache, wenn die Laufdistanz um das Zweitausendfache anwächst. Doch die dreifache Zunahme der Laufgeschwindigkeit verteilt sich nicht gleichmäßig über die Entfernung. Zunächst verringert sich die Geschwindigkeit gleichmäßig, fällt dann aber nach einem Kilometer jäh ab, um anschließend wieder gleichmäßig zurückzugehen, bis bei ungefähr 30 Kilometern erneut ein steiler Absturz erfolgt. Nach meiner Auffassung handelt es sich bei diesen beiden Übergangspunkten um den Ausdruck zweier verschiedener physiologischer Spezialisierungen. Im ersten Fall haben wir es mit dem Übergang vom anaeroben zum aeroben Stoffwechsel und im zweiten vom Kohlenhydrat- zum Fettstoffwechsel zu tun. Als ich das gleiche Kurvenbild für Frauen zeichnete, waren entsprechende Wendepunkte zu erkennen, was den Schluss nahe legt, dass auch bei Frauen den Laufspezialisierungen die gleichen physiologischen Prozesse zugrunde liegen. Doch über alle Entfernungen erzielten die Frauen bei ihren Weltrekorden geringere Geschwindigkeiten als die Männer, vor allem auf den längeren Distanzen. Im März 2000 erschien in *Nature* ein Artikel, der anhand anderer Daten diese 15 Jahre alten Ergebnisse bestätigte (oder wiederentdeckte).

Noch vor 40 Jahren gab es kaum eine konkurrenzfähige Läuferin. Heute finden sich in vielen Sportarten ebenso viel weibliche wie männliche Athleten. Laufen ist nicht einfach ein biologisches Schicksal, sondern eine biologische Fähigkeit, die heute weitgehend ein kulturelles Phänomen ist. Frauen erweisen sich als ebenso ehrgeizige und konkurrenzfähige Läufer wie Männer. Trotzdem zeigt sich auch heute in fast jedem Rennen ein deutlicher Unterschied zwischen Männern und Frauen in ihren Durchschnittsergebnissen, und dieser Unterschied drückt sich ebenfalls (wenn auch nicht zwangsläufig) in den Rekorden, den herausragenden Leistungen, aus. Doch egal, was die Rekorde besagen oder wie die Durchschnittsleistungen der Gruppe aussehen, zu der wir gehören, diese Zeiten haben keinerlei Bedeutung für das, was der oder die Einzelne aus sich machen und leisten kann. Häufig sind demographische Daten erforderlich, um Theorien zu formulieren, die in vielen Fällen als biologische Gesetze angesehen werden. Doch solche Gesetze schreiben nichts vor, sondern beschreiben nur. Letztlich dienen die empirischen Leistungen der Menschen als Grundlage für die Formulierung von Theorien und nicht umgekehrt.

Jeder von uns besitzt einzigartige Eigenschaften und die Freiheit, seine Talente und Träume zu verwirklichen.

Warum der *statistische* Mann diesen läuferischen Vorteil hat, ist nicht bekannt, obwohl ich vermute, dass es mit der durchschnittlichen Hüftanatomie zu tun hat, der tendenziellen Gewichtverteilung und möglichen Unterschieden in der Fußlänge. Auf jeden Fall werden die

Leistungsunterschiede zwischen Männern und Frauen allgemein anerkannt, denn sonst gäbe es keine getrennten Wettkämpfe und Leistungsgruppen. Doch trotz des Unterschiedes haben Langstreckenläuferinnen wie Joan Benoit Samuelson, Utta Pippig und Grete Waitz sogar den olympischen Marathonrekord der Männer, den Emil Zatopek 1952 in Helsinki mit 2:23 aufgestellt hatte, längst unterboten. Auch die Männer haben das geschafft, um fast 16 Minuten. Gegenwärtig ist Ann Trason im Ultramarathon kaum zu schlagen.

Wenn wir davon ausgehen, dass Kurz-, Mittel- und Langstreckenläufe jeweils andere physiologische Grundlagen haben, fragt sich, was geschehen würde, wenn die schnellsten Männer oder Frauen im Ultramarathon eine Antilope oder ein Pferd zu einem Rennen über 100 Kilometer zwängen? Könnte ein hochtrainierter und hochmotivierter Mensch das Tier dazu bringen, seine Energievorräte zu erschöpfen? Bis ein solches Rennen stattgefunden hat, werde ich mich jedes Urteils enthalten, was die wechselseitigen Ausdauerqualitäten von Gabelböcken auf der einen und den besten Extremsportlern und -sportlerinnen auf der anderen Seite angeht.

Die Antilopen, die mit einem V-8-Motor in einer VW-Karosserie zu vergleichen sind, beweisen, dass die aerobe Kapazität absolut notwendig ist, wie auch bei menschlichen Mittelstreckenläufern. Doch ich werde keine Mittelstrecke laufen, sondern einen Ultramarathon. Wie jeder andere Läufer gehen auch Antilopen Kompromisse hinsichtlich der Energiereserven und des Verdauungssystems ein, um dafür Geschwindigkeit über lange Strecken einzutauschen. Diese Kompromisse sind Lücken in ihrer Rüstung, die man sich zunutze machen müsste, um sie in einem Ultramarathon zu schlagen.

Kapitel zehn

# Wie das Kamel zu seiner extremen Ausdauer kommt

Tiere zeigen uns Lösungen, die ein Ergebnis der Evolution sind. Sie resultieren aus Experimenten, die ohne Vorbehalt und Vorurteil seit Millionen von Jahren durchgeführt werden. Es ist äußerst lehrreich, die Resultate dieser Experimente zu untersuchen, weil es Millionen von ihnen gibt, die viele verschiedene Lösungen hervorgebracht haben. In dieser Vielfalt finden wir sowohl Anregungen als auch falsche Ansätze für unsere Zielsetzungen. Verschiedene Tiere haben verschiedene Strategien optimiert, die sich nicht unbedingt für uns Menschen eignen oder uns erstrebenswert erscheinen müssen. Statt ihrer läuferischen Fähigkeiten haben einige so schwerfällige Abwehrvorrichtungen entwickelt wie Panzer und Stacheln (Schildkröten und Stachelschweine), oder sie haben sich chemische Schutzmechanismen zugelegt (Stinktiere). Für uns und vermutlich auch für andere große Wirbeltiere, unter anderem auch für viele Dinosaurier, war das Lauftempo von entscheidender Bedeutung, und zwar gleichermaßen für Raub- wie für Beutetiere. Da es zu den Aufgaben eines Kamels gehört, lange Entfernungen zurückzulegen, kann es uns Einsichten in die Bedingungen von Ausdauerleistungen liefern, die wir von einer Antilope nicht erwarten können.

Im Allgemeinen gelten Kamele nicht als Ultraläufer. Im Vergleich zu Antilopen sind sie phlegmatische, plumpe Huftiere. Interessiert hat man sich vor allem für ihre erstaunliche Fähigkeit, in der Hitze und bei größter Trockenheit zu überleben. Von ihnen können wir lernen, wie sich ein Übermaß an Wärme mit einem Mindestmaß an Wasser überleben lässt. Was haben Kamele im Gegensatz zu Menschen und anderen Tieren? Einige Antworten finden wir in einem wunderbaren Buch von Hilde Gauthier-Pilters und Anne Innis Dagg, die Dromedare (einhöckrige Kamele) viele Jahre lang in der Sahara beobachtet haben.

Bei allen Rennen über größere Entfernungen sind die Athleten mit dem gleichen Problem konfrontiert: Sie müssen die Verbindung aus Überhitzung, Flüssigkeits- und Energiemangel bewältigen – ein Problem, das ein Kamel ständig lösen muss, um zu überleben. Der Unterschied zwischen einem Ultraläufer und einem Kamel liegt nämlich darin, dass viele Kamele fast chronisch mit diesem Problem zu tun haben, der Marathonläufer dagegen nur für die Dauer eines Wettkampfs. Ein Läufer, der eine Strecke von einer Meile oder 1500 Metern zurücklegte, würde das Problem überhaupt nicht verspüren, doch bei 10000 Metern könnte die Überhitzung durchaus schon auftreten. Ich würde 100 Kilometer laufen, eine Distanz, auf der die beiden Teile des Problems (Flüssigkeits- und Energiemangel) höchste Bedeutung gewinnen. Kamele laufen in der Regel weit mehr als 100 Kilometer, daher könnte ihr Beispiel aufschlussreich sein, denn die extremen Bedingungen ihres Lebensraums machen die Probleme und ihre Lösungen besonders deutlich.

Im Gegensatz zu Antilopen und Pferden sind Kamele über kurze Entfernungen keine schnellen Läufer. Ihre Höchstgeschwindigkeit liegt dem Vernehmen nach bei ungefähr 15 Stundenkilometern, während der Hengst »Secretariat« beispielsweise die 1,5 Meilen in Belmont in einer Zeit von 2:24 gewann – zugegeben, ein Weltrekord – und dabei eine Geschwindigkeit von 60 Stundenkilometern erzielte. Trotzdem heißt es, dass Kamele 160 Kilometer in 16 Stunden zurücklegen können. Für die 300 Kilometer zwischen Kairo und Gaza brauchen sie zwei Tage. In einem eintägigen Rennen zwischen einem Pferd und einem Kamel über 176 Kilometer gewann das Pferd, aber nur knapp. Dann starb es am folgenden Tag, während das Kamel seinen Weg fortsetzte. Menschen haben in vier Tagen 600 Kilometer zurückgelegt und lebten weiter, um noch viele Rennen zu bestreiten. Beispielsweise hat Yiannis Kouros, ein Grieche, der heute in Australien lebt und möglicherweise der größte Ultraläufer aller Zeiten ist, 1600 Kilometer in 10,4 Tagen zurückgelegt, was einer Durchschnittsleistung von 153,4 Kilometern pro Tag entspricht.

Dieser Vergleich zwischen Mensch und Kamel hinkt, weil die menschlichen Läufer mit Essen und Trinken in beliebigen Mengen versorgt werden. Die Kamele dagegen erhalten überhaupt keine Verpflegung. Umso deutlicher wird das, was uns ihr Beispiel lehrt: Wer langsam läuft, kommt auch ans Ziel – und manchmal sogar als Erster.

Im Allgemeinen laufen Kamele nicht, sondern sie gehen. Wenn sie laufen, bewegen sich Vorder- und Hinterbeine erst auf der einen Seite gleichzeitig vorwärts, dann auf der anderen. Bei dieser Gangart schwankt der Körper von einer Seite zur anderen, weil er abwechselnd von beiden Beinen der einen Seite getragen wird. Diese Methode, die so ganz anders als die Bewegung unserer Arme und Beine ist, bedeutet für das Kamel eine Energieersparnis, denn sie reduziert den Einsatz antagonistischer Muskeln, die dem Schwung entgegenwirken und so für größere Stabilität und Manövrierfähigkeit sorgen würden. Stabilität und rasche Beweglichkeit sind für ein großes Kamel auf der weiten offenen Wüste ohne Bedeutung, droht ihm dort doch wenig Gefahr von natürlichen Feinden.

Aber auch Kamele sind nicht unverwüstlich. Sie können an Überlastung oder Vernachlässigung sterben, wie die Franzosen 1883 in Ägyptisch-Sudan erfuhren, als sie ein Kamelcorps bildeten, das bis 1921 an allen ihren Militäroperationen teilnahm. 1900 gingen 20000 ihrer 34000 Kamele ein, allen Anschein nach an übermäßiger Belastung und unzureichender Pflege. Später beschäftigten die Franzosen Wüstennomaden als berittene Kamelkräfte, so genannte »Méharistes«. Diese »Méharistes« hatten mit ihren Kamelen in der Wüste mehr Erfolg. Sie verfügten stets über zwei Kamele, wobei sie mit dem einen arbeiteten, während das andere sich ausruhte. Auf langen Strecken brauchte also jedes nur die Hälfte der Zeit zu arbeiten. Doch die »Méharistes«, die in der Regel von einem französischen Offizier geführt wurden, verfolgten aufständische Nomaden wie zum Beispiel die Tuaregs über erstaunliche Entfernungen. Bei einem berühmten Aufstand im März 1932 legten Capitaine LeCocq und seine »Méharistes« 770 Kilometer in acht Tagen zurück, während sie den Emir von Adrar verfolgten, der einige ihrer Männer umgebracht hatte. 1911 hetzten Capitaine Charlet und sein Kamelcorps die

Tuareg, die illegal mit Sklaven handelten, über mehr als 7000 Kilometer. Nach solchen Extrembelastungen brauchten die Militärkamele in der Regel sechs bis acht Tage Ruhe. Extrem überlastete Kamele benötigten ein Jahr Ruhe, um sich vollständig zu erholen.

Ist die Reise schnell und lang, wie auf den geschilderten Trecks, bewirkt der extreme Energieverbrauch eine hohe innere Wärmeproduktion. Zusätzliche Wärmezufuhr aus der Umgebung beschwört die Gefahr einer Überhitzung für das Tier herauf. Physiologisch kann das Kamel der Überhitzung durch Schwitzen entgegenwirken. Jedenfalls eine Zeit lang. Da Wasser in der Wüste meist äußerst knapp ist, hängt die Ausdauerleistung des Tieres vor allem vom Wasserhaushalt ab. Vermutlich stirbt ein überlastetes Kamel oder eines, das zu lange unterwegs ist, an Dehydration. Unter diesen Umständen ist es nicht überraschend, dass Kamele elegante Lösungen zur Wasserersparnis entwickelt haben, die der Dehydration und ihren schwächenden Auswirkungen entgegenwirken. Diese Fakten wurden erst in den 1950er Jahren bekannt, als Knut und Bodil Schmidt-Nielsen sie nebst ihren Mitarbeitern in einer Reihe brillanter Versuche entdeckten. Damals war bereits klar, dass die legendäre Ausdauer des Kamels nicht auf seine Ernährungsweise zurückzuführen war. Kamel fressen, was sie kriegen können – praktisch jede Pflanze, sogar Dornenbüsche.

Seit fast 2000 Jahren nahm man an, das Geheimnis hinter der Ausdauer des Kamels sei die Wasserspeicherung. Plinius der Ältere (ca. 23–70 n. Chr.) erklärte, das Kamel speichere Wasser im Magen, eine Auffassung, die lange Zeit Geltung hatte. Noch 1950 stimmte eine wissenschaftliche Veröffentlichung ausdrücklich der Erklärung des Plinius zu und beschrieb eingehend die

Wassersäcke (Drüsen mit Verdauungssäften?) an der Seite des Pansen (den beiden ersten Mägen von Wiederkäuern). Als die Schmidt-Nielsens in ihren Studien herauszufinden versuchten, wie Kamele im heißen Wüstenklima wochenlang zurechtkommen, ohne zu trinken – was einen Menschen schon nach einem Tag niederstrecken würde –, entdeckten sie keine bemerkenswerteren Vorkehrungen zur Wasserspeicherung als bei Rindern, die täglich trinken müssen.

Ein weiterer Mythos, den die Schmidt-Nielsens mit ein paar einfachen Untersuchungen zerstörten, war die Behauptung, das Fett im Höcker des Kamels sei entscheidend für seinen Wasserhaushalt. Der Höcker liefert Schatten, und sein Fett trägt zum Wasserhaushalt bei, aber nur indirekt. Der zehn bis 15 Kilogramm schwere Höcker schrumpft bei einem hungernden und dehydrierten Kamel tatsächlich spektakulär zusammen, doch nur, weil das Fett als Energiequelle aufgebraucht ist.

Beim Nahrungsstoffwechsel entstehen Kohlendioxid und Wasser als Nebenprodukte. Die Menge dieses Stoffwechselwassers, das bei der Verbrennung einer gegebenen Nahrungsmenge hergestellt wird, ist größer, wenn Fett und nicht Eiweiß oder Kohlenhydrate verbrannt wird. Gleichzeitig setzt der Sauerstoff, der für jeden Stoffwechsel erforderlich ist, Atmung voraus, und Atmung führt zum Ausatmen von Luft, die wieder mit Wasser gesättigt ist. Unter Wüstenbedingungen geht in der Regel mehr Wasser durch ausgeatmete Luft verloren als gewonnen wird, wenn Fett nur zur Gewinnung von Wasser oxidiert wird. Folglich ist nichts Wahres dran an der Vermutung, Kamele würden das Fett in ihren Höckern verstoffwechseln, um Wasser zu gewinnen.

Der Höcker des Kamels hat vielmehr die gleiche Funktion wie das so genannte »Fanny Pack«, ein Hüftgürtel mit Tasche und Flasche, den Ultraläufer manchmal verwenden, wenn Verpflegungsstellen selten sind und weit auseinander liegen. Der Höcker birgt keinen Wasservorrat, sondern eher ein Nahrungskonzentrat, etwa die Energieriegel, die sich augenblicklich so großer Beliebtheit erfreuen. Der Vorteil eines Fettvorrats, den man auf dem Rücken trägt, statt ihn gleichmäßig über den Körper zu verteilen, liegt darin, dass dann der Bauch und andere im Schatten liegende Körperoberflächen weniger isoliert sind und damit für die Wärmeableitung aus dem Körperkern zur Verfügung stehen. Noch wichtiger ist vielleicht der Umstand, dass der Fetthöcker wie unsere Kopfbehaarung als Wärmeschutz gegen die senkrecht stehend Sonne am Mittag dient, sodass weniger Wasser durch Schwitzen verloren geht.

Zum Teil liegt das Geheimnis des Kamels einfach auch darin, dass es extrem zäh ist und die Fähigkeit besitzt, ein hohes Maß an Austrocknung zu überleben. Wir sind dem Tode nahe, wenn wir eine Wassermenge verlieren, die zwölf Prozent unseres Körpergewichts ausmacht, doch Kamele können einen Wasserverlust von 40 Prozent ihres Körpergewichts überleben. Nach Dehydration kann eine Kamel 20 bis 25 Prozent seines Körpergewichts mit einem Mal durch Trinken wieder zu sich nehmen. Wie beim Menschen gelangt das aufgenommene Wasser über den Magen relativ langsam in das Blutplasma und braucht rund eine Stunde, um ein 25-prozentiges Gleichgewicht zu erzielen. Doch im Gegensatz zu Menschen können Kamele eine Blutverdünnung ertragen, die andere Säugetiere nicht aushielten. Bei einem bestimmten Maß an Verdünnung blähen sich unsere Blutzellen auf und reißen, mit dem Erfolg, dass wir schwer an Wassertoxizität erkranken und möglicherweise sogar daran sterben, besonders wenn das Wasser ohne

Salze und Zucker ist und daher noch rascher aufgenommen wird als gewöhnlich. Es lassen sich auch keine Empfehlungen für bestimmte Mengen von Wasser oder Flüssigkonzentraten abgeben, die man beim Laufen zu sich nehmen sollte. Die Wassermenge hängt in zu hohem Maße von den Laufbedingungen und dem individuellen Läufer ab. Meist trinken Läufer zu wenig und erleiden einen Herzinfarkt. Für Kamele entstehen keine nachteiligen Folgen, wenn sie zu viel trinken. Die Blutzellen des Kamels können sich um 240 Prozent aufblähen, ohne zu reißen. Bei Menschen und Kamelen enthält das Blutplasma ungefähr 16 Prozent des Körperwassers. Büßt ein Kamel 25 Prozent seines Körperwassers durch Dehydration ein, verringert sich sein Blutvolumen höchstens um ein Prozent, während es beim Menschen um mehr als das Dreifache absinkt und dadurch das Blut verdickt, da die roten Blutkörperchen bleiben. Verdicktes Blut wird zähflüssig wie Sirup, was seinen Fluss stark beeinträchtigt und das Herz belastet. Dadurch verringert sich die Zirkulation des Blutes und damit seine Fähigkeit, die Wärme an die Hautoberfläche zu befördern, wo sie abgeleitet werden kann. Damit ergibt sich die Gefahr eines Herzschlags. Die Erythrozyten, die roten Blutkörperchen, eines Kamels sind sehr oval geformt und relativ klein, wodurch sich die Fließfähigkeit des Blutes erhöht, sodass es trotz Flüssigkeitsverlust noch in den Kapillaren zirkulieren kann.

Dem Wasserhaushalt des Kamels kommt auch zugute, dass es den Wasserverlust in Form von Harn verringern kann. Wir Menschen haben nur die Möglichkeit, Harn zu produzieren, der dünner als Meerwasser ist. Die leistungsfähigen Nieren des Kamels sind hingegen in der Lage, Harn auszuscheiden, der doppelt so konzentriert wie Meerwasser ist. Daher kann es rehydrieren, selbst wenn es Brack- oder Salzwasser trinkt, was uns dehydrieren würde, weil wir Wasser aufwenden müssten, um die aufgenommenen Salze aus dem Körper zu spülen. Weiterhin reduzieren Kamele ihre Harnausscheidung – und damit die Notwendigkeit, dabei Wasser zu opfern – durch eine Mikrobenflora im Pansen. Ihre Darmmikroben recyceln den Harnstoff aus dem Eiweißstoffwechsel zu Protein, das später wieder als Nährstoff aufgenommen wird, statt als Abfallprodukt aus dem Körper gespült zu werden. Durch die Kombination dieser Mechanismen können Kamele mehr Wasser für das Schwitzen aufsparen, was sie befähigt, bei großer Hitze längere Strecken zurückzulegen.

Wie bei vielen anderen Wüstensäugern ist einer der wichtigsten Anpassungsmechanismen seine Fähigkeit, seinen Energieumsatz mittels der Körpertemperatur zu regulieren. Diese ermöglicht es dem Kamel, extreme Ausdauerleistungen bei begrenzter Nahrungs- und Wasserversorgung zu vollbringen. Je höher die Körpertemperatur, desto höher der Energieumsatz und die Wärmeproduktion. Die Verringerung des Energieumsatzes und der Körpertemperatur ist von entscheidender Bedeutung, wenn die externe Wärmezufuhr extrem anwächst und der Organismus dafür sorgen muss, dass ein bestimmter kritischer Temperaturwert nicht überschritten wird, was nur durch Wasserverlust für Schwitzen zu erreichen ist.

Wüstentiere, die direkter Sonneneinstrahlung ausgesetzt sind, müssen ein Paradox lösen. Sie müssen versuchen, den stoffwechselbedingten Wärmeverlust zu erhöhen, was sich besser mit dünnerem Fell erreichen lässt, und sie müssen die Wärmezufuhr durch Sonneneinstrahlung verringern, wozu dickeres Fell erforderlich ist. Dieses Problem lösen sie, indem sie die Isolierung regionalisieren, das heißt, sie haben sehr dünnes oder gar kein Fell an den Körperstellen, die im Schatten liegen, und sehr dickes Fell in den Bereichen, die der Sonne am stärksten ausgesetzt sind. Wie erwähnt, wird die Wärmezufuhr des Kamels durch die Isolierung verringert, für die der Höcker und sehr dickes Fell auf dem Rücken sorgen. Die Oberflächentemperatur des Fells auf dem Rücken des Kamels kann im Sonnenschein 70 bis 80 Grad Celsius erreichen, ohne Schaden anzurichten, was jedoch nur daran liegt, dass diese Temperaturen auf die äußeren Fellschichten beschränkt bleiben, die unmittelbar von der Sonne erhitzt werden. Derartige Temperaturen könnte die Haut selbst nicht ertragen, und ungeschützt würde die nackte Haut bei direkter Sonneneinstrahlung durchaus ähnliche Temperaturen erreichen. Kamele sorgen jedoch dafür, dass die Oberflächentemperatur ihrer Haut nicht weit über 45 Grad Celsius klettert. Es gibt nur ein einziges Mittel, um die Hauttemperatur zu reduzieren: das Schwitzen, das unter heißen Wüstenbedingungen den größten Wasserentzug für Kamele und Menschen bringt. Durch einen Vergleich des Wasserverlustes bei nackten (geschorenen) und unveränderten (nicht geschorenen) Kamelen fand Knut Schmidt-Nielsen heraus, dass ein geschorenes Kamel im Sommer 50 Prozent mehr Wasser verliert als ein Kamel im Besitz seines normalen Fells.

Eine wichtige Wärmequelle bei körperlicher Betätigung ist natürlich interner Natur – die Wärme, die durch die Stoffwechselprozesse des Körpers hervorgerufen wird. Zwar liegen die Lufttemperaturen in der Wüste bei Tage regelmäßig zwischen 40 und 45 Grad Celsius, doch erfolgt nachts gewöhnlich ein Temperatursturz auf Werte um den Gefrierpunkt. Kamele, die unter Wasserentzug leiden, machen sich die niedrigen Nachttemperaturen zunutze, indem sie ihre Kernkörpertemperatur auf 34 Grad Celsius absenken. Am Tage lassen sie die Körpertemperatur auf bis zu 40,4 Grad ansteigen. Die niedrige Temperatur in der Nacht hat den Vorteil, das der Ruheumsatz und damit auch die innere Wärmeproduktion verringert wird. Eine relativ niedrige Körpertemperatur am Morgen hat den zusätzlichen Nutzen, dass die Kamele zwar mit langsamem Tempo beginnen, aber eine gewisse Strecke zurücklegen können, bevor die Körpertemperatur auf Werte ansteigt, die die Tiere zum Schwitzen oder Innehalten zwingen. Ferner gilt, je höher die Temperatur, die sie später ertragen können, desto länger können sie den Wasserverbrauch für die Wärmeregulierung hinausschieben. (Dagegen regulieren Kamele, die über genügend Wasser verfügen, ihre Körpertemperatur in dem viel engeren Bereich zwischen 36 und 39 Grad Celsius.) Die scheinbare Unfähigkeit des Kamels, seine Körpertemperatur zu regulieren, hielt man lange Zeit für eine Schwäche, wie auch sein langsames Tempo. Tatsächlich sind beide jedoch elegante Anpassungsmechanismen für lange Reisen durch die Wüste. Ob ihre Lösungen für Ausdauerleistungen und Wasserersparnis durch frühe Kontakte mit Hitze und Durst hervorgerufen werden, oder ausschließlich Vererbung sind, oder eine Kombination beider Einflüsse, ist nicht bekannt. Wie die Körpertemperatur des Kamels sinkt auch die unsere bei Nacht um zwei bis drei Grad unter den »normalen« Wert ab, wenn sich die Herzfrequenz verlangsamt. Die meisten Menschen brauchen morgens eine Zeit lang, um warm zu werden und in Schwung zu kommen.

Alles in allem sind Kamele dank ihres Wasserhaushalts fähig, in der Wüstenhitze weite Entfernungen zurückzulegen. Zu diesem Zweck beginnen sie langsam mit relativ langsamer Körpertemperatur und ertragen später Dehydration und eine hohe Körpertemperatur. Wenn möglich verringern sie ihre Körpertemperatur, indem sie sich vor der Sonne schützen, und sie verfügen über eine Reihe bemerkenswerter Anpassungsmechanismen, die den Wasserverbrauch für Ausscheidungsfunktionen verringert. Dank der chemischen Beschaffenheit ihres Blutes können sie ein hohes Maß von Dehydration ertragen. Wollte ein Ultraläufer dem Beispiel des Kamels folgen, müsste er in der Hitze lange Haare oder einen Hut tragen und seinen Körper mit *locker* sitzenden Kleidungsstücken schützen. Die häufige Aufnahme von kleineren Flüssigkeitsmengen ist besser als ausgiebiges Auftanken, weil wir nicht über die Anpassungsmechanismen verfügen, mit denen das Kamel seinen Wasserhaushalt reguliert. Uns hat die Evolution mit einem höherem Lauftempo ausgestattet, wofür wir mit größerem Wasserverlust bezahlen. Abgesehen davon wäre ein Ultraläufer schlecht beraten, wollte er dem Beispiel des Kamels folgen und Salzwasser trinken, auf einen Schlag riesige Mengen von Süßwasser in sich hineinschütten oder Dornenbüsche essen.

Kapitel elf

# Athletische Frösche

In Mark Twains Geschichte über den berühmten Springfrosch von Calaveras County wurde der Besitzer des Frosches, der »niederträchtige Jim Smiley«, von einem Fremden herausgefordert, der ihn fragte: »Na, wozu taugt er denn eigentlich?« Smiley erwiderte rasch und ohne nachzudenken: »Er ist nur gut für *eine* Sache, wenn ich es richtig sehe – er kann weiter springen als irgendein anderer Frosch in Calaveras County.« Wie die Geschichte ausging, wissen wir alle: Der Frosch rührte sich nicht vom Fleck, denn als Smiley sich in den Sumpf begab, um einen Konkurrenten für den Wettkampf zu finden, auf den hohe Wetten abgeschlossen worden waren, hatte der Fremde den berühmten Springfrosch mit Vogelschrot vollgestopft.

Seit Mark Twains Zeiten haben sich die Frösche häufig und kräftig von der Stelle bewegt. Wenn nicht ungebührlich beschwert, sind sie in kurzer Zeit zu einer raschen Folge von höchst beeindruckenden Sprüngen in der Lage, das heißt, sie sprinten, indem sie beide Beine gleichzeitig benutzen. Der gegenwärtige Meister ist ein Ochsenfrosch namens »Rosie the Ribiter«, der seine außergewöhnlichen Fähigkeiten in dem mittlerweile jährlich stattfinden »Jumping Frog Jubilee« auf dem Jahrmarkt in Calaveras County unter Beweis gestellt hat. Sie schraubte den Froschweltrekord im Dreisprung auf beachtliche 6,45 Meter. Das reicht nicht ganz an Bob Beamons legendären Olympiarekord im Weitsprung von 8,90 Meter heran, doch für einen Frosch ist eine Weite von fast sechseinhalb Metern schon sehr eindrucksvoll, selbst wenn er drei Sprünge für sie braucht.

Die Beinmuskeln eines Frosches sind für die rasche, explosive Freisetzung von Energie bestimmt. Frösche verbrennen wie sprintende Geparden oder Menschen Kohlenhydrate ohne unmittelbare Verwendung von Sauerstoff, also anaerob. Niemand vollbringt anaerobe Leistungen ungestraft, denn in Sekundenschnelle sammelt sich Milchsäure an und lähmt die Muskeln des betreffenden Geschöpfes. Hätte Rosie ihren Weg nach den drei gewaltigen Sprüngen noch fortgesetzt, sprechen alle wissenschaftlichen Forschungsergebnisse dafür, das jeder weitere Sprung erheblich kürzer geworden wäre.

Menschen tun höchst merkwürdige Dinge, um ihre Neugier zu befriedigen. Ein Kollege von mir jagte an der University of California Eidechsen über eine Minilaufbahn, bis sie nicht mehr weiterkonnten. Dann nahm er sie hoch und zerkleinerte sie in einem Mixer, um messen zu können, wie viel Milchsäure sie erzeugt hatten. Dadurch, dass er diesen Versuch an verschiedenen Eidechsen nach Sprints unterschiedlicher Länge und nach unterschiedlichen anschließenden Ruhephasen durchführte, konnte er feststellen, dass einige Eidechsen eine

Stunde und mehr brauchen, um sich von ihrer Milchsäurebelastung zu befreien. Für Frösche gelten dieselben Bedingungen. Auch Tauchvögel, die längere Zeit unter Wasser bleiben, wo sie keinen Zugang zu Sauerstoff haben, leiden unter der gleichen Milchsäureansammlung. Das ist keine große Entdeckung – nur eine Bestätigung dessen, was wir alle aus eigener Erfahrung kennen. Wenn wir weit kommen wollen, können wir nicht sprinten oder unseren Atem anhalten. Ein Sprint in der Mitte des Rennens ist nicht empfehlenswert. Der Sprint darf erst zum Schluss kommen, weil sie die Sauerstoffschuld erst zurückzahlen können, wenn Sie fertig sind.

Im Gegensatz zu Rosie sind einige Frösche extreme Ausdauersportler, was sie bei jährlich stattfindenden Wettbewerben eindrucksvoll unter Beweis stellen. An diesen Wettkämpfen nehmen ausschließlich Männchen teil, und die Disziplin, in der sie sich messen, ist »anaerobes Rufen«, nicht »anaerobes Weitspringen«. Der Preis ist die Paarung mit Zuschauerinnen. Je länger ein Forsch das energieaufwendige anaerobe Rufen beibehalten kann, desto größer sind seine Chancen, den Preis zu bekommen. Natürlich geben die Männchen alles. Die Wettbewerbe finden nicht ganz so öffentlich statt wie beim Jahrmarkt in Calaveras County, denn an ihnen sind nur gut versteckte Individuen beteiligt, die sich in entlegenen Sumpfgebieten versammeln und den eigentlichen Wettkampf erst lange nach Einbruch der Dunkelheit aufnehmen. Einige dieser Veranstaltungen sind aber auch an der University ob Connecticut durchgeführt worden, wo in den Labors von Theodore L. Taigen und Kentwood D. Wells Details zutage gefördert wurden, die sonst für immer verborgen geblieben wären. Als eine der ersten Erkenntnisse fanden die Forscher heraus, dass der Chorgesang des männlichen Laubfroschs

*(Hyla versicolor)* bei etwa 60 Prozent des $V_{O2\text{-}max}$ der Tiere stattfindet, was fast dem Prozentsatz von Ultraläufern auf langen Rennen entspricht. Die Froschsänger behalten ihre extrem hohe Arbeitsleistung jede Nacht stundenlang bei, anscheinend bis am Morgen die Erschöpfung einsetzt. Wie zu erwarten, halten nicht alle Wettbewerber die ganze Nacht durch.

Bei den Fröschen einiger Arten gibt es Tausende von Wettbewerbern pro Wettkampf, doch individuelle männliche Frösche gehen ihrer anstrengenden Beschäftigung gewöhnlich nach, ohne Sichtkontakt zu ihren Wettbewerbern zu haben. Doch wie Taigen und Wells herausfanden, erhöht ein Frosch seine stimmliche Leistung auf fast 100 Prozent seiner aeroben Kapazität, sobald er eine Zuschauerin sieht. Das vermag er allerdings nicht lange durchzuhalten.

Da sich die Weibchen von den energiereichsten Rufern angezogen fühlen und sich ihm nähern, lohnt es sich für einen männlichen Frosch, der ein Weibchen sieht, während eines eng begrenzten Zeitraums mit aller Kraft zu rufen. Doch in der Dunkelheit kann er nie wissen, ob ein Weibchen in der Nähe ist oder nicht. Wenn er also in der Dunkelheit ruft, muss er sich an das Prinzip Hoffnung halten und so lange und kräftig rufen, wie es ihm möglich ist. Die Frösche mit der höchsten aeroben Kapazität, die also das kräftigste Rufen über den längsten Zeitraum durchhalten können, sind die Männchen, die die meisten Nachkommen zeugen. Das Verhalten der Frösche und die ihm zugrunde liegende Anatomie und Physiologie sind das Ergebnis von vielen Millionen Jahren Evolution. Die optimalen Resultate dieses schwierigen Kompromisses zwischen maximaler Leistungsabgabe und Ausdauer sind heute zu besichtigen.

Körperbau und Physiologie männlicher Frösche unterschieden sich von denen weiblicher Frösche, die an dem energieaufwendigen Chorwettbewerb nicht teilnehmen. Männchen und Weibchen sind zwar gleich lang und haben die gleiche Beinmuskelmasse, doch Männchen wiegen im Durchschnitt 1,25 Gramm, die Weibchen dagegen nur 1,05 Gramm. Dieser Unterschied liegt größtenteils an der stark hyptertrophen Rumpfmuskulatur der Männchen (0,18 Gramm bei den Männchen und 0,03 Gramm bei den Weibchen). Die Rumpfmuskulatur der Männchen ist so gut entwickelt, weil sie die Luft über ihre Stimmbänder pressen müssen, um die Laute zu produzieren, die so außerordentlich kräftig für so winzige Frösche sind. Ohne die Muskelhypertrophie wären die Männchen vermutlich nur in der Lage zu flüstern, anstatt zu rufen. Die Weibchen sind stumm. Einen ähnlichen Geschlechtsdimorphismus in Verhalten, Muskelanatomie und Physiologie beobachten wir bei Heuschrecken und Grillen, die eine ähnliche Paarungsstrategie verfolgen.

Die Rumpfmuskulatur der männlichen Frösche ist im Gegensatz zu den Beinmuskeln in einzigartiger Weise an den aeroben Stoffwechsel angepasst. Diese Muskeln sind wie die von Gänsen, Antilopen und menschlichen Langstreckenläufern dicht mit Mitochondrien besetzt, den kleinen Kraftwerken in den Zellen, in denen sich der gesamte aerobe Stoffwechsel vollzieht. Bei Fröschen enthalten die Mitochondrien die Citratsynthase, ein für den aeroben Stoffwechsel entscheidendes Enzym, in höheren Konzentrationen als bei irgendeinem anderen kaltblütigen Wirbeltier, das bislang untersucht wurde. Außerdem enthalten die Rumpfmuskeln männlicher Frösche im Vergleich zu denen der Weibchen die zwölffache Konzentration der Enzyme Phosphorfructokinase und Beta-Hydroxyacyl-CoA-Dehydrogenase, die für den Fettstoffwechsel zuständig sind. Daraus ergibt sich der Schluss, dass die aerobe Fettsäureoxidation für die Ausdauerleistung des Froschgesangs eine genauso wichtige Rolle spielt wie für den Langstreckenlauf des Menschen. Wie bei allen Tieren ist die Physiologie eng mit dem Verhalten verknüpft, und das Verhalten der Frösche ist von der Evolution so geformt worden, dass über eine sehr lange Dauer ein höchstmögliches Aktivitätsniveau beibehalten wird. Wie beim Ultramarathon setzt das eine exakte Tempostrategie voraus.

Im Labor liefert die Ruffrequenz ein zuverlässiges Maß für den aeroben Energieverbrauch. Im Feld kann man den Energieverbrauch einfach dadurch bestimmen, dass man die Ruffrequenzen bestimmt, so, wie man den menschlichen Energieverbrauch auf der Bahn aus dem Lauftempo herleitet, nachdem man ihn auf dem Laufband im Labor gemessen hat. Aus dem Vergleich zwischen der geschätzten aeroben Leistungsabgabe im Feld und den maximalen Frequenzen, die im Labor beobachtet wurden, können die Forscher berechnen, wie viel Prozent der maximalen Leistungsabgabe die Frösche zu einem gegebenen Zeitpunkt erreichen. Wie erwähnt, erzielen die Frösche fast 60 Prozent, doch zunächst legen sie ein weit bequemeres Tempo vor.

Männliche Laubfrösche beginnen wie viele Ultraläufer langsam, indem sie zu Anfang ihres Abendchors rund 600 Rufe pro Stunde ertönen lassen. Während der nächsten zwei Stunden erhöhen sie ihr Ruftempo allmählich (in welchem Maße, ist von Individuum zu Individuum verschieden). Während des Finales im ersten Morgengrauen, wenn mehr und mehr Teilnehmer ausfallen, gehen sie mit dem Tempo wieder allmählich zurück. Taigen und Wells haben ganze Frösche zerkleinert, um die Ansammlung der Körpermilchsäure messen zu können. Wie sie zeigen konnten, liegen die Milchsäurekonzentrationen in der ersten halben Stunde, obwohl die Frösche langsam beginnen, sehr viel höher – höher als später, wenn die Ruffrequenzen ihren Höhepunkt erreichen! Diese Ergebnisse sprechen entschieden dafür, das die Tiere eine lange Aufwärmphase brauchen, in der sie Glykogen als Nährstoff verwenden, bevor sie zum Fettstoffwechsel übergehen. Gleiches gilt übrigens auch für Heuschrecken während des Flugs und für menschliche Langstreckenläufer. Die Lehre, die wir aus dem Beispiel der Frösche ziehen können, lautet: Beginne langsam und suche dir ein Tempo, das langsamer als die Endgeschwindigkeit ist.

Zur Tempostrategie der Frösche gehört nicht nur, dass sie langsam beginnen, sondern auch, dass sie die Dauer der wiederholten Arbeitsphasen (die Rufe) und die Ruhephasen (die Intervalle zwischen den Rufen) variieren. Viele Ultraläufer, die 24 Stunden oder länger laufen, denken darüber nach, ob es besser ist, unter Beibehaltung der Durchschnittsgeschwindigkeit alle zehn Kilometer einen Kilometer zu gehen, oder ein Zehntel jedes Kilometers zu gehen. Die Daten über das Rufverhalten der Frösche könnten hierfür einen Hinweis liefern.

Die Rivalität zwischen den Froschmännchen bewirkt ebenso tief greifende Veränderungen im Rufverhalten wie die Anwesenheit der Weibchen. Die Frösche stoßen entweder lange oder kurze Rufe aus. Weibchen zeigen eine Vorliebe für die Männchen mit den längsten Rufen. Männchen, die in zahlreicher Gesellschaft rufen oder die mit Rufen von einem Tonband hinters Licht geführt werden, das ihnen die Anwesenheit anderer Männchen vorgaukelt, stoßen zweimal so lange Rufe aus wie isolierte Männchen, die sich meist mit kurzen Rufen begnügen.

Lange Rufe sind energieaufwendiger als kurze, doch in dem Maße, wie die Länge individueller Rufe zunimmt, kompensieren die Frösche den Energieaufwand, indem sie die Ruffrequenz absenken. Diese Ergebnisse widersprechen eigentlich der evolutionären Logik, denn wenn der Energieaufwand für die attraktiveren langen Rufe nicht höher ist als der für die weniger gnädig aufgenommenen kurzen Rufe, warum werden die kurzen Rufe dann überhaupt produziert? Hat die Erzeugung der langen Rufe irgendeinen Nachteil? Den gibt es in der Tat. Er liegt überraschenderweise in einer Verminderung des Stehvermögens: Selbst bei Rufen auf einem gegebenen Energieniveau zeigten die Männchen, die lange Rufe ausstießen, deutlich geringere Ausdauer. Beispielsweise riefen Frösche, die mit einer Durchschnittsdauer von 350 Millisekunden quakten, im Mittel 3,75 Stunden pro Nacht, während es Frösche, deren Rufe eine durchschnittliche Dauer von 500 Millisekunden erreichten, nur auf 2,25 Stunden brachten.

Zum gegenwärtigen Zeitpunkt weiß niemand, warum bei einer gegebenen Energieabgabe das Ausstoßen längerer Rufe die Ausdauer der Frösche erheblich stärker beeinträchtigt als kurze Rufe. Hat es möglicherweise etwas mit der Glykogenerschöpfung zu tun? Aus Untersuchungen an menschlichen Läufern wissen wir, dass der Brennstoff für lange Strecken zwar in erster Linie Fett ist, dass wir aber trotzdem »einbrechen«, wenn das Muskelglykogen (ein Kohlenhydrat) erschöpft ist, selbst wenn Fette noch reichlich vorhanden sind. Nach einer Hypothese, die vorgebracht wurde, tragen Kohlenhydrate und möglicherweise auch Proteine dazu bei, die Bestandteile des zentralen biochemischen Zyklus, des so genannten Krebszyklus, wieder aufzufüllen, sodass er mit der Fettverbrennung fortfahren kann. Ich nehme an, die langen Rufe führen im Unterschied zu den kurzen dazu, dass das Muskelglykogen rascher erschöpft wird, weil jeder einzelne Ruf, obwohl er keine Sekunde dauert, eine sehr energieintensive Anstrengung ist, bei der eher Kohlenhydrate als Fette verwendet werden. Möglicherweise wird also bei langen Rufen etwas mehr Muskelglykogen verwendet als bei kurzen Rufen. In den kurzen Intervallen zwischen den Rufen wird das Glykogen entweder ganz oder teilweise wieder hergestellt. Durch Verlängerung der Rufdauer könnte es zu einer Verlagerung des Gleichgewichts kommen, mit dem Ergebnis, dass die entscheidenden Glykogenspeicher erschöpft werden. Viele tausend Rufe haben den kumulativen Effekt, dass das Glykogen rascher zur Neige geht. Infolgedessen verkürzt sich die Dauer der Aktivität, obwohl noch immer Fettreserven in großem Umfange vorhanden sind.

Ich fragte mich, ob das gleiche Prinzip möglicherweise für menschliche Läufer gilt, die große oder kleine Schritte machen. Die meisten Ultraläufer, ich eingeschlossen, entscheiden sich für kurze Schritte. Lange Schritte sind raumgreifender, jedoch auch ermüdender.

Noch ist es zu früh für endgültige Schlussfolgerungen, doch wenn ich eine Strategie entwürfe, um einen Rekord in einem Sechs-Tage-Rennen aufzustellen, in dem ich notwendigerweise zwischen Gehen und Laufen abwechseln müsste, würde ich meine Schrittlänge kürzen und mich für sehr kurze und nicht für lange Lauf- und Gehintervalle entscheiden. Allerdings habe ich keine Ahnung, was unter »langen« und »kurzen« Intervallen zu verstehen ist. Das ließe sich nur empirisch herausfinden, weil wir keine Daten über Menschen haben, noch weniger über spezifische Individuen, um irgendwelche Schlüsse hieraus ziehen zu können. Allerdings hat mir der Ultraläufer Kevin Setnes berichtet, er habe einen sehr exakten Lauf-/Geh-Rhythmus befolgt, als er 1993 bei der 24-Stunden-Meisterschaft in Olander Park seinen persönlichen Rekord um 56 Kilometer und den amerikanischen Straßenrekord auf 256,6 Kilometer steigerte. Als ich ihn nach seiner Strategie befragte, erwiderte er, die Festlegung des Wechsels zwischen Gehen und Laufen »sei der wichtigste Faktor für die Erreichung der Kilometerleistung gewesen«. Er gab zu, dass ihm die Idee kam, als er einen Artikel über die Ausdauerleistung von Fröschen las, den ich für die Zeitschrift *Ultrarunning* geschrieben hatte, nachdem ich von Taigens und Wells Forschungsergebnissen über Laubfrösche erfahren hatte. Vielleicht sollte ich mich auch danach richten.

Angesichts der Zeit, die ich mir für den geplanten 100-Kilometer-Lauf in Chicago vorgenommen habe, werde ich jedoch nicht in der Lage sein, auch nur eine Sekunde innezuhalten. Die 100 Kilometer sind für Ultraläufer wie die 100 Meter für Sprinter und die 10000 Meter für Langstreckler – die Paradestrecke im Ultramarathonbereich. Trotzdem ist die Distanz viel zu kurz, um auch nur ein einziges Mal innezuhalten, wenn Sie vorhaben, zu gewinnen oder einen Rekord aufzustellen. Es ist auf jedem Abschnitt des Weges ein Rennen mit hohem Tempo. Meine Tempostrategie für das Rennen kann sich also nur auf die allgemeine Laufgeschwindigkeit und die Schrittlänge beziehen, nicht aber auf irgendeinen Rhythmus, in dem sich Gehen und Laufen abwechseln könnten. Ein derartiger Lauf mag heutigen Menschen angesichts des temporeichen Lebensstils, den sie in jüngster Zeit angenommen haben, auch unnatürlich erscheinen. Doch die Art und Weise, wie die meisten von uns heute leben, dürfte wenig mit dem zu tun haben, was wir vor Millionen oder zumindest vielen hunderttausend Jahren tun mussten und unter geeigneten Umständen noch heute tun können. Zwar sind wir nicht ganz sicher, was es war, doch wie der Körper anderer Tiere verrät auch der unsere, welche evolutionären Einflüsse ihn geformt haben. Er zeigt uns, wozu wir auch heute noch fähig sind, wenn wir für die richtigen Bedingungen sorgen.

Kapitel zwölf

# Auf zwei (oder mehr) Beinen laufen

Dem menschlichen Einfallsreichtum mögen die unterschiedlichsten Erfindungen gelingen, doch nie wird er zu einer in der Lage sein, die schöner, einfacher und zweckmäßiger ist als diejenigen der Natur, denn in ihren Erfindungen fehlt nichts und ist nichts überflüssig.

LEONARDO DA VINCI

Ein menschlicher Läufer hat viele strategische Entscheidungen zu treffen. Bei einigen kann er sich an wissenschaftlichen Daten orientieren und sich Tiere zum Vorbild nehmen. Genauso wie ein Maler über die technischen Effekte von Farbkombinationen, die Techniken des Farbauftrags, Schattierungen und Glanzlichter Bescheid wissen muss, ist ein Läufer gehalten, sich über die Physiologie zu informieren, das Medium, über das der Weg zu Höchstleistungen führt. Doch obwohl uns Tiere über den einen oder anderen Mechanismus Aufschluss geben können, ist unsere Leistung, ob wir sie nun in der Malerei oder beim Laufen zeigen, letztlich eine Kunst, weil es so viele Dinge gibt, die sich verändern können.

Ein Aspekt, der natürlich nicht unserer Kontrolle unterliegt, ist der der Anzahl unserer Beine. Nun unterscheidet sich die Zahl der Beine erheblich von Tier zu Tier, genauso wie auch die Laufgeschwindigkeit. Da sich das Laufen in verschiedenen Entwicklungslinien der Gliederfüßer, Dinosaurier, Vögel, Reptilien und einzelnen Gruppen von Säugetieren unabhängig entfaltet hat, stellt sich natürlich die Frage, ob sich die Anzahl der Beine auf die Geschwindigkeit auswirkt. Im vierten Jahrhundert v. Chr. hat Aristoteles gesagt: »Wenn die eine Art besser als die andere ist, kannst du sicher sein, dass es die der Natur ist.« Doch die Art der Natur ist die Vielfalt. Aristoteles war zwar ein genauer Naturbeobachter, doch er wusste offensichtlich nichts von den historischen Einschränkungen, den Kompromissen, die im Zuge der Anpassung erforderlich gewesen waren.

Wir Menschen beispielsweise haben uns aus Quastenflossern entwickelt, die auf vier Gliedmaßen an Land krochen. Mit diesen waren wir in der nachfolgenden Evolution gesegnet oder belastet. Wird die Geschwindigkeit durch Mehrfüßigkeit gefördert oder beeinträchtigt? Bei den Gliederfüßern gibt es eine große Vielfalt in der Beinzahl, die uns einen Vergleich ermöglicht. Tausendfüßer haben je nach Art etwa 100 oder 200 Beine und sie sind ein Musterbeispiel an Langsamkeit, obwohl die meisten ihrer Beine in Wellen arbeiten, das heißt, die einen gehen gleichzeitig nach oben, während die anderen synchron nach unten gehen. Auch die Hundertfüßer mit ihren rund 50 Beinen sind kein Musterbeispiel für Schnelligkeit, es sei denn, wir vergleichen sie mit den Tausendfüßern.

Viele Beine eines Hundertfüßers lassen sich verlängern und demonstrieren eine neue Fluchtstrategie. Eine Art der Hundertfüßer und die Weberknechte, ein Spinnentier, werfen auf der Flucht Beine ab. Die isolierten, zuckenden Gliedmaßen lenken die Verfolger ab, während ihr Besitzer davonrennt. Spinnen mit acht Beinen sind schneller als Hundertfüßer und können für jedes Bein, das sie verlieren, ein neues nachwachsen lassen. Vielleicht brauchen sie sie alle zum Netzbau und zur Fortbewegung. Insekten haben sechs Beine, und einige von ihnen, wie die erwähnten Tigerkäfer, sind außerordentlich schnelle Läufer, zumindest an warmen Tagen. Andere sind von mühseliger Langsamkeit.

In Hinblick auf Effizienz und Koordination der Bewegung können nur wenige Insekten mit den Schaben mithalten. Inzwischen ist weitgehend geklärt, wie diese Insekten laufen. Mithilfe von Hochgeschwindigkeitskameras hat man festgestellt, dass der Meisterläufer, die amerikanische Schabe *(Periplaneta americana)*, drei Beine anhebt und drei auf dem Boden hat. Das erste und dritte auf der einen Seite und das zweite auf der anderen werden als Einheit verwendet. Die Schabe bewegt sich, indem sie diese Dreibein-Einheiten abwechselnd verwendet. Der Unterschied zwischen Gehen und langsamem Laufen wird einfach durch das Tempo bestimmt, in dem die Dreibein-Schritte erfolgen. Doch wenn es wirklich schnell wird, greifen einige Schabenarten zu einem gänzlich anderen Hilfsmittel. Sie breiten ihre Flügel aus, verlegen das Körpergewicht nach hinten und werden zu Zweifüßern, indem sie nur auf ihren Hinterbeinen laufen. Amerikanische Schaben können auf diese Weise etwa 50 Körperlängen in der Sekunde zurücklegen. So gemessen laufen sie ungefähr viermal so schnell wie ein Gepard, das schnellste Landtier, legt man die absolute Geschwindigkeit zugrunde.

Zwischen Schabenarten gibt es große Unterschiede. David George Gordon, der das maßgebliche Werk über Schaben geschrieben hat, weist darauf hin, dass die deutsche Schabe »schon einen guten Tag erwischen muss, um sich schneller als 30 Zentimeter pro Sekunde zu bewegen«. Die Madagaskar-Fauchschabe ist noch langsamer. Sie ist ein mühsam humpelndes Geschöpf, bei dem bisher noch niemand das Interesse (oder die Geduld) aufgebracht hat, ihre Geschwindigkeit zu messen. Arwin Provonsha sagt mit Bezug auf die amerikanischen Schaben: »Diese Tierchen sind zum Laufen geboren.« Und er muss es wissen, denn er ist der Kurator der Insektensammlung an der Purdue University und Veranstalter der US-amerikanischen Insektenmeisterschaft, an der vorwiegend amerikanische Schaben teilnehmen. Dabei stellen die Tierchen ihre läuferischen Qualitäten auf maßgeschneiderten Rennkursen unter Beweis. Die Konkurrenten werden vom entomologischen Fachbereich der Universität zur Verfügung gestellt. Diese Vollblüter haben sprechende Namen wie »Heißere Flitzer«, »Kloaken-Sam«, »Ekelpaket« und so fort und tragen auf dem Rücken Markierungen mit Akrylfarben, damit sie für die Zuschauer (im Jahr 1995 mehr als 7000) zu unterscheiden sind. Was die Teilnehmer zum Laufen veranlasst, ist der Anblick des Tageslichts. Bis die Pistole des Starters ertönt, befinden sie sich im Dunkeln. Letztlich laufen die Teilnehmer um ihr Leben, denn in den mehr als 500 Millionen Jahren ihrer Evolutionsgeschichte war die Schabe, die nicht blitzschnell in einem dunklen Versteck verschwinden konnte, eine tote Schabe. Wenn sie jedoch groß sind, gut gepanzert und mit eindrucksvollen Verteidigungswerkzeugen ausgerüstet wie die Madagaskar-Fauchschabe, dann brauchen Sie nicht schnell zu laufen und werden es vermutlich auch nicht tun. (Bei den US-amerikanischen Meisterschaften werden die Madagaskar-Fauchschaben daher auch nicht in den reinen Laufwettbewerben eingesetzt, sondern im Kraftsport: Sie ziehen kleine grüngelbe John-Deere-Traktoren.) Dieser Schabenwettlauf hat auch einen ernsthaften Hintergrund. Auf der einen Seite geht es natürlich um die Wetten, auf der anderen aber auch um die Entdeckung, dass Schaben ihre enorme Geschwindigkeit letztlich auf nur zwei Beinen erreichen.

Alle großen vierfüßigen Dinosaurier waren wahrscheinlich langsam oder bestenfalls Kurzstreckenläufer, doch die zweifüßigen (*Gallimimus*, *Compsognathus*, *Velociraptor* und andere) waren nach paläontologischen Befunden extrem schnell auf ihren zwei Beinen. Der Strauß, ein zweibeiniger Nachfahr der Dinosaurier, ist ein wunderbar eleganter Läufer, der es locker auf 70 Stundenkilometer bringt und diese Geschwindigkeit über große Strecken beibehalten kann. Zwar laufen viele der heutigen Echsen recht gut auf vier Beinen, doch einige Arten – Leguane, Schmetterlingsagame *(Leiolepis belliana belliana)* und andere – erreichen ihre Höchstgeschwindigkeit nur, indem sie sich auf die Hinterbeine aufrichten. Durch das Umschalten von der vierbeinigen auf die zweibeinige Gangart kann der Leguan seine Geschwindigkeit dermaßen steigern, dass er sogar über das Wasser laufen kann, weshalb er auch manchmal »Jesus Lizard« (Jesusechse) genannt wird. Wenn Schaben und Echsen ihre Geschwindigkeit dadurch steigern können, dass sie zweibeinig werden, dann erscheint es einleuchtend, dass unsere eigene Evolution von halb-vierfüßigen affenartigen Vorfahren zum zweifüßigen Menschen ebenfalls Auswirkungen auf die Laufgeschwindigkeit hatte – kein alles entscheidender, jedoch ein bedeutender Faktor.

Zweifüßigkeit bei Säugetieren ist mit einer relativ offenen trockenen Umgebung verknüpft, in der weite Sicht und rasche Fortbewegung von höchster Bedeutung für Nahrungssuche und Flucht vor Räubern sind. Die zweifüßigen Säugetiere, die einem dabei sogleich einfallen, sind die Kängurus in Australien, die Springhasen und frühen Hominiden in Afrika, die Taschen- und Hüpfmäuse in Nordamerika und die Wüstenrennmaus in Asien.

Alle zweifüßigen Tiere, die schnell laufen, bewerkstelligen das mithilfe langer Sprünge, entweder indem sie die Beine abwechselnd benutzen oder indem sie sich mit beiden Beinen gleichzeitig abstoßen. Der Fuß, der auf dem Boden aufsetzt, ist einer erheblichen Belastung ausgesetzt, und diese Belastung kann einen potenziellen Verlust an Energie bedeuten. Doch die Evolution hat einige Mechanismen hervorgebracht, mit denen sich diese sonst verschwendete Energie nutzen lässt. Es handelt sich um anatomische Mechanismen. Wird der Fuß bei der Landung zusammengepresst, streckt sich die Achillessehne, und wenn dann der Fuß beim Absprung auf den Zehen ruht, zieht sich die Sehne wieder zusammen und setzt die gespeicherte Energie frei. Bis zu 40 Prozent der beim Aufprall absorbierten Energie wird in dieser Sehne gespeichert und vom Körper für den nächsten Schritt genutzt. Auch das Gewölbe unseres Fußes wird eingedrückt und speichert Energie. Aus Experimenten wissen wir, dass bis zu 70 Prozent der Energie, die vom zusammengedrückten Fußgewölbe aufgenommen wird, wieder freigegeben werden (obwohl die Elastizität der Muskeln und Sehnen, die uns mit der nötigen Schnellkraft versorgen, im Alter erheblich nachlassen). Offenbar spielt auch der Untergrund, auf dem wir laufen, eine große Rolle. Ein Umstand, der Leichtathleten, die auf der Bahn laufen, wohlbekannt ist. Ihre besten Zeiten erzielen Läufer auf Bahnen, die fünf bis acht Millimeter dick ist (etwa der gleiche Betrag, um den auch das elastische Fußgewölbe zusammengedrückt wird). Wie Experimente mit verschiedenen Bahnbelägen von unterschiedlicher Festigkeit gezeigt haben, können sie bis zu 90 Prozent der in ihnen gespeicherten Energie zurückgeben.

Genauso verhält es sich mit den Laufschuhen. Doch die Elastizität der Schuhe muss auf den Untergrund abgestimmt sein, damit der Aufprall des Schrittes nicht vollkommen absorbiert und die Energie nicht vergeudet wird. Wer gute, federnde Schuhe verwendet und gleichzeitig auf einer elastischen Bahn läuft, darf dennoch nicht hoffen, bei jedem Schritt mehr Energie zurückzubekommen, als er aufgewendet hat. Im Gegenteil, die Energie hebt sich unter Umständen auf. Es ist wie bei einem Ball. Ein Gummiball springt von einem harten Untergrund höher ab als von einem Untergrund, der nachgibt.

Ausgehend vom Bau unseres Fußes ergibt sich der Schluss, dass das Barfußlaufen auf einem geeigneten Untergrund sehr effizient sein müsste, vorausgesetzt, die Fußsohlen sind so hart, dass man die Füße kräftig genug aufsetzen kann, um die Federwirkung des Fußgewölbes zu nutzen. Wie berichtet, hatte ich in Afrika einen Versuch mit dem Barfußlaufen gemacht und feststellen müssen, dass meine Fußsohlen auch nicht annähernd hart genug waren. Was für Abebe Bikila offensichtlich nicht galt, als er 1960 bei den Olympischen Spielen in Rom den Marathonlauf barfuß in der Rekordzeit von 2:15:16,2 gewann. Allerdings lief er bei den nächsten Olympischen Spielen in Tokio vier Minuten schneller, obwohl oder vielleicht weil er dieses Mal Laufschuhe trug. Soweit ich weiß, haben alle späteren Läufer, die unter 2:10 liefen, Schuhe getragen.

Angefangen bei Käfern, Schaben, Straußen und Geparden hat die Evolution größere Laufgeschwindigkeit immer mit einer Verringerung der Fußgewichts verknüpft, die sie durch weniger Finger und Zehen erreicht hat, sowie eine Verlängerung der Füße und Zehen. Am deutlichsten zeigt sich diese Tendenz bei der Evolution des Pferdes. Pferde laufen auf der Spitze nur eines einzigen erheblich verstärkten und verlängerten Zehs an jedem Fuß, wobei ein zweiter, kleinerer Zeh für die seitliche Stützung des ersten sorgt. Rotwild und Antilopen laufen auf den Spitzen zweier Zehen, doch die Mittelfußknochen dieser beiden Zehen sind miteinander zu einem verlängerten Knochen verwachsen. Ein erheblich verlängerter Fuß macht das Bein an seinem unteren Ende leichter, weil die Hauptmuskeln, die das Bein bewegen, oben, in der Nähe des Rumpfes sitzen und mit dem Fuß über lange Sehnen verbunden sind. Diese Anordnung trägt nicht nur dazu bei, den Schritt zu verlängern, sondern auch, Energie zu sparen, denn ein leichtes Bein kann rascher und leichter vor und zurück geschwungen werden als eines, das an seinem Ende schwerer ist.

Im Vergleich zu unseren Vettern, den Affen, deren fünf Zehen an den Füßen noch immer vollkommen greiffähig sind, sind unsere Füße vorzüglich zum Laufen geeignet. Da wir das mühelose Klettern zugunsten des schnellen Laufens aufgegeben haben, sind unsere Zehen jetzt fast nutzlos. Wir können sie nicht zum Greifen verwenden, und um unsere Höchstgeschwindigkeit zu erreichen, laufen wir »auf den Zehen«, wobei die meiste Kraft beim Abdrücken des Fußes vom großen Zeh übertragen wird. Wenn wir sprinten, berührt der hintere Teil unseres Fußes kaum den Boden und dient praktisch nur der Verlängerung des Beins. Die Kraft sitzt im vorderen Ende des Fußes. Uns entstünden keine praktischen

Nachteile, wenn alle unsere Zehen miteinander verschmölzen oder die großen Zehen unter Wegfall der anderen verlängert würden, vorausgesetzt, wir hätten im Leben keine andere Aufgabe, als möglichst schnell zu laufen.

Wir wissen nicht, welche Variablen die Evolution verändern könnte, um uns auf Kosten der Ausdauer mit größerer Geschwindigkeit auszustatten, doch zweifellos wären es eine ganze Anzahl. Wenn das Beispiel anderer Tiere relevant ist und wenn wir einigen Millionen Jahren strenger Selektion für Geschwindigkeit unterworfen wären, würde die Evolution zweifellos unsere Füße verändern! Wie erwähnt, sind die meisten Läuferinnen – sogar die besten – langsamer als Männer. Es gibt keine schlüssige Erklärung für diesen Unterschied. Könnte die Fußlänge ein Faktor sein? Die Füße von Frauen sind kürzer als die von Männern, und in einer informellen Untersuchung, die ich vorgenommen habe, zeigte sich, dass sie vermutlich sogar kürzer sind, als man aufgrund der Körpergröße generell annimmt. Waren Männer in Bezug auf die Laufgeschwindigkeit einem größeren Selektionsdruck ausgesetzt als Frauen?

Für einige Tiere können Beine sogar eine Beeinträchtigung sein. Ein sehr schnelles Wirbeltier, dem ich auf der afrikanischen Akaziensteppe begegnet bin, hatte überhaupt keine Beine. Jung und töricht, wie ich war, wollte ich die Haut dieses exotischen Tiers als Trophäe. In dem kurzen, trockenen Gras hatte ich meine Beute unter einen Busch gescheucht. Als ich mich weit genug genähert hatte, um das Tier mit meiner Flinte zu erlegen, erblickte ich eine rasche Bewegung und zwei glänzende, kohlschwarze Augen. Fast im selben Augenblick machte das Geschöpf einen Ausfall gegen mich. Ich sprang zurück und begann zu laufen. Ein Blick zurück überzeugte mich davon, dass es mir dicht auf den Fersen war. Die Furcht verlieh mir Flügel, und so erreichte ich bald einen sandigen Fleck, an deren Rand die wütende Kobra innehielt, sich zu einer Höhe von fast einem Meter aufrichtete und mich anstarrte. Ich drehte mich um und schoss. Nach meinem Aufenthalt in Afrika veräppelten mich meine Teamkollegen in Maine, indem sie behaupteten, erst dieser Zwischenfall in Afrika habe mich das Laufen gelehrt. Vielleicht tat er das im eigentlichen, evolutionären Sinne. Wir alle haben die Vorzüge der Geschwindigkeit auf diese Weise gelernt.

Kobras sind lange, dünne Schlangen, bei Berührung so glatt wie geschliffenes Glas, eine Eigenschaft, die ihrer Gleitfähigkeit zugute kommt. Schlangen bewegen sich ganz ähnlich wie Fische vorwärts, das heißt, sie üben eine seitliche Kraft auf ein Medium aus, in dem sie wenig Reibungswiderstand haben. Im Grunde ist es das gleiche Prinzip, das auch dem Segeln zugrunde liegt, nur dass dort der Wind anstelle der Muskelkraft die Energie für die Vorwärtsbewegung liefert. Zwar erwecken Raupen den Anschein, als liefen sie, tatsächlich aber bewegen sie sich wie Seehunde an Land – durch Wellen, die peristaltisch von hinten nach vorne verlaufen. Wenn Sie ein Vorstellung davon gewinnen möchten, wie diese Bewegung genau aussieht, stellen Sie sich ein Hotdog oder Ähnliches mit halbflüssigem Inhalt vor, der von einer elastischen, halbstarren Außenhaut umgeben ist. Innere Muskeln ziehen das Gebilde rhythmisch vom Schwanz bis zum Kopf zusammen, und überall dort, wo die Kontraktionswelle einen Punkt des Körpers erreicht, wird dieser Teil vom Boden aufgehoben und einen »Schritt« vorwärts transportiert, wenn sich die Raupe streckt. Die Geschwindigkeit hängt weitgehend von der »Schrittfrequenz« und nicht der Länge ab. Die Beine der Raupe bieten Halt und Verankerung, haben aber zu diesem Zeitpunkt der Evolution nicht mehr das Geringste mit ihrer ursprüngliche Funktion zu tun – nämlich direkt für die Fortbewegung zu sorgen. Ihre Beine zeigen uns, was sie einst taten. Auch die Vorfahren der Schlangen hatten Beine, die für die Fortbewegung irgendwann überflüssig, wenn nicht sogar hinderlich wurden. Trotzdem haben einige Schlangenarten noch rudimentäre Beinansätze im Körperinneren.

Auch beim Menschen gibt die Morphologie Hinweise auf unsere Evolutionsgeschichte. So schreibt Charles Darwin im *Ursprung der Arten*: »Organe von heute geringer Bedeutung sind in manchen Fällen wahrscheinlich für einen früheren Vorfahren wichtig gewesen und nach langsamer Vervollkommnung in früherer Zeit auf die heute lebenden Arten fast in demselben Zustand vererbt worden, obgleich ihr jetziger Wert nur noch gering ist.« Der Bewegungsapparat eines Tieres gibt Hinweise auf den Selektionsdruck, der auf den Organismus eingewirkt hat. Entsprechend sind unser Nervensystem und unsere fundamentalen Verhaltenstendenzen genauso ein Produkt der natürlichen Selektion wie unsere Muskeln und Knochen.

In Morphologie und Verhalten spiegeln wir unsere Vergangenheit wider. Um gut zu laufen, brauchen wir daher nicht nur die effiziente Zweifüßigkeit, sondern auch elastische Achillessehnen, starke große Zehen und, vielleicht mehr als alles andere, ganz besondere psychologische Voraussetzungen. Ich werde im Folgenden eine Hypothese entwickeln, die erklären könnte, um welche psychologischen Voraussetzungen es sich handelt und wie sie in unserer Vorgeschichte, bei unseren affenartigen Vorfahren in der afrikanischen Savanne, entstanden sein könnten.

Kapitel dreizehn

# Die Evolution intelligenter und laufender Affenmenschen

Wenn du läufst, erwacht der Jäger in dir. Laufen, das heißt,
50 Kilometer hinter einer Beute herzujagen,
die dir auf kurze Strecken hoffnungslos überlegen ist,
sie zur Strecke zu bringen und in dein Dorf zu schleppen,
für das sie neues Leben bedeutet. Das ist eine schöne Sache.

SHAWN FOUND – US-Meister des Jahres 2000 über 25 Kilometer

Die affenartigen Tiere, die unsere Vorfahren waren, dürften merkwürdige Geschöpfe gewesen sein. Möglicherweise waren sie zunächst plumpe Aasfresser auf der afrikanischen Ebene und haben sich erst später zu zweifüßigen Raubtieren entwickelt. Sie waren weder groß noch schnell, noch vermochten sie diese Nachteile durch Sozialverhalten und Schlauheit auszugleichen.

Dieses Szenario unserer Evolution als zweifüßige Affen, die in der Savanne jagten und sich irgendwann zu Menschen entwickelten, ist wie ein großes Haus mit vielen Zimmern, die sich in verschiedenen Abschnitten der Fertigstellung befinden – vom Rohbau bis zur fast vollständigen Beendigung. Zustande gekommen ist es mittels ständigen Um- und Ausbaus durch die Hand vieler Baumeister von höchst unterschiedlicher Befähigung. Die verschiedenen Teile verdanken wir Paläontologen, Anthropologen, Verhaltensforschern, Ökologen, Physiologen und Anatomen. Ich möchte versuchen, einige der Anhaltspunkte und Gründe für den Bau des Grundgerüstes dieses Hauses zu nennen, das so vieles enthält. Anschließend möchte ich einige Konsequenzen untersuchen, die mit unseren psychologischen und physiologischen Fähigkeiten als so genannte Ausdauerräuber zu tun haben. Im Rahmen des vorliegenden Buches kann ich nicht alle Pro und Contra der einzelnen Punkte erörtern. Ich kann lediglich das Szenario beschreiben, das mir am sinnvollsten erscheint. Und ein zentraler Aspekt dieses Szenarios scheint mir unsere Ausdauer zu sein. Ein Schlüssel für Ausdauer ist, wie alle Langstreckler wissen, nicht nur die Beschaffenheit der Schweißdrüsen, sondern auch und vor allem die visionäre Kraft des Läufers. Um größere Ausdauerleistungen zu vollbringen, bedarf es eines klaren Ziels und der Fähigkeit, es im Geiste vor sich zu sehen – sich zu vergegenwärtigen, was man noch nicht vor Augen hat. Nur unsere visionäre Kraft ermöglicht uns, nach der Zukunft zu greifen, egal, ob es darum geht, eine Antilope zu erlegen oder eine Rekordzeit zu laufen.

Unsere Spezialisierung als zweifüßige Läufer umfasst eine Geschichte von mindestens sechs Millionen Jahren. Wahrscheinlich begann sie in Afrika, als die offenen oder halboffenen Ebenen die Wälder zu verdrängen begannen, und als sich die Entwicklungslinie unserer Vorfahren von denen der anderen affenartigen Geschöpfe abspaltete, weil sich unsere Vorfahren aus den Wäldern ins Freie trauten, um sich von der Vielzahl der Pflanzenfresser zu ernähren, die ihrerseits von den wachsenden Grasmeeren lebten. Allerdings gab es dort viele andere Räuber, vor denen man sich nun nicht mehr auf die Bäume retten konnte. Auch Verstecke gab es kaum.

Das Leben auf den Ebenen führte zu einem Wettrüsten zwischen Raub- und Beutetieren. Hier begegnen uns Sprinter wie der Gepard und die verschiedenen Antilopenarten, auf die er Jagd macht. Auf den Ebenen lebten (und leben auch heute noch) auch kooperative Räuber, wie die in Rudeln jagenden Hunde und Hyänen, die ihre Beute reißen, indem sie sich die Schwäche zunutze machen, die extrem hohe Laufgeschwindigkeiten nach sich ziehen, nämlich mangelnde Ausdauer. Die sprintenden Beutetiere suchten und fanden ihrerseits Sicherheit in der großen Zahl. Antilopen sind ausgesprochene Herdentiere.

Die ersten zweibeinigen Hominiden waren zweifellos keine besonders guten Läufer und daher auf Alternativen angewiesen, um zu überleben. Vermutlich haben sie bei der Jagd kooperiert, wie es heute noch einige Affen tun. Auf der Ebene wurden sogar einige normalerweise solitär lebende Räuber sozial, um jagen zu können. Ein bekanntes Beispiel sind die Löwen, die im Unterschied zu allen anderen Katzen in Rudeln leben.

Aber natürlich war auch die Geschwindigkeit nützlich und notwendig. Wir sind nie 100 Stundenkilometer schnell gelaufen wie ein Gepard, aber ein Gepard braucht auch nicht eine Stunde lang zu laufen. Ihm genügt meist eine halbe Minute, aber er kann auch eine ganze Weile länger durchhalten, bevor sich die Probleme von Überhitzung und Milchsäureansammlung bemerkbar machen und er innehalten muss. Die in punkto Geschwindigkeit benachteiligten Hominiden besaßen neben dem erwähnten Sozialverhalten noch andere Vorteile. Außer den Händen, die sich zum Klettern, Werfen und letztlich zum Werkzeuggebrauch eigneten, und einem Intelligenzvorteil entwickelten sie auch unter Beibehaltung der aufrechten Haltung läuferische Ausdauer.

Lange Zeit konnte man sich die Zweifüßigkeit des menschlichen Laufens nicht erklären, weil das vierfüßige Laufen weniger Energie verbraucht. Trotzdem dürfte bei der Überwindung langer Strecken auf den Ebenen die Zweifüßigkeit einen erheblichen Fortschritt gegenüber der Fortbewegung auf den Fingerknöcheln dargestellt haben, wie sie die Vorfahren der Hominiden praktizierten. In der Evolution ist fast jede Lösung ein Ergebnis von Kompromissen. Ein Teil der Energieeffizienz wurde preisgegeben, um die Hände für andere Verwendungszwecke zu befreien. Beispielsweise konnte man die Hände nicht nur zum Werfen von Steinen und Stöcken und später zur Herstellung, zum Tragen und zur Verwendung von Waffen verwenden, sondern auch, um Kinder zu tragen und Beutetiere ins Lager zu schleppen. Vermutlich konnten unsere Vorfahren, wie heutige Schimpansen, lediglich Objekte schleudern. Wenn sie sich aufrichteten, konnten sie weiter sehen und sich, wenn erforderlich, in mehrere Richtungen gleichzeitig verteidigen.

Nach einer Hypothese, die der britische Physiologe Peter Wheeler vorgeschlagen hat, entwickelte sich unsere Zweifüßigkeit teilweise im Rahmen der Wärmeregulation unter den Bedingungen der sengenden Tropensonne. Wie das Beispiel der Schwärmer, Bienen und Kamele zeigte, führt die Verringerung der Wärmezufuhr oder die Verbesserung der Wärmeableitung zu größerer Ausdauer. Wheeler fotografierte ein humanoides Modell in zweifüßiger und vierfüßiger Haltung und stellte fest, dass es in zweifüßiger Haltung 60 Prozent weniger direkte Sonneneinstrahlung erlitt. Ferner fängt der Körper in dieser Position besser eine Brise auf, die Konvektionskühlung bringt. Wie erwähnt, kann Zweifüßigkeit die Geschwindigkeit erhöhen, doch selbst wenn das nicht der Fall war und wenn sie mehr Energie kostete, war es von Vorteil, sie beizubehalten, statt die Werkzeug gebrauchenden Hände aufzugeben, die Sichtweite einzuschränken und die Ausdauerleistung der Hitze preiszugeben. Alles in allem ist die Zweifüßigkeit des Menschen also keineswegs ein Rätsel.

Die Hominidenlinie, zu der wir gehören, zweigte vermutlich vor etwa fünf bis acht Millionen Jahren von den affenartigen Tieren ab. Die ersten fossilen Spuren dieser Hominidenlinie wurden in 4,4 Millionen Jahre alten Gesteinsschichten in Äthiopien entdeckt, die auf ein Wesen namens *Ardipthecus ramidus* hindeuten. Die Australopithecinen, die »Südlichen Affenartigen« (so benannt, weil sie in Südafrika entdeckt wurden), die von *Ardipithecus* abstammten, waren Verwandte des heutigen Menschen mit kleineren Gehirnen, gingen aber, wie die Überreste ihrer Skelette und ihre Fußabdrücke erkennen lassen, schon aufrecht. *Australopithecus afarensis*, eine Art, die es durch »Lucy« zu Berühmtheit gebracht hat, jene 1,05 Meter große Frau, die 1974 in Äthiopien entdeckt wurde –, gehört zu den bekanntesten Fossilien, die von *Australopithecinen* gefunden wurden. Die *Australopithecinen* waren zweifüßige Verbindungsglieder zwischen den affenartigen und den *Homo*-artigen Formen und dürften kaum in der Lage gewesen sein, den großen Räubern davonzulaufen. Folglich müssen sich die *Australopithecinen* mit anderen Mitteln verteidigt haben. Die läuferische Ausdauer, die sich anschließend beim Menschen entwickelte und die von den *Australopithecinen* übernommen wurde, muss sich unter einem Selektionsdruck entwickelt haben, der nicht in der Notwendigkeit wurzelte, Räubern zu entkommen.

Höchstwahrscheinlich vertauschten die *Australopithecinen* die Wälder mit den gefährlichen Ebenen nicht, um

Räubern zu entkommen, sondern um dort Nahrung zu suchen, trotz und vielleicht wegen der Räuber, die dort lebten. Fleisch gab es auf den Ebenen in Hülle und Fülle für all jene, die es zu fangen in der Lage waren, jene, die es anderen Fleischfressern wie Leoparden, Geparden und Löwen wegzunehmen, und jene, die es gegen Hyänen, Schakale und Geier zu verteidigen vermochten.

Wenn wir von der einleuchtenden Annahme ausgehen, dass die *Australopithecinen* wie die meisten heutigen Affen in Gruppen lebten, lässt sich ohne große Schwierigkeiten ein plausibles Szenario entwerfen, das erklärt, wie sie sich ihre Nahrung verschafft haben könnten. In Gruppen wandernd sind sie hin und wieder auf einen von Raubtieren getöteten Tierkadaver gestoßen und haben die Besitzer mit Stöcken und Steinen verjagt. Nachts dürften solche Eroberungen schwierig gewesen sein, deshalb werden sie wohl meist am hellichten Tag stattgefunden haben, wenn der Räuber sich in den Schatten zurückgezogen und die Beute unbeaufsichtigt zurückgelassen hatte oder sie zumindest nicht mit aller Entschlossenheit verteidigte.

Intelligente Hominiden haben sicherlich rasch gelernt, wie man Kadaver findet. Vor einigen Jahren legte ich ein totes Pferd vor dem Haus meiner Mutter in Maine ab, um damit Raben zu füttern. Ihre beiden Hunde fanden den Kadaver, indem sie sich an der Rabenschar orientierten. Seither sind die Hunde eifrige Rabenbeobachter. Die frühen Hominiden dürften sicherlich ebenso gut wie kreisende Geier, die Hunde meiner Mutter oder ich selbst in der Lage gewesen sein, die Anzeichen einer kürzlich gerissenen Beute zu erkennen und ihnen nachzugehen.

Im afrikanischen Buschland müssen die meisten Räuber häufig Beute machen, weil alles Fleisch, das sie nicht sofort verzehren, entweder von Aasfressern verputzt wird oder rasch verdirbt. Unter den Aasfressern gibt eines lebhafte Konkurrenz. Alle wollen als Erste an der Stelle sein, wo eine Beute gerissen wurde, und die Schnellsten kommen mit Flügeln. In einem intakten nördlichen Ökosystem wie dem Yellowstone Park verhält es sich genauso, nur dass dort die Aasfresser, die sich binnen einer Minute einstellen, nachdem Wölfe ein Beutetier gerissen haben, Raben und keine Geier sind. Anschließend richten sich Adler, Bären und Kojoten nach den Raben, um sich ebenfalls dorthin zu begeben. Im Yellowstone Park ist sieben Stunden, nachdem Wölfe einen Elch gerissen haben, von dem Tier nichts mehr übrig außer den Knochen. In Afrika werden sogar die Knochen gefressen (von den Hyänen), und die Kadaver verschwinden noch schneller.

Während des Jahrs, das ich in Tansania verbrachte, entdeckte ich eines Morgens eine herrenlose tote Kuh in einem tiefen Flussbett. Am Nachmittag, als ich wieder vorbeikam, fraßen weit mehr als 100 Geier von dem Kadaver und aus allen Richtungen strömten immer neue herbei. Auch Geier finden Kadaver, indem sie auf andere Geier achten, und ihre Mobilität gestattet ihnen, die Nische der Tagesstunden zu nutzen und sich von dem Fleisch zu ernähren, das die Räuber übrig lassen. Ein ähnlicher Wettbewerb um die von den Raubtieren zurückgelassenen Kadaver mag sich in den Grassavannen entfaltet haben, in denen sich unsere anthropoiden Vorfahren entwickelten. Damals wie heute ist die Fähigkeit, schnell und lange unterwegs zu sein, sicherlich von Vorteil, gestattet sie einem doch, die Kadaver zu erreichen, bevor die Konkurrenten sie verschlingen. Irgendwann haben die Hominiden dann wohl ihre Mobilität in der Tageshitze dazu benutzt, sich durch die Jagd selbst frisches Fleisch zu verschaffen.

Obwohl die ersten *Austrolopithecinen*-artigen Hominiden vermutlich nicht schnell genug waren, um gesunde, erwachsene Antilopen zu Tode zu hetzen, hatte es zweifellos viele Vorteile für sie, ihre Schnelligkeit zu verbessern. Die Wettrennen mit Aasfressern und anderen Mitgliedern der eigenen Art, ihren erbittertsten Konkurrenten, wurden wahrscheinlich zum Ausgangspunkt für Wettrennen mit lebendigen Beutetieren. Sobald die Hominiden schnell genug waren, konnten sie sich wahrscheinlich schwächere Beutetiere holen, wie Kälber, alte und kranke Tiere.

Letztlich war vermutlich nicht so wichtig, wie sich die Hominiden üblicherweise ernährten, sondern wozu sie in Zeiten größter Not fähig waren, wenn es keine kranken oder verletzten Tiere gab. Wahrscheinlich hat die Lauffähigkeit auf den Ebenen erheblich an Wert gewonnen, als das Fleisch zu einem wichtigen Teil der Ernährung geworden war. Vor etwa zwei bis drei Millionen Jahren hatten die zweifüßigen Hominiden der Ebenen bereits eine ganz ähnliche Bein- und Fußform wie wir. Die versteinerten Fußabdrücke, die Mary Leakey entdeckte, zeigen, dass diese Hominiden bereits wie wir gegangen sind. Daher darf man wohl annehmen, dass sie auch schon laufen konnten, bevor sich die verschiedenen Arten von *Homo* entwickelten, unter denen *H. erectus* die erste war, die Afrika verließ.

Nach einer anderen Theorie, die kürzlich von Richard W. Wrangham und seinen Mitarbeitern vorgeschlagen wurde, ist die große evolutionäre Veränderung von den *Australopithecinen* zu *Homo* erfolgt, nachdem das Kochen erfunden worden war, vor allem das der energiereichen unterirdischen Knollen. Gekochte Nahrung, die leichter zu verdauen ist als rohe, erhöhte das verfügbare Nahrungsangebot und verschaffte uns die Freiheit zu jagen.

In diesem Falle wäre die Kochhypothese keine Alternative zur Jagdhypothese. Vielmehr ergänzen sie einander. Sowohl das Kochen wie das Fleischessen dürfte die Darmlänge verringert, die Geschwindigkeit erhöht, den Bewegungspielraum erweitert und sogar ausgiebigeres Jagen ermöglicht haben.

An diesem Punkt unserer Überlegungen werden Skeptiker sicherlich bezweifeln, dass sich unsere hominiden Vorfahren als Ausdauerräuber genügend spezialisiert haben könnten, um schnelle Beutetiere einzuholen, die im Zuge ihrer Evolution bereits die Fähigkeit erworben hatten, den schnellsten Räubern davonzulaufen. Um dieser Hypothese auf den Grund zu gehen, müssen wir zunächst das Verhalten einiger heutiger Menschenaffen untersuchen und uns dann der Evolution unserer typisch menschlichen Physiologie, Sozialstruktur und Psychologie zuwenden.

Schimpansen gelten im Allgemeinen als Fruchtfresser. Trotzdem schätzen sie Fleisch und jagen kleine Affen, junge Antilopen und andere Säugetiere. Als Craig Stanford 1995 Jagdzüge männlicher Schimpansen in Gombe beobachtete, stellte er fest, dass sie Jahr für Jahr ein Fünftel der Gesamtpopulation des Stummelaffens erlegten. Gruppenjagden sind effektiv. Einmal beobachtete ich einen halben Tag lang Anubispaviane im Amboseli Park in Kenia und sah, wie ein Trupp von etwa 50 Tieren einen Hasen fing, zerriss und mit großem Appetit verspeiste. Nur zwei oder drei Tiere des weit verstreuten Trupps jagten den Hasen, doch gefangen wurde das völlig verschreckte Tier von anderen.

Die Jagd spielt bei Schimpansen und Pavianen im Vergleich zu anderen Formen der Nahrungssuche nur eine untergeordnete Rolle, doch wenn sich die Gelegenheit ergibt, wird sie fast immer genutzt. Diese Primaten leben nicht in erster Linie von Fleisch und legen auch keine größeren Entfernungen zurück, um sich welches zu verschaffen. Doch sie fressen Fleisch, wenn sie die Möglichkeit dazu haben. Gelegentlich jagen sie auch systematisch und sehr nachdrücklich. Kurzum, sogar Hominiden, die sich nicht auf Fleisch spezialisiert haben, sind bereit und fähig, nicht nur Fleisch zu fressen, sondern auch zu jagen.

Wenn unsere Hominidenvorfahren vor Jahrmillionen auf den heißen, offenen Grasebenen Afrikas von Fleisch abhängig waren, dann haben sie sicherlich auch physiologische Anpassungsmechanismen entwickelt, die ihnen dabei geholfen haben, es sich zu verschaffen. Tiere entwickeln besondere Merkmale und Fähigkeiten, wenn sie mit besonderen Situationen konfrontiert sind. Von allen Insekten hat beispielsweise nur die Zikade *(Diceroprocta apacha)* die Fähigkeit des Schwitzens entwickelt. Das Insekt hat dazu genügend Wasser, weil es Pflanzensaft aufsaugt. Schwitzen erlaubt ihm nicht nur, auch in der heißesten Jahreszeit mittags aktiv zu sein, sondern hat den zusätzlichen Vorteil, dass es zu dieser Zeit vor seinen natürlichen Feinden, den Vögeln, in Sicherheit ist, weil die bei dieser Hitze das Feld räumen müssen. In ähnlicher Weise werden die extrem hitzeresistenten Wüstenameisen *(Cataglyphis bambycina)* nur aktiv, wenn sich ihre schlimmsten Feinde, die Eidechsen, aus der Hitze zurückziehen. Ein ähnliches Szenario – auf der Bildfläche zu erscheinen, wenn die großen Räuber angesichts der Mittaghitze zurückstecken mussten und nicht mehr in der Lage waren, ihre Beute mit dem nötigen Nachdruck zu verteidigen – dürfte für unsere hominiden Vorfahren gegolten haben. Menschen verfügen über eine intensive Schweißreaktion, die ihnen erlaubt, bei großer Hitze, sogar unter direkter Sonneneinstrahlung, lange Zeit zu laufen. Im Übrigen scheiden unsere drei Millionen Schweißdrüsen nicht nur Wasser für die Verdunstungskühlung aus, sondern auch giftige Stoffwechselprodukte, wie zum Beispiel Ammoniak und Harnstoff, die wir produzieren, wenn wir Fleisch essen.

Während des Jahres, in dem ich in Tanganjika Vögel jagte, habe ich erlebt, womit die vorzeitlichen Jäger fertig werden mussten. Nie werde ich das Gefühl schrecklicher Klaustrophobie vergessen, das mich während der vielen Monate beherrschte, die wir in feuchten, dichten, tropfenden Gebirgswäldern verbrachten. Dagegen stand das Gefühl erhebender Freude, wenn ich mich in der offenen Savanne befand, mit den spärlich verstreuten Akazienbäumen und den weiten Ausblicken. Doch selbst für kleine Vögel musste ich in der Savanne weite Strecken zurücklegen. Den halben Tag war ich auf den Beinen, bis es Zeit war, ins Lager zurückzukehren, wo meine Mutter die Mahlzeiten zubereitete und die Ausbeute des Tages ausstopfte. Nie nahm ich Wasser mit, weil ich mich nicht unnötig belasten wollte, allerdings zwang mich die Hitze häufig, mein Tempo zu verlangsamen oder mich auszuruhen. Doch obwohl die Vogeljagd in der Mittagszeit ein schwieriges Geschäft war, konnte ich mich frei bewegen, weil ich ausgiebig schwitzte.

Die Wärme, die ein Tier im Körperinneren erzeugt, weil es sich auf offener Fläche unter der Äquatorsonne Afrikas bewegen muss, ist einer der Faktoren, die die Ausdauerleistung am stärksten einschränken. Das konnte ich damals buchstäblich fühlen. Experimentell hatte ich bereits gezeigt, dass Schwärmer selbst ohne Wärmezufuhr durch die Sonne und bei gemäßigten Raumtemperaturen nicht länger als rund zwei Minuten körperlich aktiv sein können, wenn man ihren Mechanismus zur Wärmeableitung unterbindet. In ähnlicher Weise können Eselhasen, Kängurus und Geparden, auch ohne dass man ihre Fähigkeit zur Wärmeableitung in irgendeiner Weise beeinflusst, nur wenige Minuten unter normalen Feldbedingungen laufen. Da erscheint die Annahme plausibel, dass unsere Vorfahren unter einem erheblichen Selektionsdruck standen, der sie nicht nur veranlasste, ihre Körperwärme durch Schwitzen abzuleiten, sondern auch die Wärmezufuhr der Sonneneinstrahlung zu begrenzen, um zu längerer körperlicher Aktivität während der Zeiten fähig zu sein, in denen die Aussicht auf Beute am größten war.

Verschiedene Tiere haben unterschiedliche Maßnahmen entwickelt, um den verheerenden Auswirkungen direkter Sonneneinstrahlung vorzubeugen. In Neuguinea, unweit des Äquators in Zentralafrika, beobachtete ich, dass sich Schmetterlinge auf tödliche Körpertemperaturen erwärmen, wenn sie dem direkten Sonnenschein nur eine Minute ausgesetzt sind und daran gehindert werden, ihre Flügel als Schattenspender zu verwenden.

Unsere aufrechte Haltung (und unsere daraus resultierende zweifüßige Fortbewegungsart) könnte eine Voradaptation an die Äquatorsonne gewesen sein. Gemeinsam sorgten die beiden Faktoren dafür, das weniger Hautflächen der Sonne und gleichzeitig größere Hautflächen den kühlenden Luftbewegungen ausgesetzt waren. Der Bereich stärkster Sonneneinstrahlung war unser Schädeldach, was eine potenzielle Gefahr für das äußerst hitzeempfindliche Gehirn bedeutete, denn es muss schon eine hohe innere Wärmebelastung aus seinem Stoffwechsel bewältigen. Obwohl also die Zweifüßigkeit die Wärmezufuhr insgesamt verringerte, drohte sie die lokale Erwärmung unseres wärmeempfindlichsten Organs zu fördern.

Die Evolution fand eine Lösung für dieses Problem. Das Gehirn verfügt über ein spezielles Netz von Blutgefäßen, das wie ein Kühlsystem zur Ableitung der zusätzlichen Wärmebelastung arbeitet. Die Spuren, die die Blutgefäße auf fossilen Schädelknochen hinterlassen haben, lassen erkennen, dass schon die zarten *Australopithecinen* das gleiche Adernetz gehabt haben wie wir. Offenbar waren sie einem hohen Selektionsdruck zur Vermeidung von Überhitzung ausgesetzt.

Ähnliche Lösungen finden wir bei Insekten. Als ich den Kopf von Honigbienen erwärmte, beobachtete ich, dass sie nicht nur Flüssigkeit hervorwürgten, die der Kühlung diente, sondern dass sie auch mehr Blut durch den Kopf pumpten, das die Wärme ableitete. Wie bei anderen Tieren, bei denen die Gefahr einer Überhitzung durch die Sonne besteht, ist davon auszugehen, dass die aufrecht gehenden Hominiden auf den offenen Ebenen von Äquatorialafrika einen Hitzeschutz entwickelt haben, der die Wärmezufuhr des Gehirns dämpfte. Wüstenerdhörnchen schützen sich mit ihrem buschigen Schwanz, Wüstenkäfer mit ihren Flügeln, Kamele mit ihren Höckern und dickem Rückenfell – und unser besonderes Merkmal ist unser buschiges Kopfhaar, das Kopf und Schultern vor den Sonnenstrahlen schützt. Wahrscheinlich verdankt das Kopfhaar seine Evolution dem Zweck, dem es heute noch dient, obwohl es später auch zu einem sexuell selektierten Merkmal geworden sein könnte. Noch später könnte es zur Isolierung verwendet worden sein, um den Wärmeverlust des Körpers zu mindern – nachdem *Homo erectus* Afrika verlassen hatte und in die Mammutsteppen des Nordens vorgedrungen war, wo er immer abhängiger von Fleischnahrung wurde. Die letztgenannte Invasion ereignete sich vor relativ kurzer Zeit, erst vor rund 6000 Jahren, und könnte sich zeitlich mit der Erfindung des Speers und der Kleidung decken.

Unsere Nacktheit und die ungewöhnliche Zahl von gut entwickelten Schweißdrüsen sind Merkmale, die unserer Laufgeschwindigkeit unter den Bedingungen von äußerer und innerer Hitze sehr zugute kommen. Dank unserer Schweißreaktion können wir sehr hohe Wärmebelastungen ertragen, die sich aus unserem Stoffwechsel und aus der Umwelt ergeben. Doch die Ausdauerleistungen, zu denen wir dank dieser Fähigkeit in der Lage sind, kosten uns viel Wasser. Bei einem kontinuierlichen Lauf von 100 Kilometern an einem mäßig warmen bis kühlen Tag verliert ein Ultraläufer bis zu neun Kilogramm Wasser allein durch Schwitzen. Ohne Schwitzen würde sich die Geschwindigkeit und Reichweite seines Laufes erheblich verringern. Die meisten Tiere, die in Trockengebieten leben, sind in ihrer Ausdauerleistung erheblich eingeschränkt, weil sie von der Evolution auf größte Wasserersparnis angelegt sind. Der Umstand, dass wir, als Tiere, die an die Savanne angepasst sind, eine derart gut entwickelte Schweißreaktion besitzen, lässt darauf schließen, dass diese uns erhebliche Vorteile bringt, denn sonst würde uns die Natur nicht so verschwenderisch mit Wasser umgehen lassen. Der größte Vorteil ist wahrscheinlich, dass wir dank dieser Eigenschaft zu ausgedehnter körperlicher Aktivität in der Hitze fähig sind. Wir brauchen die Schweißreaktion nicht, um natürlichen Feinden davonzulaufen, weil dazu relativ kurze, schnelle Sprints erforderlich sind, bei denen die Akkumulation der Wärme- wie Milchsäurebelastung vertretbar sind. Das Schwitzen brauchen wir für länger anhaltendes Laufen in der Hitze des Tages – während der Zeit, in der die meisten Raubtiere sich in den Schatten zurückziehen.

Unser uraltes Erbe als Ausdauerräuber ist heute in unseren »westlichen« Kulturen weitgehend durch die Lebensweisen verschüttet, die wir uns in jüngster Zeit zugelegt haben.

Es ist ein Allgemeinplatz, dass die Evolution die Tiere mit einer Morphologie, einer Physiologie und Verhaltensweisen ausgestattet hat, die ihnen ermöglichen, eine vollkommene Einheit mit ihrer Umwelt zu bilden. In Afrika kann man die europäischen Zugvögel von den einheimischen Standvögeln an ihren Flügeln unterscheiden, die länger und schmaler sind, was zeigt, dass sie ausdauerndere Flieger sind und dass in ihrem Verhalten die Gewohnheit angelegt ist, sich zweimal pro Jahr auf lange Wanderung zu begeben. Eulen haben Augen und Ohren, die dafür geschaffen sind, Mäuse zu entdecken, Verhaltensweisen, die sie zu einer besonderen Form der Jagd befähigen – bei Nacht vollkommen still zu sitzen, um dann hinabzustoßen –, Krallen, mit denen sie die Beute ergreifen, und einen krummen Schnabel, mit dem sie das Fleisch zerreißen. Eisvögel haben scharfe, lange Schnäbel, um Fische zu fangen, eine Physiologie, die sie befähigt, sich von Fisch zu ernähren und Fischproteine zu verwerten, und, vielleicht am wichtigsten, das spezifische Verhalten, das sie veranlasst, von einem Sitzplatz aus nach beweglichen Objekten unter Wasser zu tauchen. Auch unsere Verhaltensweisen und psychologischen Tendenzen sind auf unseren Körper abgestimmt, um uns der Umwelt anzupassen, der wir uns in unserer evolutionären Vergangenheit gegenübersahen.

Wahrscheinlich waren die frühen in Rudeln jagenden Hominiden in ihrem Jagdverhalten mindestens so flexibel, wie es die Rudel der afrikanischen Wildhunde und Wölfe heute noch sind. Um Zebras und Büffel zu töten, sind spezielle Fertigkeiten erforderlich, und diese erlernten Fertigkeiten werden in den Rudeln von einer Generation an die nächste weitergegeben. Je höher der Anteil des Lernens, desto größer die mögliche Vielfalt, daher können wir keine absoluten Schlussfolgerungen ziehen.

Wir Menschen sind in unserem Verhalten flexibler als die meisten anderen Tiere. Vor allem sind wir heute so flexibel, dass wir uns die Nahrung auf jede Art besorgen, die erforderlich ist. Das verschleiert unsere angeborenen Verhaltenstendenzen. Vermutlich arbeiten wir nicht an einem Fließband oder einem Bankschalter, weil wir das jeder anderen Tätigkeit vorziehen. Vielleicht wissen wir nicht recht, was uns am besten gefiele, weil wir nicht genügend Möglichkeiten kennen lernen, und unsere Kultur uns in eine bestimmte Richtung drängt. Ich hatte die Gelegenheit, mich in der freien, unberührten Natur aufzuhalten und zu jagen. Gewiss, ich schieße nicht mehr mit einer Flinte auf kleine Vögel, obwohl ich immer noch die Aufregung von damals zu spüren meine, jene Aufregung, die die Ornithologen um die Jahrhundertwende fast überall erfasst hatte, als sie laufend neue Vögel entdeckten.

Ich bin in Maine mit der Hirschjagd groß geworden, und sie erschien mir als die faszinierendste Tätigkeit, der Menschen nachgehen können. Noch heute nehme ich im Herbst regelmäßig an der Hirschjagd in Maine teil. Mir mein Fleisch von einem Tier zu holen, das wild lebt und die Möglichkeit hat zu entkommen, statt in einem Mastbetrieb für das Schlachthaus großgezogen zu werden, ist nur einer der Gründe. Von allen moralische Erwägungen abgesehen gehe ich auf die Jagd, weil sie einen ungeheuren Reiz auf mich ausübt. Tagelang streife ich durch den Wald, suche nach Hinweisen und gerate bei jeder Spur in helle Aufregung. Doch ich habe nur selten »Erfolg«. In jedem Herbst hoffe ich auf das prächtige Exemplar, aber immer entkommt es mir. Warum nehmen so viele Jäger all die Mühen auf sich, wenn die Erfolgsaussichten so gering sind? Die Antwort fand ich unlängst bei einer Reise in den Yellowstone Park. Ich erblickte Elche, Bisons, Dickhornschafe und Maultierhirsche auf eine Entfernung von wenigen Metern. Beim Anblick dieser zahmen, schönen Tiere wusste ich, dass ich ihnen kein Haar gekrümmt hätte, selbst wenn die Jagd erlaubt gewesen wäre. Schon der Gedanke stieß mich ab. Warum? Weil das bloße Schießen von Tieren nichts mit der Jagd zu tun hat. Nicht das Geringste.

Nicht das Töten ist der Antrieb, noch nicht einmal die Beute als solche. Für mich liegt der Reiz darin, sich im Wald aufzuhalten, alle Sinne anzuspannen und die Verfolgung aufzunehmen. Die Weißwedelhirsche in den Wäldern von Maine reagieren auf jede Witterung, jedes Geräusch und jeden ungewohnten Anblick. Sie sind scheu, schnell und schlau.

Die Umstände, die die Jagd für uns so reizvoll machen, sind genau jene, von denen sich andere große Räuber entmutigen lassen, die Räuber, die ihre Beute nicht sehr weit verfolgen müssen. Die Großkatzen und Wildhunde suchen sich keine Beute aus, die besonders schwer zu bekommen ist, sondern sind bestrebt, es sich möglichst leicht zu machen. Sie sind sehr wählerisch und versuchen, sich die alten, die jungen, die schwachen, die kranken Tiere zu greifen. Und am allerliebsten sind ihnen die, die bereits verendet sind.

Wir sind Raubtiere von einem ganz anderen Schlag. Auf kurzen Strecken sind uns die meisten Beutetiere überlegen. Selbst ein alter Hirsch, der noch keinem anderen Raubtier zum Opfer gefallen war, bedeutete für uns unter Umständen eine lange Jagd. Dazu brauchte man Strategie, Wissen und Ausdauer. Hominiden, die keinen Gefallen an einer langen Jagd fanden, die sie nicht um ihrer selbst willen liebten, dürften nicht sehr erfolgreich gewesen sein. Sie hatten weniger Nachkommen.

Unsere ursprüngliche Art zu jagen – in der wir anderen Raubtieren überlegen waren –, verlangte von uns visionäre Fähigkeiten, die einerseits dafür sorgten, dass wir die Jagd selbst als belohnend empfanden, und andererseits das Vorstellungsbild der Beute wach hielten, selbst wenn wir sie weder sehen, noch riechen, noch hören konnten. Dass wir von allen Raubtieren die größte Ausdauer besaßen, verdankten wir nicht allein unseren Schweißdrüsen. Dafür waren auch unsere Gedanken und Leidenschaften verantwortlich. Unsere Begeisterung für die Jagd muss so ähnlich gewesen sein wie der freudige Drang, der die Zugvögel im Herbst scharenweise nach Süden zieht, als würden sie von Träumen beflügelt.

Wer plötzlich zuschlägt und seine Beute sofort reißt, braucht keine Träume. Träume sind die Leuchtzeichen, die uns auf eine lange Jagd locken, in die Zukunft führen und uns zum Beispiel veranlassen, an einem Marathonlauf teilzunehmen. Wir können uns Dinge vorstellen, die weit in der Zukunft liegen. Wir sehen unsere »Beute« vor uns, selbst wenn sie hinter Hügeln oder im Dunst verschwunden ist. Dann wird die Vorstellung zu unserem wichtigsten Antrieb. Ihre Kraft ist es, die uns ermöglicht, nach der Zukunft zu greifen, ob es nun darum geht, ein Mammut oder eine Antilope zu erlegen, ein Buch zu schreiben oder eine Rekordzeit in einem Rennen aufzustellen. Unter ansonsten gleichen Bedingungen waren wohl die Jäger, die die größte Liebe zur

Natur hatten, auch diejenigen, die bestrebt waren, ihren Reiz bis zur Neige auszukosten. Sie waren diejenigen, die der Fährte am längsten folgten. Sie hatten Freude daran, in der freien Natur zu sein, neue Gegenden zu erkunden, weit ins Unbekannte vorzustoßen. Wenn sie Erschöpfung und Schmerzen verspürten, kehrten sie nicht um, denn ihr Traum trieb sie vorwärts. Sie waren unsere Vorfahren.

Manchmal frage ich mich, ob es nicht diese weitreichende visionäre Kraft war, dieser Drang, das Unbekannte zu erforschen, der unser Gehirn mit seiner einzigartigen Fähigkeit ausstattete, Zukunftsentwürfe anzufertigen. Augenblicklich erklärt man unsere besondere Intelligenz gerne mit der Fähigkeit zur Täuschung in sozialen Kontexten. Tatsächlich setzt die Fähigkeit zur Täuschung ein gewisses Vorstellungsvermögen voraus, und es kann kaum ein Zweifel daran bestehen, dass soziale Interaktionen nur möglich sind, wenn man in der Lage ist, sich ein Bild vom Verhalten und Verbleib anderer Individuen zu machen, Gefälligkeiten auszutauschen, Gegenleistungen zu erbringen und vielleicht auch Täuschungsmanöver vorzunehmen. Geht man von einem Intelligenzkonzept aus, das auf Sozialverhalten beruht, müsste es eine Korrelation zwischen Gehirngröße und Gruppengröße geben. Hat also *Homo erectus* im Vergleich zu anderen Tieren in extrem großen Gruppen gelebt? Das ist unwahrscheinlich. Diese Urmenschen waren Jäger und bildeten wahrscheinlich eher kleine Gruppen. Trotzdem kam ihre Gehirngröße der des modernen Menschen schon sehr nahe.

Nach einer anderen Hypothese, die ebenfalls keinen Anspruch auf Ausschließlichkeit erhebt, war die sexuelle Selektion der entscheidende Aspekt des Jagdsyndroms. Es gibt keine Entweder-Oder-Antwort. Vermutlich haben alle Faktoren zusammengewirkt, trotzdem möchte ich einen kurzen Blick auf die letzte Hypothese werfen:

Der bloße Umstand, dass wir in der Lage sind, einige der schnellsten Huftiere zu Tode zu hetzen, Tiere, die von der Evolution mit der Fähigkeit ausgestattet wurden, den schnellsten Räubern davonzulaufen, lässt darauf schließen, dass wir physiologisch und psychologisch in der Tat für diese Aufgabe hoch spezialisiert sind. Allerdings gibt es einen ausgeprägten geschlechtsspezifischen Unterschied. Eigenartigerweise ist die Jagd in allen menschlichen Kulturen, die man untersucht hat, und sogar bei Pavianen und Schimpansen, eine vorwiegend männliche Domäne. Eine geschlechtsspezifische Rollenverteilung kommt bei Tieren häufig vor. Beispielsweise sind bei einigen Falken die Weibchen größer als die Männchen und fangen die größeren Beutetiere, während sich die Männchen auf die Jagd kleinerer Tiere spezialisiert haben. Infolgedessen praktizieren die Geschlechter im Grunde genommen eine Art Arbeitsteilung bei der Nahrungssuche, sodass das Nahrungsvorkommen in der Nähe des Nestes weniger erschöpft wird.

Für die subhumanen Weibchen, die trächtig oder mit Jungen belastet waren, die getragen werden mussten, war die Jagd auf große Beutetiere, die lange verfolgt werden mussten, noch schwieriger als für die heutigen Affen. Da diese Arten nackt geworden waren, um die Wärmeableitung zu erhöhen, konnten sich die Jungen nicht mehr ans Fell der Mutter klammern, sondern mussten festgehalten werden. Durch das Teilen der Nahrung entwickelte sich eine komplexe Symbiose zwischen Männern und Frauen. Die erwachsenen Männer konnten sich ganz der Jagd widmen, während die

Frauen Nahrung sammelten und die Partnerwahl vornahmen. Auf welcher Grundlage wählten sie?

Wie erwähnt, konnten die Weibchen mit ihren Jungen kaum an langen, strapaziösen Jagden teilnehmen, also waren sie auf die Hilfe der Männchen angewiesen, um sich und ihre Kinder zu ernähren. Jäger, die große Tiere erlegten, hatten vorübergehend Fleisch im Überfluss, das nicht aufbewahrt werden konnte. Wie ließ es sich verwenden? Es wurde nach Hause geschafft, mit anderen Jägern geteilt, mit denen eine gegenseitige Verpflichtungen bestand, und gegen Sex eingetauscht. Miteinander zu schlafen und miteinander zu essen, gehörte fortan zusammen. Das ist ein uraltes Prinzip. Schimpansen und Paviane tauschen häufig Sex gegen Nahrungsmittel. Craig Stanford, der die Jagdpraktiken der Schimpansen in Gombe untersuchte, meint: »Schimpansen verwenden Nahrung nicht nur zur Ernährung, sondern teilen sie auch mit Verbündeten und enthalten sie Rivalen vor. Fleisch ist ein Werkzeug, das sozialen, politischen und sogar reproduktiven Zwecken dient.« In ähnlicher Weise zeigen die Frauen der Aché-Indianer Südamerikas eine Vorliebe für erfolgreiche Jäger, die »Fleischlieferanten«. Einen ähnlichen Zusammenhang zwischen Fortpflanzungsentscheidungen und Ressourcen kann man in den meisten Gesellschaften beobachten, in denen die Fortpflanzung der Weibchen mit Jungen durch die Ressourcen begrenzt wird, während für die Männchen die Fortpflanzung meist durch mangelnde Gelegenheit zum Sex eingeschränkt wird.

Für die !Kung-Buschmänner in Afrika ist Fleisch nur ein geringer Teil ihrer Ernährung, allerdings der Teil, auf den sie am meisten Wert legen. Die Frauen sammeln den größten Teil der Nahrung und ernähren die Gruppe normalerweise mit Beeren, Knollen, Blättern und Wurzeln. Die Männer jagen, haben aber am Ende des Tages meist nichts vorzuweisen. Trotzdem gilt die Jagd als äußerst wichtig. Erst nachdem ein Junge seine erste große Antilope zur Strecke gebracht hat, nimmt sein Vater den Ritus der ersten erlegten Beute vor, mit der der Übergang vom Jugendlichen zum Mann vollzogen wird. Ein !Kung, der nicht jagt, bleibt ein Kind, das nicht heiraten darf. Er kann nicht erwarten, eine Frau zu bekommen, wenn er für seine Familie und seine Schwiegereltern kein Fleisch und keine Felle nach Hause bringen kann. Buschmänner jagen von der Adoleszenz bis ins hohe Alter. Oft legen sie 30 Kilometer am Tag zurück, kommen mit leeren Händen nach Hause und brechen am nächsten Morgen wieder auf, angetrieben von ihrem Willen durchzuhalten, sowie dem Drängen ihrer Frauen. Sie sind ohne Nahrung und Wasser unterwegs, um sich ungehindert fortbewegen zu können. Unter Umständen folgen !Kung-Jäger einer verwundeten Giraffe fünf Tage lang. Das ist keine Aufgabe für Frauen, die Säuglinge mit sich herumtragen. Der Arbeitsteilung das Wort zu reden, mag heute zwar politisch unkorrekt sein, ist aber ein uralte Tradition mit tief reichenden biologischen Wurzeln. Und was ist grundsätzlich falsch an Verschiedenheit – egal ob zwischen den Menschen oder den Geschlechtern? Die Arbeitsteilung ermöglichte den Männern, sich auf die Frauen als Ernährerinnen zu verlassen und große Beutetiere zu jagen, denen sie rasch, in ihrer Bewegungsfreiheit durch nichts eingeschränkt und weit folgen mussten.

Im Gegensatz zu einer ganzen Reihe von Vorurteilen bedeutet die Idee, der Mann als Jäger sei ein entscheidender Faktor in der menschlichen Evolution gewesen, weder eine Verunglimpfung der Frauen, noch weist sie ihnen eine rein passive Rolle zu. Vielleicht lassen sich die Missverständnisse in Grenzen halten, wenn wir »Mann« als »Menschheit« lesen. Die Evolution dürfte wohl kaum die Gesamtheit der Gene, die Wachstum und Entwicklung des Gehirns festlegen, auf das männliche Y-Chromosom verlegt haben. Die unterschiedlichen Verhaltenstendenzen von Männern und Frauen lassen sich, zumindest soweit sie das langfristige Zusammenwirken zur Erziehung von Kindern angehen, am besten mithilfe von Kompromiss und Kooperation erklären. Wenn »Mann« der Jäger war, dann weil »Frau« ihm erlaubte, es zu sein, oder ihn dazu auserwählte. Sie ist die andere Hälfte des »Mann-der-Jäger«-Syndroms. Frauen wurden zu intelligenten Wählerinnen, weil die Wahl sich nicht allein am Aussehen orientieren konnte.

Die sexuelle Selektion in der Tierwelt führt häufig zu solchen verselbstständigten Szenarien wie dem notorischen Pfauenschwanz, den komplizierten Gesängen mancher Vögel und der Ballonherstellung einiger Fliegen, wovon noch die Rede sein wird. Wenn die Hypothese stimmt, dass die Jagd teilweise auch eine Folge sexueller Selektion ist und nicht nur ein Mittel, um den Kalorienbedarf zu decken, verändert sich das Bild natürlich erheblich. Denn unterliegt die Jagd nicht mehr dem Diktat der Energieversorgung, gibt es kaum noch Einschränkungen für sie. Wenn es die sexuelle Attraktivität eines Jägers erhöht, der Gruppe ein Kaninchen heimzubringen, dann malen Sie sich aus, was es heißt, wenn er ein Mammut erlegt oder die Fähigkeit dazu unter Beweis stellt, während die Frauen die Fähigkeit entwickeln, seine Leistung als Jäger zu beurteilen!

Die Strategie, Protein zu liefern, um sich Paarungsprivilegien zu sichern, wird von vielen männlichen Vögeln, Spinnen und Insekten angewendet, besonders von

Skorpionfliegen *(Panorpa)*, einigen Heuschrecken, Grillen, Schaben und Käfern. Bei den Insekten kann das Nahrungsgeschenk als Hochzeitsgabe eine Beute sein oder Protein aus Körpersekretionen. Bei einigen Arten der Fangschrecken und Spinnen ist es auch das Fleisch des Männchens.

Einen legendären Ruf als Freier genießen die Männchen der Gottesanbeterin, die dem Sex regelmäßig das höchste Opfer bringen, nämlich den eigenen Körper. Sie werden von den Weibchen gefressen, mit denen sie sich paaren. Der Nutzen, den es bringt, dass sie sich selbst (meist widerstrebend) opfern, geht möglicherweise über die Bereitstellung einer zusätzlichen Mahlzeit hinaus, die letztlich den von ihnen befruchteten Eiern zugute kommt. Zuerst frisst das Weibchen den Kopf des Männchens. Männchen mit intakten Köpfen paaren sich nur vier Stunden lang, während sexuelle Akte, zu deren Verlauf die Enthauptung gehört, bis zu 24 Stunden dauern. Maydianne Andrade, die sich eingehend mit der australischen Schwarzen Witwe *(Latrodectus hasselti)* beschäftigt hat, konnte zeigen, dass der Akt des Gefressenwerdens die Paarungsdauer und die Menge der übertragenen Spermien erhöht und das Weibchen außerdem daran hindert, sich mit anderen Männchen zu paaren, weil ein gesättigtes Weibchen andere Freier zurückweist, sodass der Samen des »Opfers« Vorrang bei der Befruchtung hat. Spinnen sterben für den Sex, und ihr selbstmörderisches Verhalten wurde ironischerweise von der Evolution begünstigt, weil es ihre individuelle Tauglichkeit erhöht.

Diese extremen Beispiele machen uns auf Mechanismen aufmerksam, die bei unserer Art sonst kaum ins Blickfeld geraten. Alle Tiere müssen für Sex bezahlen. Ein Fall, der mein Lieblingsbeispiel ist, weil er in gewisser Weise eine Karikatur der menschlichen Situation darstellt, während er gleichzeitig den evolutionären Prozess erhellt, ist das Verhalten der Tanzfliegen *(Empidae)*. Diese in Europa und Nordamerika verbreiteten Fliegen sind Räuber, die andere Fliegen jagen. Ihren Namen verdanken sie den Gruppenversammlungen, bei denen sie auf und ab fliegen und manchmal deutlich erkennbare Linien, Kurven oder Tänze beschreiben. Die Weibchen wählen sich ihre Paarungspartner unter den Tänzern aus, die sich bei diesen Tänzen am energischsten und dynamischsten erweisen und die die attraktivsten Geschenke mitbringen.

Um eine Chance auf Paarung zu haben, muss das Männchen an dem allgemeinen Schwebetanz teilnehmen und dabei einen Fliegenkadaver als Hochzeitsgabe in den Füßen halten. Kritisch beäugen die Weibchen das Angebot, dann entscheiden sie sich. Die Paare lassen sich zu Boden fallen, wo die Männchen den Weibchen ihr Geschenk übergeben, die daraufhin die Hochzeitsgabe verspeisen.

Bei einigen Arten der Tanzfliegen genügt den Männchen eine kleine Fliegenleiche, um an das Ziel ihrer Wünsche, die Paarung, zu gelangen. Eine weitere Stufe der Evolution wird von anderen Arten erreicht, in denen das Männchen die Beute in einen prächtigen, glänzenden Schleier hüllt, den er mit Spinnendrüsen an seinen Vorderbeinen webt. Eine Hochzeitsgabe, die in Seide verpackt ist, macht mehr Eindruck auf die Weibchen als ein uneingepacktes Geschenk, vermutlich weil jenes größer erscheint und auffälliger ist als dieses.

Das Verhalten auf der nächsten Evolutionsstufe wirkt ausgesprochen abgefeimt. Einige Männchen tragen beim Tanz ein noch größeres und auffälligeres Paket, das aber eine Fliege enthält, die so klein ist, dass man sie nicht fressen kann (dafür aber sehr leicht ist und dem Freier kühnere Kapriolen beim Tanz gestattet), oder aber ein ungenießbares Stück Abfall oder sogar überhaupt nichts. Bei *Empis politea* beispielsweise trägt das Männchen einen großen weißen eiförmigen Ballon, in den es eine kleine Fliege einschließen kann, aber nicht muss. Das Weibchen schenkt einem Männchen, das eine Fliege trägt, keine Beachtung. Es fällt auf ein großes, prächtiges, aber leeres Paket herein.

Bei *Hilaria sartar*, *S. satrix* und *H. granditarsis* haben die Männchen die höchste Stufe der Täuschung erreicht. Der strahlend weiße, ovale Ballon, den sie während ihres ausgesprochen akrobatischen Tanzes tragen, ist immer leer. Wenn ein törichtes Männchen versuchte, einen Ballon zu präsentieren, der eine Beute enthielte, würde er von den anderen Tänzern mit ihren leeren, leichteren Ballons deklassiert werden. Die Präsentation schwerer Beutegeschenke wäre nur bei hohen Temperaturen möglich, wenn die Muskeln der Fliegen zu den hohen Leistungsabgaben fähig wären, die unter diesen Umständen erforderlich wären.

Die Fliegen beweisen, dass es nicht auf den Nährwert der Hochzeitsgabe ankommt – ein Aspekt, der in ähnlicher Form für manche menschliche Kulturen gilt, wie Anthropologen gezeigt haben. Es ist das Prahlen, die Aufschneiderei, was zählt. Ein Unterschied besteht allerdings darin, dass menschliche Jäger nicht schummeln können. Bei den frühen Hominiden mussten die Männer echtes Fleisch nach Hause bringen oder zumindest die Fähigkeit unter Beweis stellen, dass sie dazu in der Lage waren. Mogelpackungen hätten ihnen nichts genutzt. Fleisch war eine hoch geschätzte Ressource, ein wichtiger und notwendiger Teil der Ernährung.

Wie bei den Tanzfliegen lässt sich Kraft und Fähigkeit manchmal anhand des körperlichen Erscheinungsbildes beurteilen, doch eine zuverlässigere Basis ist die Leistung, entweder bei der Jagd oder ihrer symbolischen Darstellung. Könnten unsere Tänze und sportlichen Wettkämpfe, in denen die Sieger wertlose bunte Bänder oder Metalltrophäen erhalten, aus symbolischen Tätigkeiten entstanden sein, in denen wir unsere Fähigkeiten unter Beweis stellen mussten?

Ein Rennen gleicht einer Hetzjagd. Einen Marathonlauf zu beenden, einen Rekord aufzustellen, eine wissenschaftliche Entdeckung zu machen, ein großes Kunstwerk zu schaffen – das alles sind, denke ich, Ersatzhandlungen für Hetzjagden, in denen es um die psychologischen Eigenschaften des Ausdauerräubers geht, sowohl in Hinblick auf ihre Darbietung wie auf ihre Beurteilung. Egal, ob sich 50 000 Menschen aufstellen, um an einem Marathonlauf teilzunehmen, oder sich zwei Dutzend Highschool-Läufer hinter der Startlinie eines Crosslaufs scharen – in beiden Fällen handelt es sich um die symbolische Durchführung einer gemeinschaftlichen Jagd, bei der es darum geht, die Beute als Erster zu erreichen, um sie zu erlegen oder zumindest an diesem Vorgang teilzunehmen.

Die wirkliche Jagd gehört für die meisten von uns längst der Vergangenheit an. In allerjüngster Zeit – geologisch betrachtet – haben wir einige der prächtigsten Geschöpfe ausgerottet, die jemals auf der Erde gelebt haben, als wir in Amerika, Australien, Madagaskar … als hoch entwickelte Jäger mit ihnen in Kontakt kamen. Zu diesem Zeitpunkt hatten wir einen psychologischen, physiologischen und technologischen Entwicklungsstand erreicht, der uns zu ganz außergewöhnlichen Jägern machte. Im Gegensatz zu unseren angestammten

Beutetieren in Afrika hatten die neuen keine Zeit, wirksame Fluchtmechanismen zu entwickeln, die sie vor unseren Jagdfertigkeiten geschützt hätten – dieser ungewöhnlichen Verbindung von physiologischen und psychologischen Voraussetzungen mit Intelligenz und letztlich auch Waffen.

Glücklicherweise haben wir heute unserer tödlichen Jagdleidenschaft zumindest teilweise ein ökologisch verträglicheres Betätigungsfeld verschafft. Heute hetzen wir uns gegenseitig, anstelle von Mammuts und Mastodonten. Wir verwandeln uns in Straßenkrieger, die Rennen veranstalten, in denen sie ewig laufen können. Heute träumen wir nicht mehr davon, Riesenbestien zu erlegen, um zu Helden zu werden, weil wir unsere Horde mit Fleisch versorgen müssen. Heute haben wir andere Träume – die unsere Seele aber auf die gleiche Weise nähren, wie einst der Traum von der großen Beute den Körper zu nähren versprach. Heute träumen wir davon, Rennen zu gewinnen, Rekorde aufzustellen oder andere langfristige Ziele zu erreichen. Bei den Olympischen Spielen werden wir zu Zeugen der größten Jagd. Wenn wir nicht aktiv an ihnen teilnehmen können, jubeln wir als Zuschauer jenen zu, die für uns laufen, springen, werfen, die wahrhaftig ein Teil von uns sind, weil wir während der vielen Millionen Jahre unserer Evolution voneinander abhängig waren. Doch es gibt einen entscheidenden Unterschied. Im Gegensatz zur Jagd auf Beutetiere, die immer einen bestimmten Endpunkt hat, gibt es bei der Jagd gegeneinander keinen solchen Punkt. Wo kann sie enden? Wo liegen die Grenzen?

Kapitel vierzehn

# Laufen wie Hunde und Katzen

Geparden und Wölfe stehen für zwei extreme Ausprägungen der Jagdstrategie. Beide Tiergruppen verlassen sich auf das Laufen, allerdings auf ganz unterschiedliche Arten des Laufens und in ganz verschiedenen Kontexten. Meistens jagen Katzen allein und der Erfolg ihrer Jagd hängt davon ab, dass sie in der Lage sind, einen Großteil ihrer Zeit mit Warten zu verbringen. Leise und heimlich versuchen sie, in die Nähe ihrer Beute zu gelangen oder zu warten, bis sich diese ihnen genähert hat, dann explodieren sie in blitzschnellen Sätzen über eine relativ kurze Strecke. Im Gegensatz dazu jagen Hunde meist kooperativ, wobei sie Beutetiere aussuchen und jagen, die irgendeine Schwäche haben. Hunde wählen ihre Beute also sorgfältig und können sie über eine längere Distanz verfolgen. Dabei sind bestimmte Muskelarten mit bestimmten psychologischen Tendenzen verknüpft. Katzen haben überwiegend FT-Fasern, in denen es mithilfe der Glykolyse von Kohlenhydraten zu einer explosiven Energieentladung kommt. Hunde haben ST-Fasern, langsamer kontrahierende Muskelfasern, die mithilfe des oxidativen Stoffwechsels arbeiten und folglich Fette umwandeln. Bei uns werden bei länger anhaltender Leistung Fasern beider Arten verwendet, obwohl hochklassige Sprinter rund 26 Prozent ST-Fasern besitzen, Hochleistungslangstreckler dagegen 79 bis 90 Prozent. Die Physiologie der Muskelfasern ist jedoch nicht ein für alle Mal festgelegt, sondern ändert sich mit dem Training. Beispielsweise sammelt sich beim Ausdauertraining das Lactat, das von den FT-Fasern während der Glykolyse hergestellt wird, weniger stark an, weil es rascher abgebaut wird.

Es gibt auch erhebliche Unterschiede in den Verhaltenstendenzen verschiedener Arten gleicher Tiergruppen. Beispielsweise jagt ein Puma meist durch Lauern, Anschleichen und Überraschungsangriffe und wird nur einige Sekunden hinter einem Hirsch herhetzen. Dagegen kann ein Gepard auf den afrikanischen Ebenen durchaus gezwungen sein, eine Antilope bis zu einer Minute oder länger zu verfolgen. Entweder erwischt er sie dann oder ist durch Hitzeerschöpfung zum Abbruch der Jagd gezwungen. Die sehr viel langsameren Löwen arbeiten häufig in Gruppen. Doch die wichtigsten Verhaltenstendenzen von Katzen und Hunden treten trotz Jahrhunderten der Domestizierung noch immer in unseren Haustieren zutage. Eine Hauskatze wird ihrem Besitzer nur in den seltensten Fällen durch Wälder und Felder folgen, um in höchster Aufregung hinter Kaninchen herzuhetzen, wie es ein Hund in seinem Rudel tun würde, das wir ihm in diesem Fall ersetzen.

Hunde laufen auch, wenn sie keinen Hunger haben, und ziehen Lust aus der Jagd selbst. Stolz und begeistert apportieren sie Stöcke und Frisbeescheiben, die als symbolische Ersatzstücke für Beutetiere herhalten müssen. Das Vergnügen, das sie an solchen Tätigkeiten haben, ist, wie das Laufen bei uns, zum Teil sozialer Natur. Welcher menschliche Läufer würde mit der Begeisterung eines Hundes, der einen fortgeworfenen Stock apportiert, bei der Sache sein, würde er nicht von anderen Menschen irgendwelche Anreize erhalten? Ohne das Interesse anderer wäre die Zeit, die man für ein Rennen oder eine bestimmte Distanz braucht, nichts als eine tote Zahl. Im Unterschied zu Hunden oder Menschen verspüren Katzen keine soziale Motivation. Egal, wie oft Sie versuchen, eine Katze mit anderen um eine Bahn zu jagen, sie wird sich auf kein Rennen einlassen, ganz abgesehen davon, dass sie auch nicht so schnell wie ein Hund laufen könnte.

Hunde stammen von den Wölfen ab, und da sie fruchtbare Nachkommen zeugen, wenn sie sich mit ihnen kreuzen, sind sie im Grunde genommen immer noch Wölfe. Zwar bedarf es einiger Phantasie, um in einem manikürten Pudel, der an einer Leine auf einer Großstadtstraße spazieren geführt wird, einen engen Verwandten der in Rudeln jagenden Wölfe zu erkennen, die in der Lage sind, einen Elch zu hetzen und zu reißen. Doch genauso wie sein gleichfalls domestiziertes Herrchen trägt der Pudel doch den Wolf in sich. Die Rudeltreue hat er auf das Herrchen übertragen und zerrt ungeduldig an der Leine, um auf seinen täglichen Streifzug zu gehen. Und wie seine wilden Vorfahren frisst er lieber Fleisch als Gras.

Man sollte meinen, die ursprüngliche Wildform des Wolfes müsste sich am besten für die extremste Prüfung der Ausdauerleistung von Hunden eignen – das »Iditarod-Hundeschlittenrennen« in Alaska. Doch das ist nicht der Fall. Kein Wolf läuft so ausdauernd wie ein

Husky, denn die läuferische Fähigkeit allein reicht nicht aus. Man hat für diese Rennen viele Hundearten ausprobiert. Beispielsweise hat Johnny Allen, ein Iditarod-Sieger, die Hundeschlittenrennen eine Zeit lang mit einer Mischung aus Wölfen, Huskys und Irish Setters beherrscht. Egal, wie er aussieht, ein Hund bleibt ein Hund, und über große Entfernungen zu laufen ist grundsätzlich eine Fähigkeit von Hunden. Doch für solche Schlittenrennen müssen sich die Hunde als Teil eines Teams fühlen, eines Rudels.

Schlittenhunde brauchen einen gesunden Appetit, einen geräumigen Brustkorb und ein kräftiges Herz-Kreislauf-System – Eigenschaften, über die Wölfe und viele Hunde verfügen. Deshalb sind sie auch nicht das entscheidende Merkmal für die Züchtung von Schlittenhunden – entscheidend ist das Verlangen zu laufen. Geeignet für diese Rennen sind die Hunde, die sich mit dem größten Eifer in die Leinen werfen und nichts anderes im Sinn zu haben scheinen, als zu laufen und zu laufen und zu laufen. Weder in den körperlichen noch in den geistigen Voraussetzungen gibt es einen erkennbaren Unterschied zwischen Hunden, die sich für den Schlitten eignen, und solchen, bei denen dies nicht der Fall ist – obwohl die Fähigkeit zu laufen das uralte Erbe von Vorfahren ist, die sich auf die Ausdauerjagd spezialisiert hatten. Durch geeignetes Training und entsprechende Unwelteinflüsse können viele Hundearten in Schlittenhunde verwandelt werden – ein Versuch, der bei jeder Katze kläglich scheitern würde.

Vielleicht habe ich Huskyblut in mir, jedenfalls ist eine ihrer Eigenschaften bei mir sehr ausgeprägt: der gesunde Appetit. Im Jahrbuch der Highschool heißt es: »Ben isst und läuft gerne.« Damals lief ich in die Schule, heute laufe ich von meinem Auto ins Büro, einfach, weil ich nicht gerne gehe. Laufen vermittelt ein gutes Gefühl und spart Zeit.

Nicht immer lässt sich leicht entscheiden, welcher physiologische Faktor entscheidend für die Fähigkeit ist, schnell oder weit zu laufen, weil es zu viele Variablen gibt und weil ein starker Wunsch sie alle über den Haufen werfen kann. Wenn ich glaubte, ich sei von Natur aus mit einem entscheidenden Mangel ausgestattet, weil mein Vorbild von großer Statur war, fand ich prompt einen anderen, vielleicht noch besseren Läufer, der klein war. Dann wieder dachte ich, man müsse sehr dünn sein, bis das nächste Vorbild kam, das ausgesprochen muskulös war.

Als ich aufs College ging, dachte ich, man müsse weiß sein und aus Nordeuropa kommen, am besten aus Skandinavien oder Irland, um zur Weltklasse der Langstreckler zu gehören. Seit jeher wurden die Langstrecken von Nordeuropäern beherrscht – unvergesslich Paavo Nurmi, der »fliegende Finne«, und Emil Zatopek, die »tschechische Lokomotive« –, während das Geschehen auf den Mittelstrecken von immer neuen britischen und australischen Läufern bestimmt wurde. Schwarze Langstreckenläufer gab es praktisch nicht. Dagegen waren viele der besten Sprinter schwarz. Wir dachten alle, Sprinter würden geboren, Lang- und Mittelstreckler gemacht. Es galt als empirische, wissenschaftliche Tatsache, dass Schwarze von Geburt aus mit einer natürlichen Geschwindigkeit ausgestattet seien, die sie in besonderem Maße zu explosiven Energieentladungen befähige. Damit verknüpft war die Annahme, Schwarzen fehle es entweder am Stehvermögen für Strecken jenseits der 400 Meter oder an der Hartnäckigkeit für das Training auf den Mittel- und Langstrecken. Ironischerweise drehte sich dann die »Beweislage« um 180 Grad, und es hatte ganz den Anschein, als müsse man schwarz sein und aus den afrikanischen Äquatorländern Kenia, Tansania oder Äthiopien kommen, um die Voraussetzungen aufzuweisen, die ein Weltklasselangstreckler braucht. Die wirkliche Überraschung kam bei den Olympischen Spielen 1968 in Mexico City, als Kipchoge (Kip) Keino vom Stamm der *Nandi* aus Kenia den bis dahin unbesiegbaren Jim Ryun, den größten amerikanischen Mittelstreckenläufer aller Zeiten, über 1500 Meter schlug.

Zwar erzielte Keino bei den olympischen Spielen in Mexico City den spektakulärsten Erfolg für die kenianischen Läufer, war aber nur einer von zwölf Kenianern, die dort in den Laufwettbewerben Medaillen errangen. Schwarze Kenianer gewinnen heute in allen Wettbewerben, von den 800 Metern bis zum Marathon. 1999 wurde die Olympianorm im Marathon weltweit von 240 Läufern erreicht. Darunter befanden sich 76 Kenianer, eine Zahl, die doppelt so groß war wie die irgendeiner anderen Nation. (Bei der Olympiade 2000 in Sidney ging der erste und dritte Platz im olympischen Marathon von Sidney an zwei Äthopier, während ein Kenianer Zweiter wurde.) Fast jeden Monat tauchen neue afrikanische Läufer auf der Bildfläche auf, jeder von ihnen so gut oder besser als seine Vorgänger. Nach den Zeiten zu urteilen, die heutige Marathonsieger erzielen, hätten in diesen Rennen »fliegende Finnen« und »tschechische Lokomotiven« keine Chance – nach meinen Berechnungen würden sie nicht einige Meter, sondern fast fünf Kilometer hinter den Besten herlaufen!

Eine mögliche Erklärung hierfür stellte auf die Höhenlage ab: Die Olympischen Spiele 1968 in Mexico City fanden auf einer Höhe von 2200 Metern statt. In der dünneren Luft solcher Regionen ist weniger Sauerstoff vorhanden, daher nimmt unser $V_{O2\text{-}max}$ von 1500 Metern an mit jeden weiteren 100 Metern um rund ein Prozent ab. Eine Hypothese für die kenianischen Erfolge in den Laufwettbewerben lautet, dass sich die Atmungssysteme der Kenianer an solche Verhältnisse gewöhnt hätten, da sie selbst in Regionen über 1500 Metern lebten, und dass sie daher bei Starts in größeren Höhen einen natürlichen Vorteil hätten. Befindet sich der Körper längere Zeit in dieser Höhe, passt er sich an die Verhältnisse an und bringt das $V_{O2\text{-}max}$ wieder auf sein normales Niveau. Doch die Leistung auf Meereshöhe lässt sich nicht durch Höhentraining beeinflussen, daher kann diese Hypothese nicht erklären, warum die Kenianer auf Meereshöhe genauso überlegen sind.

In einem unlängst erschienenen Buch vertreten John Bale und Joe Sang die Auffassung, die läuferischen Erfolge der Kenianer hätten kulturelle Wurzeln. Wie die Autoren erläutern, kommen die meisten kenianischen Läufer aus einem bestimmten Gebiet. In Kenia gibt es verschiedene Regionen, die ausgezeichnete Läufer hervorgebracht haben, doch die Gruppe, die, gemessen an der Zahl ihrer Mitglieder, bei weitem am meisten Medaillen in Laufwettbewerben gewonnen hat, sind die *Kalenjin* und in dieser Gruppe besonders die Untergruppe der *Nandi*. Es ist unwahrscheinlich, dass unter allen Schwarzafrikanern speziell die *Nandi* mit den körperlichen Anpassungsmechanismen gesegnet sein sollten, die in hohem läuferischen Können zum Ausdruck kommen. Es muss einen anderen Faktor geben. Aufgrund der Daten, die er zusammengetragen hat, kommt Dirk Berg-Schlosser zu dem Schluss, dieser Stamm habe im Gegensatz zu anderen ethnischen Gruppen Kenias eine außerordentlich hohe »Leistungsorientierung«. Im Allgemeinen gelten sie als ruhige, asketische, ernsthafte Volksgruppe, deren Mitglieder sich durch besonderen

Fleiß auszeichnen. Der Leiter einer Schule in Kapsabet meinte sogar, die *Nandi* seien »viel zu individualistisch, um Mannschaftsspiele wie Fußball oder Hockey zu lernen. In den meisten Fällen gelingt es ihnen nur dank ihrer Entschlossenheit, allzu hohe Niederlagen durch gute Mannschaften zu verhindern«.

Die kulturellen Traditionen der *Nandi* erwachsen aus ihrer Vergangenheit als Viehdiebe (ihrem »Sport«). Diese Traditionen sind dafür verantwortlich, dass sportliche Leistungen so hohes Ansehen genießen. Als es ein Mitglied ihres Stammes, Kipchoge Keino, plötzlich zu Weltruhm brachte, hatten sie ein Rollenmodell. Damit wurde das Laufen für sie zur einzig zählenden Sportart, wie es das zuvor für die wirtschaftlich benachteiligteren Iren, Skandinavier und Osteuropäer gewesen war, und – in einem bescheidenen Maßstab – für uns in »Good Will«. Laufen ist vielleicht die fundamentalste aller Sportarten und lässt sich, wirtschaftlich betrachtet, mit dem geringsten Kostenaufwand betreiben. Folglich ist sie auch die demokratischste Sportart, die die fairsten Wettkampfbedingungen bietet, weil sich auch bei größtem wirtschaftlichem Ungleichgewicht die persönliche Leistung durchsetzen kann. Überall auf der Welt ist es *der* Sport für jedermann.

Laufen, Werfen, Springen – die Wettbewerbe von Leichtathletikveranstaltungen – umfassen das Grundrepertoire der Körperbewegungen, die für Jagd und Krieg erforderlich waren und die in Spielen, Tänzen und Initiationsfeiern ritualisiert wurden. Von da war es nur noch ein kleiner Schritt zu Wettläufen. Für die Nandi ersetzte das Laufen ihre traditionellen Tätigkeiten, für die die gleichen Eigenschaften erforderlich waren: Individualismus, innere Kraft, Disziplin, Fleiß und die Fähigkeit zur verzögerten Triebbefriedigung. Früher waren die Nandi bestrebt, ein »barngétung« zu werden, ein Name, der einem Stammesangehörigen verliehen wurde, wenn er einen Löwen mit dem Speer erlegt hatte. Ganz ähnlich verhielt es sich mit dem Viehdiebstahl bei fernen Nachbarn. Die *Nandi*-Krieger mussten weite Wege durch heiße Trockengebiete zurücklegen, wozu sie Ausdauer, Fleiß, Opferbereitschaft und die Fähigkeit brauchten, Entbehrungen zu ertragen. Es war ein aufregender Sport, etwas, wofür es sich zu leben lohnte. Das wettkampfmäßige Laufen wurde zu einem willkommenen Ersatz für Krieg und Viehdiebstahl – in ähnlicher Weise, wie es die Jagd auf Großwild ersetzen kann.

Auch der Marathonlauf ist ein kultureller Ableger des Krieges. Dieses Rennen über 42,195 Kilometer ist die Ritualisierung eines bestimmten historischen Ereignisses. Seinen Namen hat der Wettkampf von einem Ort in Griechenland, wo der Legende nach der Militärkurier Pheidippides 490 v. Chr. aufbrach, die heute übliche Marathondistanz zurücklegte und den Athenern die frohe Kunde von einem entscheidenden Sieg über die Perser brachte. Angeblich hat er ausgerufen: »Freut euch, wir haben gesiegt«, um dann tot zusammenzubrechen.

Bei den Nandi wurde Kip Keino zum Helden und Symbol der Männlichkeit. Er begründete eine Tradition, wie es Pheidippides für die Griechen und die abendländische Kultur tat. Wie Pheidippides kehrte Keino heim, um den *Nandi* zu berichten, dass sie symbolische Siege gegen Giganten erringen konnten. Den Nandi waren nur wenige Möglichkeiten geblieben, sich auszuzeichnen, da Löwenjagd, Viehdiebstahl und Kriege gegen feindliche Stämme gesetzlich verboten waren. Jetzt gab es eine neue Chance, Ruhm zu erwerben – sie mussten ihre alten Traditionen nur in neue Bahnen zu lenken.

Mit 15 Jahren brauchte Keino für 1,5 Kilometer noch eine Zeit von 5:56. Dann trat er in staatliche Dienste, trainierte sehr hart und wendete modernste Methoden an. Später wurden Talente schon in den Schulen durch straff organisiertes Training und regelmäßige Wettkämpfe erfasst. Die frühe Begabungsförderung durch den Staat war von entscheidender Bedeutung für Kenias Erfolge bei internationalen Laufwettbewerben.

Jeder erfolgreiche Kenianer, der sich in der Weltklasse durchsetzt, ist direkt oder indirekt das Produkt eines Ausleseprozesses, der die gesamte Bevölkerung erfasst. Entscheidend ist, dass die Gesamtpopulation zumindest einige wenige potenzielle Stars enthält. Es könnte durchaus sein, dass es im Durchschnitt mehr potenzielle Basketballstars unter einer bestimmten Anzahl von *Watussi* oder *Massai* gibt als unter einer gleichen Anzahl von Einwohnern in Boston, doch das sagt wenig darüber aus, wohin die Goldmedaillen in dieser Sportart gehen. Es könnte sehr gut sein, dass die meisten schwarzen Frauen in Ostafrika in der Lage sind, beim Gehen riesige Lasten auf den Kopf zu balancieren, als wäre es die natürlichste Sache der Welt. Natürlich ist das genetisch bedingt. Aber niemand wird ernsthaft behaupten, dass europäischen Frauen die genetischen Voraussetzungen fehlten, genau das Gleiche zu leisten. Sie leben einfach in einer anderen Kultur, in der diese Fähigkeit nicht von frühester Kindheit gefördert und eine entsprechende Entwicklung der körperlichen Voraussetzungen eingeleitet wird. Warum sollte es mit dem Laufen anders sein, bringt es dort doch nur ein verschwindend kleiner Prozentsatz der Bevölkerung zu hervorragenden Leistungen? Talent allein reicht nicht.

Der Schluss des Buches von Bale und Sang lautet: »Im Sport sind Kultur und nicht Biologie, Einstellung und nicht Höhenlage, Erziehung und nicht Natur die entscheidenden Variablen, die ›erklären‹, warum jemand in der rationalisierten und regulierten Welt des Leistungssports Erfolg hat.« Tom Derderian, der über den Boston-Marathon schrieb, vertritt die gleiche Auffassung:

> »Der Begriff des Talents ist ein Mythos, weil Talent nur in der Rückschau erkennbar wird. Man sollte mit diesem Mythos endlich Schluss machen, weil er eine Beleidigung für jeden Athleten ist, der es bis an die Spitze geschafft hat. Er verdankt das nicht dem ungerechten und unverdienten Glücksfall seiner Gene, sondern einem Akt des freien Willens, dem Entschluss, sich mit allen Kräften um den Sieg zu bemühen. Mit der bewussten Entscheidung tritt der Athlet in den Wettbewerb ein und gibt sich das Versprechen, zu gewinnen. Mit dieser Absicht, der Unterstützung der Gemeinschaft, seinem Wissen, seiner Einsicht und der Bereitschaft, ein Risiko einzugehen und die Konsequenzen in Kauf zu nehmen, geht keine Garantie, sondern nur eine gewissen Hoffnung auf Erfolg einher. Das Talent liegt nicht in unseren Genen, sondern in unserem Bewusstsein.«

Nur wenige Menschen wissen, was erforderlich ist, um es zu Meisterehren zu bringen, wenn sie es nicht selbst versucht haben. Wie Bill Rodgers, Gewinner von vier Boston- und vier New-York-Marathonläufen, sagte: »Laufen ist der verbreitetste Sport der Erde mit den besten Athleten. Es verlangt so viel körperliche und geistige Energie, wirkliches Engagement.« Doch eine Wahrheit schließt nicht notwendigerweise die andere aus. Ohne die nötige Gesundheit und Physis, das heißt, die Gene, kann man im Laufen keine Lorbeeren erringen. Wir sind nicht alle identische Erbsen aus derselben Schote, die zufällig in verschiedene Richtungen rollen.

Es *gibt* individuelle Unterschiede. Für den einen mag es relativ leicht sein, mit ein bisschen Training eine Meile unter fünf Minuten oder einen Marathon unter drei Stunden zu laufen, während für andere derartige Leistungen heroische Großtaten sind. Heroismus verdient meiner Meinung nach Anerkennung, wo immer er unter Beweis gestellt wird. Eine Meisterschaft zu erringen verlangt Engagement und Risikobereitschaft, doch die Risiken sind weit größer, wenn das Talent geringer ist. Läufer, die scheinbar weniger Größe haben, weil sie in der großen Menge hinterherlaufen, beweisen unter Umständen mehr Mut und Willensstärke als die späteren Sieger. Wie viele Widerstände kann Tapferkeit überwinden? Wenn Sie sich läuferische Ziele stecken, ist Realismus geboten. Sie müssen wissen, ob Sie eine Katze oder ein Hund sind.

Als Ed Styrna, mein Leichtathletiktrainer am College und ehemaliger US-Meister im Hammer- und Speerwurf, gebeten wurde, mich sehr viel später einmal als Läufer zu beurteilen, schrieb er: »Ben wäre in einem 200-Meter-Lauf gleich nach dem Start hoffnungslos hinter einem Michael Johnson zurückgeblieben, aber Johnson wäre ein Narr gewesen, hätte er versucht, mit Ben in einem Ultralauf Schritt zu halten. Ben hatte die Muskeln, die man für solche Ausdauerwettkämpfe braucht, und er hatte die mentale Stärke, die man benötigt, um diese Muskeln richtig zu verwenden.«

Sportliche Leistungen hängen von einer realistischen Einschätzung der eigenen Fähigkeiten ab. Niemand wird viele Jahre lang die Strapazen und Entbehrungen eines fast unerträglichen Trainings auf sich nehmen, wenn der Sieg unmöglich ist oder wenn einem im Falle eines Sieges der Ruhm genommen wird. Liegt die Latte unerreichbar hoch, wird es an Aspiranten fehlen, und steht kein Ruhm in Aussicht, wird es an Inspiration fehlen. Letztlich werden wir auf dem Amboss unserer Umwelt geformt, und der Hammer ist unser Geist, so wir denn von ihm Gebrauch machen.

Wichtig ist der Traum. Bei uns aktiviert er das Gehirn und bei allen Geschöpfen, sogar den Insekten, aktiviert das Gehirn den Körper. Insekten träumen vermutlich nicht, doch bei einigen Arten wirken feine Umweltreize so auf das Nervensystem ein, dass es den Körper mit Hormonen überflutet, die für intensives Muskelwachstum und viele andere Veränderungen sorgen. Bei einigen Blattläusen bewirkt die einfache Veränderung der Tageslänge, dass sie Flügel ausbilden und die Muskeln anlegen, die sie brauchen, um jene anzutreiben. Hormonale Stoßwellen, die umfassende körperliche Veränderungen bewirken, sind nicht nur bei Insekten universell verbreitet, sondern auch bei Reptilien, Amphibien, Vögeln und Säugetieren. Wenn die Hormonproduktion im Gehirn eines Tieres durch bloße Lichtblitze und andere anscheinend triviale, externe Hinweisreize ausgelöst werden können, ist doch die Annahme durchaus nicht abwegig, dass wir vielleicht auch durch kühne Träume Veränderungen erfahren, die uns in die Lage versetzen, zu leisten, was wir sonst niemals vollbringen könnten.

Mein Entschluss, alles zu tun, um die US-Meisterschaft über die 100-Kilometer-Strecke zu gewinnen, barg ein großes Risiko, weil ich mir damit ein Ziel gesteckt hatte, das ich möglicherweise nicht erreichen konnte. Ich musste mich innerhalb der Grenzen meiner »normalen« Physiologie vollkommen umgestalten, um auf diese Weise zu leisten, wozu ich sonst nie in der Lage gewesen wäre. Aber was *war* möglich? Als ich den Golden-Gate-Marathon gewann, Erster meiner Altersgruppe im Boston-Marathon und Dritter in meinem ersten 50-Kilometer-Rennen wurde, hatten die entscheidenden Augenblicke immer ganz am Ende des Rennens gelegen. Vielleicht hatte ich meine wahre Stärke entdeckt. Keinen rückhaltlosen Gebrauch von ihr zu machen, um ein Ziel zu erreichen, das mir so viel bedeutete, wäre mir wie Verschwendung, wenn nicht gar sträfliche Undankbarkeit erschienen – als vergeude man eine kostbare Gabe.

Kapitel fünfzehn

# Die Fitness des Nicht-in-Form-Seins

Natur hat weder Kern noch Schale,
alles ist sie mit einem Male …

GOETHE

Als ich die temperaturabhängige Ausdauerphysiologie der Schwärmer an der University of California untersuchte, züchte ich hunderte dieser Tiere aus Raupen und fütterte sie mit frischen Tabakpflanzen, die ich im Treibhaus anbaute. Die großen grünen Larven, diese plumpen und langsamen Geschöpfe, wurden zu scheinbar leblosen, gliedlosen braunen Puppen, die zwei Wochen lang gänzlich ohne Bewegung wie Mumien dalagen. Nach diesem 14-tägigen Zwischenspiel hatte sich jedes Tier vollkommen umgestaltet, in einen Schwärmer mit Flügeln, Beinen und einem Saugrüssel, der so lang wie sein ganzer Körper war und zu einer säuberlichen Rolle unter seinem Kopf aufgewickelt wurde. Der Schwärmer schlüpfte aus seinem Puppengehäuse, krabbelte ein paar Zentimeter auf einem Ast entlang und hing dort zwei Stunden lang schlaff herab, während er sich allmählich dehnte und sich die Flügel und das Exoskelett härteten. Am Abend zitterte der frisch gebackene Schwärmer ein oder zwei Minuten lang, um seine mächtigen Flügelmuskeln so aufzuwärmen, dass er sie rasch und kräftig kontrahieren konnte. Dann erhob er sich in die Luft und zeigte mit schwirrenden Flügeln ein vorzüglich koordiniertes Verhalten. Gegen Ende der Aufwärmphase und während des Flug kontrahierten diese Muskeln vierzig Mal pro Sekunden. Dazu war ein Energieumsatz mit einer ungeheuren aeroben Kapazität erforderlich: nämlich viermal so hoch wie das $V_{O2\text{-}max}$ eines Gabelbocks in vollem Lauf. Unglaublicherweise tritt dieser extreme aerobe Energieumsatz praktisch ohne vorheriges Training auf (im Puppenstadium sind lediglich ein paar Muskelkontraktionen möglich; soweit wir wissen, verstärkt körperliche Tätigkeit den bereits hohen aeroben Energieumsatz nicht weiter). In ähnlicher Weise können einige Jungvögel ohne vorherige Übung oder Konditionierung fliegen, wenn sie das Nest verlassen. Alles, was sie brauchen, ist Reifung.

Es scheint unmittelbar einzuleuchten, dass diese Geschöpfe sofort in Form sind. Kurzlebig, wie die Schwärmer und viele Vogelarten sind, haben sie nicht Jahre oder Monate Zeit, um sich auf ihre Lebensaufgaben vorzubereiten. Diese Schwärmer ernähren sich von Nektar und leben nur einige Wochen. Einige andere Schwärmer nehmen überhaupt keine Nahrung zu sich und leben in ihrer endgültigen Gestalt nur wenige Tage. Pfauenspinner *(Saturniidae)* werden ohne Mundwerkzeuge geboren und verhungern, wenn nach einigen Flugnächten die Energiereserven aufgebraucht sind, die sie mitbekommen haben. Sie können weder Zeit noch Energie mit Training verschwenden.

Jedesmal, wenn ich mich mit der schwierigen und häufig quälenden Aufgabe auseinander setzte, mich für ein Rennen in Form zu bringen, dachte ich an die

Schwärmer. Warum verlieren wir unsere körperliche Form? Warum ist es für Falter so leicht und für uns so schwer, im Zustand idealer aerober Fitness zu verharren, sowohl was die Energieabgabe als auch die motorische Koordination angeht? Ich kannte Läufer, die mit wenig Training schneller und weiter laufen konnten als ich. Fehlte es mir an Talent? War es mein natürlicher Zustand, unbeholfen und außer Form zu sein?

Vielleicht waren wir Menschen in unserer Evolutionsgeschichte dazu gezwungen, fast ohne Unterbrechung aktiv zu sein, um zu überleben, sodass wir vielleicht im Gegensatz zu Faltern nie vor der Notwendigkeit standen, uns mit den Auswirkungen längeren Müßiggangs auseinander zu setzen. Für diese Annahme sprechen die Untersuchungsdaten, die über Knochen und Bären vorliegen: Unsere Knochen werden brüchig und schwach, wenn sie nicht täglichen Belastungen ausgesetzt sind, wie sie etwa durch das Gehen entstehen. Bären, die sechs Monate lang im Winterschlaf liegen, haben keine nachteiligen Folgen für ihre Knochen zu befürchten. Wenn andererseits das Laufen in der gesamten Evolutionsgeschichte eine Konstante in unserem Leben war, ist es für uns vielleicht eine Voraussetzung eines optimalen Gesundheitszustands, ähnlich wie die Vitamine, die zu produzieren unser Körper im Zuge der Evolution nicht gelernt hat, weil sie immer ein Teil unserer normalen Ernährung gewesen sind. Wir müssen für körperliche Betätigung und Vitamine sorgen, wenn unsere normale Lebens- und Ernährungsweise erheblich von den ursprünglichen Bedingungen abweicht, die uns geprägt haben. Umgekehrt oder ergänzend ist die Fähigkeit, außer Form zu sein, vielleicht ebenfalls ein Anpassungsmechanismus, weil sie uns eine neuromuskuläre Flexibilität ermöglicht. Beispielsweise können wir unseren

Körper durch Training verändern, von der schlanken Statur des Läufers zu der kompakten des Gewichthebers. Dazu sind Falter nicht in der Lage. Ihre neuronale Verdrahtung und ihr muskulärer Bau ermöglichen ihnen nur eine einzige Aufgabe, die sie außerordentlich gut beherrschen, die ihnen andererseits aber auch die Möglichkeit nimmt, ihre Gestalt zu verändern.

Ein Nachteil aerober Lauffitness ist der Verlust an muskulärer Schnellkraft. Untrainiert nehme ich gewöhnlich drei Stufen auf einmal, weiß aber, dass ich für Langstrecken trainiert bin, wenn ich nur noch zwei schaffe. Den Verlust an Schnellkraft, der mit aerober Konditionierung einhergeht, führt man auf eine Umwandlung von FT-Muskelfasern in ST-Fasern zurück. Das heißt, bei aeroben Training büßen wir Sprintgeschwindigkeit ein. Umgekehrt können wir speziell Sprintgeschwindigkeit trainieren, doch nur auf Kosten der Ausdauer. Ähnliche Kompromisse gelten für Fettpolster, einen anderen Aspekt des Außer-Form-Seins.

Wenn wir Nahrung brauchen, ist es natürlich von Vorteil, das Tempo und die Beweglichkeit zu besitzen, um die Beute zu hetzen und zu erlegen. Sobald wir die Nahrung haben, ist es sicherlich ein Selektionsvorteil, wenn wir aufbewahren können, was wir so mühsam erworben haben. Dann zahlt es sich möglicherweise nicht nur aus, den Energieumsatz abzusenken, sondern auch, die Nahrung in Fett umzuwandeln und das Fett zu behalten. Diesem Zweck würde eine eingeschränkte Beweglichkeit, eine Art physische Trägheit, dienen. Tatsächlich verringern die meisten Tiere, sobald sie fett sind, ihre Beweglichkeit und werden meist noch fetter, wenn genügend Nahrung vorhanden ist. Eine Ausnahme sind Vögel, weil sie die Fettreserven, die sie sich angefressen haben, rasch auf ihrer Wanderung oder beim Zittern in kalten Nächten verbrauchen. Trotzdem werden sie nie fett, auch nicht, wenn reichlich Nahrung vorhanden ist. Sie verwenden das Fett in bestimmten Zeiten zu bestimmten Aufgaben.

Fett ist das Bankkonto des Körpers. Die Währung sind Kalorien. Es ist eine Versicherung, die wir auf schlechte Zeiten abschließen. Der beste Beweis für den Beitrag, den Fett für die Tauglichkeit leistet, zeigen die Tiere, die in einer Umwelt mit starken jahreszeitlichen Schwankungen leben. In den Wäldern von Maine sind die Elche, Stachelschweine und Schneeschuhhasen, die sich das ganze Jahr hindurch von den reichlich vorhandenen Zweigen und Blätterknospen ernähren, immer schlank. Sie brauchen keine Energiereserven mit sich herumzutragen und werden durch ihr genetisches Programm nicht veranlasst, Kalorien für Zeiten möglicher Nahrungsknappheit zu speichern. Sie können schlank bleiben, was notwendig ist, damit sie ihren natürlichen Feinden entkommen können. Die meisten Tiere werden auch bei ständig vorhandenem Nahrungsangebot nicht fett, weil dünn zu sein von Vorteil für sie ist. Auf der anderen Seite werden Tiere, deren Nahrung im Winter nicht mehr vorhanden ist – unter anderen Waldmurmeltiere, Bären, Waschbären und Stinktiere –, im Herbst regelrecht fettsüchtig: Dann fressen sie, wann immer sie Gelegenheit dazu haben, als gäbe es kein Morgen. Die genetische Ausstattung, die sie dazu veranlasst, haben sie eben deshalb, weil das Morgen, das sie voraussehen, in magere Zeiten fällt. Entsprechend ist für unseren Körper Fasten ein Gefahrensignal, das sagt: »Nahrung wird knapp – leg Vorräte an, wenn du kannst.« Daher lautet meine Vorhersage, dass jemand, der abzunehmen versucht, besser daran tut, die Kalorienmenge ganz allmählich abzusenken, als richtiggehend zu fasten, sodass es der Aufmerksamkeit des Körpers entgeht.

Einige Tiere, wie zum Beispiel Zugvögel, die ihr Körpergewicht in ungefähr zwei Wochen verdoppeln können, legen Fettpolster an, die selbst die Fähigkeiten des Menschen weit hinter sich lassen. Wir wissen nicht, wie sie es machen, aber es gibt Hinweise. Erwartungsgemäß ist die physiologische Appetitregulierung ein entscheidender Faktor, der auf chemischen Signalen im Blutkreislauf beruht. Die Botenstoffe wirken auf die Appetitzentren im Gehirn ein und werden ihrerseits von Umweltreizen beeinflusst. Bären sind den ganzen Sommer und Herbst hindurch regelrechte Vielfraße, doch in Winter und Frühjahr fressen und trinken sie nicht, selbst wenn Nahrung vorhanden ist. Würden Bären im Winter hungrig, blieben sie nicht ruhig an einem Fleck, und winteraktive Bären würden nicht überleben, um ihre Gene weiterzugeben, weil sie ihre Fettreserven zu früh erschöpft hätten. Selbst wenn sie aus dem Winterschlaf erwachen, ist ihr Appetit trotz einer halbjährigen Fastenzeit zunächst noch durch die chemischen Signale im Blut sehr gedämpft. Die Tiere sind erheblich abgemagert, weil sie sich – und ihre Jungen, wenn es sich um Weibchen handelt – von der eigenen Substanz ernähren müssen. Die Appetitunterdrückung im Frühling ist bei den Bären ein Anpassungsmechanismus, weil in dieser Jahreszeit meist noch nicht viel Nahrung verfügbar ist. Für sie liegen die Erntemonate im Spätsommer und Herbst, und dann steigt ihr Appetit entsprechend an.

Menschen sind, wie Vögel und Bären, offenkundig in der Lage, Fettspeicher anzulegen, was darauf schließen lässt, dass unsere Vorfahren höchstwahrscheinlich einen Wechsel von Zeiten des Nahrungsüberflusses und der Nahrungsknappheit erlebt haben. Abgesehen von jahreszeitlichen Schwankungen des Nahrungsvorkommens, konnten wir Hungersnöte und Jagderfolge nicht voraussagen. Aus unserer Fähigkeit, jederzeit Fettreserven anzulegen, können wir im Übrigen schließen, dass diejenigen, die lange genug überlebten, um unsere Vorfahren werden zu können, in der Lage waren, immer dann Fettpolster zu bilden, wenn sich die Gelegenheit bot. Besonders groß sind die Vorteile der Fettspeicherung für Frauen, die ihr Energiegleichgewicht auch während der Schwangerschaft und Stillzeit aufrechterhalten müssen. Daher ist es kein Wunder, dass Frauen auch heute noch im Durchschnitt mehr Körperfett als Männer haben und es auch leichter anlegen.

Über die Gründe, warum die Natur Fettleibigkeit trotz der mit ihr verknüpften Nachteile begünstigt hat, können wir nur spekulieren, allerdings liefern uns die Beispiele anderer Tiere Hinweise. Besonders nützlich ist Fettleibigkeit, wenn – wie bei Winterschläfern – riesiger Energiebedarf mit reduzierter Beweglichkeit zusammenfällt. In der Evolutionsgeschichte des Menschen waren fortpflanzungsfähige Frauen praktisch immer schwanger oder in der Stillzeit. Der Energiebedarf in diesen Perioden war enorm. Außerdem waren Frauen mit Kindern nicht so mobil wie Männer. In einer Welt, in der die Ressourcen häufig begrenzt waren, wurde Fettleibigkeit mit Fruchtbarkeit assoziiert und deshalb als sexuell attraktiv empfunden.

Bei den Frauen hat die Evolution möglicherweise zu einer geschlechtsspezifischen Verteilung des Körperfetts geführt, die ihr Erscheinungsbild akzentuierte und der Präsentation diente. Während ein schlanker Körper potenzielle Mobilität und damit die Fähigkeit signalisiert, mit für die Herbeischaffung von Ressourcen sorgen zu können, teilt ein plumper Körper seinen Wert für die Fortpflanzung auf weit direkte Art mit: dass er nämlich ideal für das Gebären und Stillen geeignet ist. Für die meisten menschlichen Gesellschaften der Vergangenheit waren Perioden der Nahrungsknappheit ein fast unausweichliches Schicksal. Da heute in vielen Ländern die Lebensmittelsproduktion und die Verteilungssysteme die Nahrungsversorgung vorhersehbar und zuverlässig gemacht haben, besitzt Fettleibigkeit keinen adaptiven Wert mehr und wird daher auch nicht mehr als Zeichen des Erfolgs gewertet. Unsere natürlichen Tendenzen sind nicht immer und unter allen Umständen von Vorteil. Die Wissenschaft kann uns helfen, unsere biologischen Programme zu erkennen, und unser Wertsystem kann uns helfen, sie entweder zu überwinden oder zu bejahen.

Möglich ist auch, dass es regionale Unterschiede gab, die darüber entschieden, ob die Fettspeicherung von Vorteil oder von Übel war, und dass sich diese Unterschiede noch in der Gegenwart widerspiegeln. So hat man die These aufgestellt, die Polynesier im Südpazifik würden stärker zu Fettansatz neigen als viele andere Völker. Die vielen tausend Inseln Ozeaniens seien von besonders überlebensfähigen Menschen bevölkert worden – Menschen, die monatelang auf hoher See trieben. Während dieser langen Seereisen, die mit Zufallskolonisationen endeten, hätten diejenigen, die bei Beginn der Reise die größten Energiereserven besessen hätten, länger gelebt (wie die Zugvögel mit dem höchsten Fettanteil) und daher auch mit größerer Wahrscheinlichkeit das rettende Land erreicht als diejenigen ihrer Reisegenossen, die schon bei Antritt der Fahrt mager gewesen seien. Die Überlebenden hätten dann ihre die Fettspeicherung begünstigenden Gene an ihre Nachkommen weitergegeben. Unabhängig davon, ob die Fähigkeit, fett zu werden und fett zu sein, später von Nutzen gewesen sei, werde sie noch heute als Überlebensmerkmal vererbt. In Teilen Ozeaniens gilt Fettleibigkeit auch heute noch als Zeichen von Schönheit.

Beim Training für den Ultramarathon beschloss ich, meine Fähigkeit zur Fettverbrennung gezielt zu steigern und meine Fettbildung entsprechend zu reduzieren. Natürlich brauchte ich Fett, das ich verbrennen konnte, aber ich durfte nur eine sehr dünne Fettschicht haben, obwohl mein Körper natürlich versuchen würde, sich gegen diese Tendenz zu wehren und größere Fettreserven anzulegen.

Mein natürliches Körpergewicht – das Gewicht, das ich seit der Highschool habe, selbst heute noch, mit 60 Jahren – liegt ziemlich genau bei 72 Kilogramm. Ich habe keine erkennbaren Fettpolster, bin aber mit meiner Körpergröße von einem Meter siebzig ziemlich kompakt für einen Langstreckler. Beispielsweise ist Bill Rodgers, seines Zeichens Olympiasieger und häufiger Gewinner der Marathonläufe von Boston und New York City, genauso groß wie ich, wiegt aber gut 15 Kilogramm weniger. Frank Shorter, Olympiasieger im Marathon von 1972, bringt zwölf Kilogramm weniger auf die Waage als ich, obwohl er fünf Zentimeter größer ist. Ich musste also abnehmen. Aber wie? Eine Verringerung der Kalorienaufnahme hätte zu Konflikten in meinem Körper geführt. Anfangs wäre der Gewichtsverlust vielleicht einfach gewesen, doch dann wäre mein Körper erwacht und hätte verteidigt, was er als seine angestammte Masse betrachtete, indem er den Energieverbrauch abgesenkt und hartnäckig an den Kalorien festgehalten hätte, die während unserer Evolutionsgeschichte in der Regel mühsam erworben werden mussten. Dass es einen Marathon zu gewinnen galt, würde meinen Körper nicht interessieren. Er kennt nur die Dinge, die dem langfristigen Überleben dienen. Diäten können den Energieumsatz bis zu 45 Prozent reduzieren und uns dadurch schwach, flau und langsam machen, während sie das Gewicht nur allmählich absenken. Das hätte mir nichts genützt, da es meine Fähigkeit beeinträchtigt hätte, den hohen Energieverbrauch abzurufen, den ich für schnelles Laufen brauche. Wie konnte ich meinen Körper veranlassen, ein Gewicht wie das von Shorter anstelle meiner 72 Kilogramm zu akzeptieren, ohne dafür die Fähigkeit einer hohen Arbeitsleistung zu opfern?

Kapitel sechzehn

# Ernährung

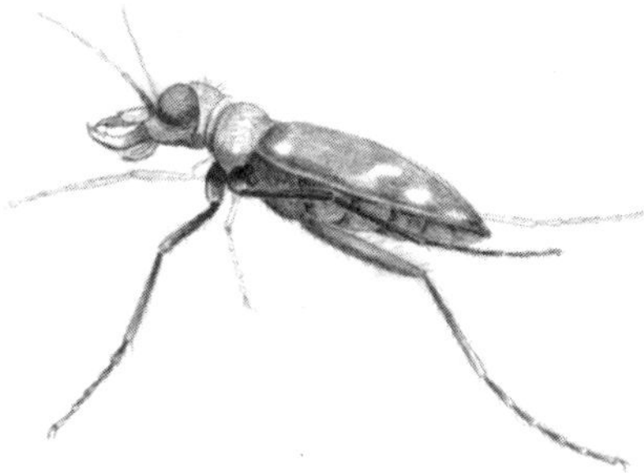

Essen wird durch psychologische Antriebe gesteuert, die ihrerseits unter dem Einfluss von chemischen Stoffen im Blut stehen. Allein der Gedanke an einen Hamburger kann die chemischen Verhältnisse in Ihrem Blut verändern. Ein Hund muss den Hamburger zuerst sehen oder riechen oder zumindest eine Glocke hören. Wir können an die Wirkung auf unseren Körper Jahre zuvor denken und sie so beeinflussen. Die Ernährung allein hat wenig Einfluss auf den offenbar ziemlich unverrückbaren hypothalamischen Sollwert unseres Körpergewichts, wenn sie nicht mit einem starken Willen gekoppelt ist. Kann der Geist den Sollwert beeinflussen? Wenn wir die Magersucht als Beispiel nehmen, dann ist unser Geist offenbar mühelos in der Lage, unseren hypothalamischen Sollwert zu verändern. Also habe ich mir wie ein Magersüchtiger ständig ein dünneres Körperbild vor Augen gehalten.

Wir wissen, dass der Hypothalamus Kontrollzentren besitzt, die unsere Grundbedürfnisse steuern, unter anderem die optimale Aufnahme von Kalorien, bestimmten Vitaminen und anderen Nährstoffen. Wir können gefährliches Übergewicht bekommen, wenn die Nährstoffe, die wir brauchen, in der Nahrung, die wir zu uns nehmen, nicht ausreichend vorhanden sind, sodass wir mit zusätzlichen Kalorien belastet werden.

Bei der Vorbereitung auf den 100-Kilometer-Lauf brauchte ich viele Nährstoffe in verschiedenen Mengen, und ich ging davon aus, dass ich nicht genau bestimmen konnte, welche es waren und in welchen Mengen ich sie benötigte. Es gibt sowieso keine absoluten Erkenntnisse. Viel würde von den Bedingungen abhängen. Auf jeden Fall war damit zu rechnen, dass ich bei einem täglichen Trainingspensum von mehr als 30 Kilometern einen anderen Nährstoffbedarf hatte als jemand mit einem normalen Aktivitätsniveau. Ich vermochte nicht zu entscheiden, was ich brauchte, hoffte aber darauf, dass mein Körper es wissen würde, so, wie jedes wild lebende Tier es weiß. Beispielsweise besitzt ein Gabelbock eine Physis, die zum Laufen ideal geeignet ist. Er frisst die richtigen Pflanzen, ohne etwas über Ernährungslehre zu wissen. Er gehorcht einfach seinen Vorlieben und Abneigungen und sucht sich seine Nahrung aus dem Angebot heraus, das seine Umwelt für ihn bereithält. Ich beschloss, mich wie ein solches Tier zu verhalten. Mein Körper würde sich schon die richtigen Dinge in den richtigen Mengen auswählen, vorausgesetzt, er hatte die Wahl unter einem vielfältigen Angebot an unbehandelten oder minimal behandelten Nahrungsmitteln.

Meine »Alles-was-schmeckt«-Ernährungsstrategie hatte drei zusätzliche Aspekte. Erstens, ich lief viel, daher war mein Kaloriengleichgewicht beträchtlich in Richtung Energieverbrauch verschoben. Zweitens, ich visualisierte Schlankheit in der gleichen Weise, wie ich Geschwindigkeit und Ausdauer visualisierte. Diese Vorstellungsbilder vermochten zwar meinen Körperbau nicht direkt zu beeinflussen, konnten aber sehr wohl auf meine Nahrungsaufnahme und mein Training und auf dies Weise auch auf das Endergebnis einwirken. Und schließlich – der möglicherweise wichtigste Aspekt – ging ich von der Erkenntnis aus, das ich ein Nachfahr jagender Affen bin, die wahrscheinlich regelmäßig Fleisch fraßen.

Die Nährstoffe, die unser Körper nicht herstellen kann, müssen wir mit unserer Nahrung aufnehmen. Daher brauchen beispielsweise Ratten, die körpereigene Askorbinsäure (Vitamin C) bilden können, sie nicht in ihrer Nahrung aufzunehmen. Wir benötigen sie in dem, was wir essen, – wahrscheinlich, weil unsere Vorfahren ständig Dinge aßen, die voller Askorbinsäure waren, sodass wir nicht die Stoffwechselwege entwickeln mussten, die erforderlich sind, um diesen Stoff herzustellen.

Nahrung ist für uns viel mehr als nur eine Kalorienquelle. In ihr sind alle Aminosäuren vorhanden, die wir brauchen, um Körperproteine zu bilden. Ferner enthält sie die Fette, die eine wesentliche Rolle beim Gehirnwachstum in der Kindheit spielen: das Eisen für den Sauerstofftransport, das Vitamin B, das für den oxidativen Stoffwechsel notwendig ist, und die Vitamine A, D, E und K. Wenn Fleisch alles aufweist, aus was ein Tier besteht, hat es dann nicht auch alles, was wir brauchen – abgesehen von den Kalorien, die wir bei körperlicher Tätigkeit verbrennen? Das heißt nicht, dass wir Fleisch unbedingt brauchen. Die gleichen Nährstoffe bekommen wir in Pflanzen oder speziellen Pillen, doch dann macht die richtige Ernährung sehr viel mehr Mühe. Jedes Tier hat seine natürliche, evolutionär verwurzelte Ernährungsweise. Allzu leicht übersehen wir das eine oder andere Detail, wenn wir versuchen, Gott zu spielen. Ich wollte mich lieber auf meinen Appetit verlassen. Und je mehr ich lief, desto mehr verlangte es mich nach fetten Schweinekoteletts.

Gemessen an den Erkenntnissen, die meine Studien an Zugvögeln gebracht hatten, war es vielleicht keine schlechte Wahl. Der Fettstoffwechsel ist biochemisch verknüpft mit dem Einweißstoffwechsel, was der Grund ist, warum wir uns nicht allein von Fett ernähren können, sondern gleichzeitig Eiweiß brauchen. Zugvögel verschaffen sich ihr Eiweiß, indem sie buchstäblich einen Teil ihres Körpers verzehren. Außerdem verwendet ihr und unser Gehirn Glukose und kein Fett als Brennstoff. Nachdem die Glykogenreserven aufgezehrt sind, wird die Glukose aus dem Eiweißabbau gewonnen, also der Muskeldegeneration. Beispielsweise hat man beim Großen Knutt *(Calidris tenuirstris)* nach seinem Nonstop-Flug über 5400 Kilometer von Australien nach China neben seinem ungeheuren Fettverlust auch eine Gewichtseinbuße von Haut, Salzdrüsen, Brustmuskeln, Herz, Leber, Darm, Nieren, Milz und Beinmuskeln beobachtet. Fasten führt zu einem ähnlichen Abbau der Körperproteine, daher wollte ich mir mein Eiweiß lieber aus dem Magen als aus den Muskeln und lebenswichtigen Organen holen. Bei Zugvögeln und bei Menschen, die lange fasten, bleibt nur das Gehirngewicht konstant. Das zeigt, was für Laufen und Leben wichtig und unverzichtbar ist.

Kapitel siebzehn

# Brennstoff zum Laufen

Was mich nicht umbringt, macht mich härter.

NIETZSCHE

Wanderdrosseln, Waldsänger und die meisten anderen Singvögel leben, solange sie jung sind und im Nest sitzen, fast ausschließlich von einer Eiweißkost aus Würmern und Insekten. Mit anderen Worten, sie fressen Fleisch. Später, wenn sie ausgereift sind und sich auf den Zug vorbereiten, verändern sie ihre Ernährungsweise. Da sie Kalorien für die Energiegewinnung brauchen, fressen sie sich mit Beeren und anderer kohlenhydratreicher Nahrung Fettreserven an. In ähnlicher Weise füllen die Vögel bei den Zwischenhalts auf ihrem Zug wieder auf, was sie auf dem Flug verloren haben. Vögel, die frisch an solchen Rastplätzen eintreffen, nehmen zunächst nur langsam zu und brauchen eine sehr eiweißreiche Kost, um die Regeneration ihres Verdauungstrakts zu beschleunigen. Erst dann können sie rascher fressen und sich wieder eine Fettschicht zulegen. Tage vor dem Abflug nimmt ihre Herz- und Muskelmasse noch immer zu, doch Leber, Verdauungstrakt und

Beinmuskulatur werden wieder leichter, weil die Masse in Fett umgewandelt wird. Es ist, als würden die Vögel die Organgröße für die Anforderungen des Flugs optimieren. Kurzum, in ihrer Entstehungsphase brauchen sie die Rohstoffe, aus denen ihr Körper aufgebaut ist. Später sind sie eher wie Maschinen, die Brennstoff brauchen. Ihr Eiweißbedarf ist nur noch gering.

In ähnlicher Weise ging ich von der Annahme aus, dass das Training für den 100-Kilometer-Lauf einen erheblichen Verschleiß bringen würde, der die Wiederherstellung von Gewebe erforderlich machte. Diesem Zweck – der Behebung von trainingsbedingten Gewebeschäden – könnte Eiweiß dienen, das andererseits aber keineswegs geeignet war, mir den Brennstoff für Rennen zu liefern. Es gibt drei Gründe, warum ich nie auf den Gedanken gekommen bin, während eines Rennens größere Mengen Eiweiß zu essen: die Arbeit, die erforderlich ist, um es zu verdauen; das giftige Abfallprodukt Harnstoff; der Verlust des Wassers, das erforderlich wäre, um den Harnstoff aus dem Körper zu spülen.

Die Versorgung mit bestimmten Nahrungsmitteln während dem Training und den Wettkämpfen ist für Läufer, die auf kürzeren Strecken starten, kein Problem, doch wie ich noch zeigen werde, wurde es für mich als Ultraläufer zu einer eminent wichtigen Frage. Ein Sprinter verwendet fast ausschließlich ATP (Adenosintriphosphat) und CP (Creatinphosphat), die zelluläre Energiewährung für sofortige Ausgaben. Außerdem kann er auf die Glykogenreserven in den Muskeln selbst zurückgreifen. Ein Mittelstreckenläufer muss die Glykogenreserven verwenden, die in der Leber gespeichert sind. Über das Blut greift er auf sie zu, um ATP und CP aufzufüllen. Glykogen ist ein Molekül zur Energiespeicherung, das der Körper aus fast allen Nahrungsmitteln herstellt, die Eiweiß, Fett oder Kohlenhydrate enthalten, und wir sorgen dafür, dass es immer vorrätig ist. Soweit es den Brennstoff für Kurz- und Mittelstreckenläufer angeht, spielt es also kaum eine Rolle, *was* gegessen wird, weil alle Nahrungsaufnahme in die gleiche Währung umgewandelt wird – ATP und Glykogen. Der gegenwärtige Weltrekordhalter über 1500 Meter, der nach meiner Überzeugung die nächste olympische Goldmedaille über diese Strecke gewinnen wird, ist der Marokkaner Hicham Guerrouj (in Sidney kam er als Zweiter hinter dem Kenianer Noah Nzeni ins Ziel, der mit 3:22,07 einen neuen olympischen Rekord aufstellte). Er ernährt sich nach eigenem Bekunden vorwiegend von Kuskus, einem kohlenhydratreichen Essen. Der Finne Lasse Viren, der 1972 und 1976 viermal olympisches Gold gewann, je zweimal über 5000 und 10000 Meter, führte seine spektakulären Erfolge auf die regelmäßig verzehrte Rentiermilch zurück (obschon ich wetten möchte, dass er sie weit eher einer kräftigen Dosis »Sisu« verdankte, einer finnischen Spezialität, eine Mischung aus Schneid und Sturheit).

Probleme mit der Energieversorgung beim Laufen ergeben sich beim Langstreckenlauf, weil die ATP-Speicher in Sekundenschnelle aufgebraucht sind, und die Menge des Glykogens, das der Körper speichern kann, bei rund 2000 Kilokalorien liegt, während der gesamte Energieverbrauch eines 100-Kilometer-Laufs fast 6000 Kilokalorien beträgt. Bei den meisten von uns sind selbst randvolle Glykogenspeicher aufgebraucht, noch bevor wir die Marathondistanz von rund 42 Kilometern hinter uns haben. Glykogenerschöpfung wird von Sportlern als »Einbrechen« bezeichnet. Es ist ein Gefühl, als ob gar nichts mehr geht, das Gefühl, das sich einstellt, wenn die Glukose im Blut (die aus den Glykogenspeichern in der Leber stammt) plötzlich abfällt. Es kommt zu einer Umstellung des Stoffwechsels. Sie ist weder plötzlich noch vollständig, aber sie tritt ein. Wir beginnen das Fett und das Eiweiß unseres Körpers zu verwenden, um den Energiebedarf des Laufens zu decken, oder wir nehmen neue Energiereserven auf, indem wir während des Rennens essen.

Ich wusste nicht, welche Nahrung auf einem Ultramarathon für mich am besten sein würde, holte mir aber bei den Ergebnissen aus der Tierforschung Anregungen. Bei Bienen ist beispielsweise die Flugausdauer (wenn es keine temperaturbedingten Einschränkungen gibt) fast ausschließlich eine Funktion der Kohlenhydrate, die im Magen vorhanden sind, und die bringen die Insekten im Allgemeinen überall dorthin, wohin sie müssen. Eine Hummel, die in ihrem Honigmagen ihr Körpergewicht an konzentriertem Nektar (30 Prozent Zucker, 70 Prozent Wasser) mit sich herumträgt, dürfte eine maximale Flugzeit von fast drei Stunden haben. Wie gesagt, mobilisieren Vögel auf ihrem Zug Körperfett als Brennstoff. Wenn ein Vogel sein Körpergewicht verdoppelt, indem er sich eine Fettschicht (ohne Wasser) zulegt, kann er drei Tage und Nächte ohne Unterbrechung fliegen. In Hinblick auf die Energieeffizienz über lange Strecken ist Fett ein sehr viel besserer Brennstoff als eine wässrige Zuckerlösung.

Kohlenhydrate eignen sich besser für hohe Geschwindigkeiten. Solange der Honigmagen einer Biene nicht leer ist, bleibt der Blutzucker hoch und die normale Fluggeschwindigkeit erhalten. Doch kaum ist der Honigmagen leer, ist auch der Flug zu Ende. Entsprechend fühlen wir uns schwach, sobald der Glukosespiegel unseres Blutes absackt. Der Unterschied besteht darin, dass wir, wenn wir zu schwach zum Laufen sind, immer noch gehen können. Dann greifen wir nämlich auf die Fett- und Eiweißreserven zurück, die unser Körper für solche Notfälle bereithält. Obwohl das Brennstoffe mit hohem Energiegehalt sind, haben wir keinen schnellen Zugriff auf sie – ganz im Unterschied zu Vögeln und Insekten. Einzelne Hummeln und Bienen können es sich leisten, ihre Energie fast ganz aus Kohlenhydraten zu beziehen, weil ihnen der Brennstoff so gut wie nie ausgeht. Stets haben sie Zugang zu den Honigreserven des Stocks, zu dem sie gehören. Meist suchen sie ihn in Intervallen von höchstens einer halben Stunde auf. Infolgedessen hat sie die Evolution nicht mit der Fähigkeit ausgestattet, Körperfett zu speichern, sehen sie sich doch einem übermäßigen Nahrungsangebot gegenüber – stattdessen speichern sie die Extrakalorien in der Speisekammer des Stocks.

Meinem Versuch, das Fett im Blut verfügbar zu machen und den Fettstoffwechsel in den Zellen anzukurbeln, lag der Gedanke zugrunde, die Erschöpfung dadurch hinauszuschieben, dass ich die kostbaren Kohlenhydrate sparte. Der Blutzucker (oder das Glykogen in der Leber und auch das Eiweiß, aus dem der Zucker gewonnen wird) ist absolut notwendig für die Gehirnfunktionen. Eine Möglichkeit, den Glukosespiegel während Ultramarathons auf der nötigen Höhe zu halten, besteht darin, sich die Kohlenhydrate aus dem Verdauungstrakt zu besorgen. Bei den meisten Läufern verträgt sich der Magen jedoch nicht besonders gut mit dem Laufen. Es hat den Anschein, als schlössen sich Verdauungstätigkeit und Laufen gegenseitig aus, und viele Läufer, die versuchen, gleichzeitig zu essen und zu laufen, erreichen damit nur, dass sie sich übergeben müssen. Das Problem mag zu vernachlässigen sein, wenn man schnelle Sprints über kurze Strecken absolviert. Doch Magenkontraktionen bedeuten zusätzliches Gewicht und müssen mit Blut versorgt werden, das dann den Muskeln nicht zur Verfügung steht, – mit dem Ergebnis, dass sich der Läufer schwach fühlt und ist. Normalerweise frisst das Raubtier *nach* der Jagd und nicht vor ihr, und das hat durchaus seinen Sinn und Zweck. Doch was ist, wenn der Magen trainiert ist? Ich trainierte ihn, indem ich ein Sandwich, einen Hamburger und Kartoffeln oder sogar eine ganze Mahlzeit unmittelbar vor einem langen Lauf aß. Probleme bekam ich selten, aber ich lief dann auch nicht wirklich schnell.

Naoko Takahashi, eine bekannte japanische Marathonläuferin (Siegerin im Marathonlauf bei den Olympischen Spielen 2000 in Sidney), behauptet, das Geheimnis ihres Erfolgs sei der Magensaft der Maden der Asiatischen Riesenhornisse *(Vespa mandarinia japonica)*, den sie während des Trainings und des Rennens selbst trinke. Der Saft stammt von den zerkauten und verdauten Insekten (meist Bienen), die die erwachsenen Tiere fangen und im gemeinsamen Nest an die Larven verfüttern. Als Gegenleistung für die Fütterung würgen die etwa 4000 Larven, die in jedem Nest vorhanden sind, Tropfen einer klaren Flüssigkeit vor, die von den Erwachsenen getrunken werden. Diese fliegen auf ihren Jagdausflügen bis zu 100 Kilometer pro Tag mit einer Geschwindigkeit von über 30 Stundenkilometern. Diese klare Flüssigkeit haben Forscher aus Tokio an Mäusen und Studenten getestet und anschließend behauptet, sie habe den Fettstoffwechsel ihrer Versuchstiere und -personen gesteigert und gleichzeitig Muskelermüdung wie Milchsäureansammlung verringert. (Die Frage lautet, im Vergleich zu wem oder was?) Meine Kumpel vom »Rowdies Running Club« hätten hierzu zweifellos gesagt, Cola oder Bier ohne Kohlensäure sei leichter zu kriegen und vielleicht sogar besser. Ich nehme an, der Hornissensaft hat einen hohen Zuckeranteil und viele Aminosäuren (aber nicht mehr, als in Honig und Fleisch vorhanden sind). Was die Geschwindigkeit und Ausdauer von Hornissen angeht, so leisten Bienen mehr und Besseres, und sie verbrennen mehr Honig.

Ich habe noch keine Versuche mit dem Saft gemacht, den Hornissenlarven auswürgen, wohl aber mit Honig, einem Stoff, den Bienen auswürgen. Das Experiment mit der Wirkung von Honig beim Laufen führte ich durch, als ich in Walnut Creek, Kalifornien, lebte und für den San Francisco-Marathon trainierte. Mein langer Trainingslauf führte mich hinauf in die Ausläufer des Mount Diablo und zurück, meist bei sengender Hitze. Ich mag Honig ausgesprochen gern, aber fast ein Liter auf einen Schwung war doch ein starkes Stück. Trotzdem würgte ich ihn hinunter und lief zur Tür hinaus, durch die wild wuchernde Vorstadt in Richtung Gebirge. Schon bald überkamen mich gemischte Empfindungen, doch diejenigen im Bauch waren beherrschend. Ein fast unwiderstehlicher Drang. Nur mit größter Mühe schaffte ich es hinter ein paar Büsche am Fuße des Bergs. Nun, ich brachte den halben Weg hinter mich, fühlte mich aber ziemlich benommen und verlor zusammen mit dem Honig eine Menge Flüssigkeit. Neben anderen Sünden, die ich an meinem Körper beging, setzte ich ihn auch einer erhebliche Dehydration aus. Aber ich hatte meine Lektion gelernt – bis ich es mit einer ähnlichen Menge Olivenöl versuchte.

Im dritten Experiment probierte ich eine Mischung aus Kohlenhydraten und viel Wasser aus – Bier. Auf einem meiner Trainingsläufe über 30 Kilometer entdeckte ich nach 15 Kilometern ein Bierversteck unter einigen

Büschen. Ich gönnte mir eine Pause für ein Bier, goss die Drittelliterflasche hinunter, lief weiter und kontrollierte mich mit einer Stoppuhr. Falls ich langsamer würde, müsste ich es mit etwas anderem versuchen. War ich schneller, hätte ich vielleicht eine Entdeckung gemacht. Ich verbesserte meine Zeit ein bisschen.

Für den wirklichen Test wählte ich ein langes Straßenrennen aus und lud mir drei Sixpacks auf. Da ich ein schnelles Rennen erwartete, nahm ich mir vor, alle sechs bis sieben Kilometer ein Bier zu trinken. Wir donnerten davon wie Nashörner in der Brunst. Schon bald hatte ich die Führung übernommen, schlürfte ein Bier nach dem anderen und baute meine Führung sogar noch aus. Als ich nur noch drei Bier übrig hatte und mir gerade zu dem großartigen Lauf gratulieren wollte, fühlte ich mich plötzlich schwach. Zwei Runden vor Schluss verließ mich meine Willenskraft, und ich gab einfach auf. Mir war schlecht. Hätte ich die Sache ernsthaft angehen wollen, hätte ich die Quantitäten sehr viel genauer bestimmen müssen. Doch ich wiederholte das Bierexperiment nicht.

Stattdessen probierte ich Preiselbeersaft aus. Zunächst trank ich ihn nur nach meinen Trainingsläufen, um meinen üblichen Flüssigkeitsverlust von zwei bis drei Kilo wettzumachen. Lebensmittel habe ich nie mitgenommen, weil ich jede Last vermeiden wollte, die meinen Laufstil beeinträchtigen konnte, an dem ich noch arbeiten musste. Daher versteckte ich den Saft entlang meiner Trainingsroute, um nicht bis zum Ende des Trainings warten zu müssen.

Preiselbeersaft ist wie Nektar oder verdünnter Honig im Wesentlichen eine Zuckerlösung. Warum verwendete ich nicht lieber etwas Konzentrierteres wie einen Schokoriegel oder ein Sandwich? Auch das habe ich schon probiert. Die waren großartig, es sei denn, ich lief schnell oder war schon weit gekommen und die Dehydration setzte ein. Doch leider war das die Phase, in der ich Kalorien am dringendsten brauchte. Mein Mund fühlte sich wie Watte an, und ich konnte nicht mehr schlucken. Ich kann sechs riesige Salzkräcker in unter einer Minute verputzen (was ich einmal anlässlich einer Wette unter Beweis stellte), doch unter Wettkampfbedingungen ist mir die Aufnahme von Kohlenhydraten nur in flüssiger Form möglich.

So wurde Preiselbeersaft zu meinem Energie- wie Wasserlieferanten. Daher fand ich, dass »Ocean Spray«, der Hersteller, meinen Lauf in Chicago sponsern könnte, indem es mir seinen Preiselbeersaft kostenlos zur Verfügung stellte. Zu meiner großen Freude erklärte sich das Unternehmen nicht nur damit einverstanden, sondern übernahm auch die Rechnung für Flug und Hotelunterkunft. Das ist alles, was ich je als materielles Entgelt für meine sportlichen Leistungen bekam, und alles, worum ich je gebeten habe.

Ich kenne niemanden, der es inzwischen mit Preiselbeersaft versucht hätte. Zu einem neueren Diätvorschlag für Ultraläufe möchte ich Jan Vadendriesche aus Belgien zitieren, der am 10. Oktober 1999 den 100-Kilometer-Lauf von Boston gewonnen hat: »Lauf unbelastet, aber pass auf die Kalorien auf. Stopf dich nicht voll, bis du kotzt. Vermeide, wenn möglich, Ibuprofen (entzündungshemmendes Arzneimittel, das häufig von Ultraläufern eingenommen wird). Konzentrierte Kohlenhydrate in der erste Hälfte des Laufs. Fang bei rund 40 Kilometern mit ›GU‹ an (ein kommerzielles Getränk). Trink auf halber Strecke ›Metobol‹ (ebenfalls ein kommerzielles Getränk), während der letzten 30 Kilometer nichts anderes als ›GU‹, Wasser und ›Pepsi‹.«

Beim raschem Durchblättern der Zeitschrift *Ultrarunning* stößt man unter anderem auf Anzeigen für die Produkte »Hammer Gel« und »E-Caps Sustained Energy«. Beide enthalten komplexe Kohlenhydrate nebst vier »entscheidenden Aminosäuren«, sprich: Eiweiß. Und beide werben mit dem Hinweis, dass sie »KEINEN Zucker« enthalten. Für die Vorbereitung auf den Wettkampf gibt es die »Pre-Race CAPS«, in denen sich Elektrolyte aus dem Blutplasma befinden, und für die Erholung nach dem Wettkampf werden »Recovery CAPS« mit »speziellen Nährstoffen und Antioxidanzien« empfohlen. All das ist fast so, als äße man vor dem Wettkampf Hefebrötchen, tränke eine fast reine Zuckerlösung in Form von Maissirup, dem ein starkes harntreibendes Mittel beigefügt ist, und freute sich darauf, gleich hinterher ein mächtiges Steak, Bratkartoffeln und Apfelstrudel mit Eiskrem zu verputzen.

Kapitel achtzehn

# Training

Laufen ist eine großartige Metapher fürs Leben,
weil du herausbekommst, was du hineinsteckst.

OPRAH WINFREY

Laufen ist für uns etwas Natürliches, wenn die geeigneten Umweltreize vorliegen, weil wir während unserer Evolution die Gene erworben haben, die uns das Laufen ermöglichen. Daher bin ich mir ziemlich sicher, dass die meisten von uns Läufer werden können, wenn sie den richtigen Reizen ausgesetzt sind. Wir haben Lungen, Gliedmaßen, Herzen und Köpfe, die sich zum Laufen eignen, so wie die Uferläufer alles haben, was sie für den Vogelzug von Nord- nach Südamerika brauchen. Gewiss, *natürlich* ist nicht unbedingt dasselbe wie *gut*. Gut zu laufen ist für uns heute ein Wert und keine Notwendigkeit.

Juma Ikangaa, Tansanias größter Marathonläufer, hat gesagt: »Der Wille zu gewinnen bedeutet nichts ohne den Willen, sich vorzubereiten.« Doch wie trainiert man, etwas völlig Neues zu tun, beispielsweise eine Entfernung zu laufen, die doppelt so lang ist wie alles, was man zuvor gelaufen ist? Vor allem, wenn man dabei schon den Eindruck hatte, an seine Grenzen zu stoßen? Eines wusste ich mit Sicherheit: Wenn ich die Absicht hatte, zu trainieren und nicht einfach zu laufen, brauchte ich eine Vorstellung davon, was ich erreichen wollte und wie das geschehen sollte. Alle Fehler, wie meine Experimente mit Honig, Bier und Olivenöl gezeigt hatten, würden wertvolle Lehren sein.

Zu den Vorzügen des Laufens gehört, dass es unmittelbar und elegant ist. Das Rezept ist einfach: Setze einen Fuß vor den anderen. Es gehört nicht viel dazu, um sich auszurechnen, dass man, wenn man seine Sprintgeschwindigkeit erhöhen möchte, schneller laufen muss. Möchte man seine Leistungen als Langstreckenläufer verbessern, muss man weiter laufen. Das alles ist gut und schön, um in Form zu kommen, reicht aber nicht aus, wenn Sie einen Rekord aufstellen wollen. Gewiss, der Gepard befindet sich bereits in einer phantastischen körperlichen Verfassung, doch sein Rennen gegen eine Antilope, die ebenfalls in hervorragender körperlicher Verfassung ist, kann so oder so ausgehen und wird durch Millisekunden entschieden – das undefinierbare Etwas, das hinzukommt, oder durch einen Fehler. Die Frage lautet, wie erreicht man dieses Etwas, ohne Fehler zu begehen?

Wie Einstein in seiner berühmten Formel $E = mc^2$ musste ich mit einer komplexen Wechselbeziehung zwischen Energie, Masse und Geschwindigkeit jonglieren. Meine Sprint- und meine Dauergeschwindigkeit waren vermutlich schnell genug, um als Konstanten in die Gleichung eingehen zu können. Vermutlich konnte und musste ich sie nicht verändern. Ich nahm an, dass das eigentlich Veränderliche und der limitierende Faktor die Ausdauer sei, die dem Einfluss von Körpertemperatur, Flüssigkeitshaushalt, Energievorräten in Muskeln, Blut,

Leber, Verdauungstrakt und Fettdepots sowie der Mobilisierung dieser Energiereserven unterworfen war. Offenkundig gab es zwei Möglichkeiten, meine Energievorräte zu auszubauen: Entweder ergänzte ich sie durch den Verzehr von Kohlenhydraten während des Rennens, oder ich trainierte die Fett mobilisierenden und Fett verbrennenden Enzyme, damit sie die Fettreserven des Körpers nutzten. Beim Menschen geht man davon aus, dass die verfügbaren Kohlenhydratspeicher ausreichen, um die maximale Arbeitsleistung 20 bis 30 Minuten lang aufrechtzuerhalten, während die Fettspeicher tagelang für eine hohe Leistung sorgen können. Das Problem würde für mich darin bestehen, dass der Energieumsatz (und damit die Laufgeschwindigkeit) bei Fettverbrennung nur etwa 60 Prozent dessen beträgt, was Kohlenhydrate leisten. Man nimmt an, dass hohe und kontinuierliche aerobe Leistungen am besten durch eine kombinierte und gleichzeitige Verwendung von Kohlenhydraten und Fett erzielt werden.

Bei einem Rennen über 100 Kilometer würden zweimal so viele Kohlenhydrate verbrannt werden, wie mein Körper vorrätig hat. Beim Menschen äußert sich Glykogenerschöpfung als totale Kraftlosigkeit. Um den Toleranzbereich auszuweiten, trainierte ich, mit leerem Brennstofftank zu laufen, meinen Körper zu zwingen, sich an das Körperfett zu halten, nachdem das Glykogen der Muskeln und der Leber zur Neige gegangen war. Außerdem wollte ich so viele Kohlenhydrate zu mir nehmen, wie mein Verdauungstrakt verarbeiten konnte, um mir die Glykogenreserven solange wie möglich zu bewahren, bevor ich auf den Fettstoffwechsel umschalten musste. Denn Kohlenhydrate (Zucker und Glykogen) sind ein energiereicherer Brennstoff, mit dem sich mehr Leistung, sprich: Tempo erzielen lässt als mit Fett. Wie erwähnt, habe ich gelegentlich auch das Gegenteil praktiziert, indem ich mit vollem Magen gelaufen bin, um auf diesen Brennstoff zugreifen zu können. Läufer, die über kürzere Strecken antreten, kommen mit den vorhandenen Kohlenhydratreserven aus und müssen ihren Verdauungstrakt darauf trainieren, dass er seine Arbeit einstellt, wozu man ihn relativ leicht bringen kann. Ich dagegen gewöhnte meinen Verdauungsorganen an, ihre Arbeit fortzusetzen, auch wenn ich lief.

Manchmal muss man Kompromisse eingehen, um seine Antilope zu fangen. Der Schlüssel zu guten Leistungen im Ultralauf sind die Zielsetzungen und das richtige Gleichgewicht zwischen entgegengesetzten, aber gleichrangigen Notwendigkeiten. Im Training muss man eine außerordentliche Kilometerleistung erzielen. Es bedarf äußerster Disziplin, um täglich 15, 30, ja vielleicht sogar 50 Kilometer zu laufen, ohne irgendwelche Entschuldigungen gelten zu lassen, dabei aber jederzeit bereit zu sein, mit dem Training auszusetzen, wenn weitere Anstrengungen eine Verletzung heraufbeschwören könnten. Manchmal muss man auf jede kleine Blase, jeden feinen Muskelriss achten, dann wieder gilt es, heftige Schmerzen stundenlang zu ignorieren. Der Ultraläufer braucht eine unerschütterliche Ruhe, aber auch die bedingungslose Bereitschaft, das Letzte aus sich herauszuholen. Der Erfolg verlangt einerseits eine unbestechliche Logik und andererseits die Hingabe an ein übergeordnetes Ziel, das, wie das Leben selbst, auch nicht den Hauch einer logischen Begründung besitzt. Dazu meinte der hervorragende britische Ultraläufer Don Ritchie: »Um einen Ultramarathon zu bestreiten, brauchst du ein gutes Training, Unterstützung und die richtige Einstellung. Das heißt, man muss ein bisschen verrückt sein.«

Wir leben in einer biologischen Welt widersprüchlicher Wahrheiten, die zusammen immer wieder Neues aus dem ewig Gleichen hervorbringen. Unsere Welt ist kein Konstrukt linearer Logik, das mithilfe wissenschaftlicher Werkzeuge wie der Mathematik Wahrheiten durch endlose Extrapolation erzeugt (ausgenommen vielleicht die Physik). Diese Welt, die Welt der absoluten physikalischen Wahrheiten, gibt es in der Theorie, doch die Theorie erweist sich in der Regel als eine rein akademische Übung, wenn sie sich mit der Realität des Daseins messen muss oder mit der wirklichen Welt der Biologie, die wir bewohnen – dieser Welt, die unglaublich fein strukturiert und zugleich chaotisch ist. Es gibt kein todsicheres Rezept für die Vorbereitung auf einen Ultralauf, nur Näherungen, und manche Näherungen sind so lange die besten, bis sich etwas Besseres ergibt. Der letzten Wahrheit kann man sich, wie dem Unendlichen, nur nähern, ohne sie je zu erreichen.

Empfiehlt sich ein Training mit vollem oder mit leerem Magen, mit kurzen, schnellen und häufigen Läufen oder mit langen, langsamen und selteneren – oder einer Mischung aus beidem? Was würde mich am besten darauf vorbereiten, lange und schnell zu laufen? Damals, 1981, waren mir keine Trainingshandbücher für Ultraläufer bekannt. Ich wusste nicht, wie andere sich vorbereiteten. Doch selbst wenn ich es gewusst hätte, wie hätte ich entscheiden können, ob ihre Methode auch für mich die beste war? Ich hockte in meiner Hütte aus Teerpappe in den Wäldern von Maine und trainierte für das große Rennen, indem ich lief, mit der Axt Fichten und Tannen fällte, ein Blockhaus baute und Feldbeobachtungen an Hummeln und einer Eule vornahm. Ich wollte, dass mein Training so rein und elementar war, wie es das Rennen selbst sein würde. Kein Herzmonitor, den ich mir um die Brust schnallte – das Maß der Belastung teilte mir mein Körper selbst mit. Kein Stretching und kein Gewichtheben. Keine schicken Schuhe mit Laschen und Luftblasen, keine Stretchhosen und keine synthetische Thermokleidung. Keine Tabletten irgendwelcher Art – noch nicht einmal Aspirin. Mein einziges Zugeständnis an leistungssteigernde Chemie war morgens eine gute Tasse Kaffee mit viel Zucker und Dosenmilch. Kein festgelegter Trainingsplan, abgesehen von der Absicht, immer nur das Tempo und die Entfernung zu laufen, die ich mir vernünftigerweise zutrauen konnte. Kein stures Protokoll, nur eine allgemeine Richtlinie. Zu viel Protokoll kann zur Zwangsjacke und zum Selbstzweck werden. Jeder Tag war eigen. Jeder Tag war anders. Meist lief ich fast mit Renntempo, wobei ich gewöhnlich schneller wurde, wenn ich mich wieder der Hütte näherte, um mich ganz zu verausgaben, um die Glykogenspeicher zu leeren und den Fettstoffwechsel ins Spiel zu bringen.

Ein weiterer wichtiger Aspekt bei Langstrecken ist die Laufeffizienz – das Bestreben, den Energieumsatz in eine möglichst weite Strecke umzuwandeln. Ein gut koordinierter menschlicher Läufer von 70 Kilogramm braucht für eine Meile ungefähr 1600 Schritte und 100 Kilokalorien. Soweit wie möglich sollte die Energie für die Vorwärtsbewegung genutzt werden, das heißt, der Läufer muss seine Auf- und Abbewegung minimieren. Natürlich gilt das nicht für die Füße, in deren Auf- und Abbewegung muss Energie investiert werden. Doch beim Langstreckler sollte diese Bewegung so weit wie möglich eingeschränkt werden, um Energie zu sparen. Bei einem Sprinter ist die auf die Entfernung bezogene Energieersparnis fast ohne Bedeutung, stattdessen muss er dazu gebracht werden, Knie und Fuß stärker anzuheben, um die Schrittlänge zu vergrößern.

Natürlich kann auch der Langstreckenläufer nicht vermeiden, den Fuß bei jedem Schritt ein bisschen anzuheben. Das gehört zu den Energiekosten, die jeder Läufer zu bezahlen hat. Doch die Evolution hat die Tiere dazu gebracht, solche Kosten zu minimieren. Vögel minimieren die Arbeit, die sie beim Heben der Flügel leisten müssen, indem sie die meisten Muskeln, mit denen sie ihre Flügel heben, an der Brust und nicht an den Flügeln haben. Dadurch bleiben die Flügel leicht. Weitere Energie wird dadurch gespart, dass sie einen sehr kurzen Humerus (Oberarmknochen) haben und dass ihr Unterarm sehr lang, aber leicht ist, an der Spitze sogar federleicht, was kein Wunder ist, da er ja aus Federn besteht. Alles Gewicht sitzt so dicht wie möglich am Rumpf. Mauersegler, die schnellsten Ausdauerflieger, die es in der Vogelwelt gibt, besitzen einen besonders kurzen Humerus und lange, spitz zulaufende Schwingen. Sie sind ein extremes Beispiel für das beschriebene Prinzip. In ähnlicher Weise ist bei Lauftieren wie Antilopen und Straußen das Gewicht von Unterschenkeln, Füßen und Zehen durch Verminderung von Zahl und Größe verringert. Eine Zehenamputation wäre selbst für Ultraläufer ein bisschen übertrieben, aber da ich im Laufe des Rennens rund 124000 Schritte zu absolvieren hatte, machte ich mir um das Gewicht meines Schuhwerks schon einige Gedanken. Wenn ich bei jedem Schritt 30 Gramm zusätzliches Fußgewicht 2,5 Zentimeter höher als notwendig hob, entsprach das, auf die ganze Strecke hochgerechnet, fünf Zentnern, die ich einen halben Meter hochwuchtete.

Der direkteste Weg zur Steigerung der Laufeffizienz bestand also darin, das Beingewicht zu minimieren und gleichzeitig die Schrittlänge zu maximieren – und natürlich die leichtesten Schuhe zu benutzen, die ich finden konnte. Ich versuchte, Schwerkraft und Impuls so weit wie möglich für den Schwung meines Fußes auszunutzen. Ein Sprinter wendet für jeden Schritt, der praktisch ein Sprung ist, ungeheure Energiemengen auf. Ich musste einen Schritt trainieren, der ein Kompromiss war zwischen einem energiesparenden kurzen Schritt, bei dem die Füße kaum gehoben werden, und einem langen Schritt, bei dem man das Knie höher nimmt. Dadurch, dass ich im Training so oft wie möglich das Renntempo anschlug, hoffte ich, die Schrittlänge zu finden und zu automatisieren, die für die anstehende Distanz optimal war.

Was sich ein Langstreckenläufer am wenigsten leisten kann, ist ein Auf und Ab seines Körpers bei jedem Schritt. Er muss *gleiten*. Bei einem Strauß oder einem guten Marathonläufer sieht man fast keine senkrechten Bewegungen von Kopf und Schultern. Stellen Sie sich einen Läufer vor, der 70 Kilogramm wiegt und bei jedem Schritt nur acht Zentimeter auf und ab hüpft. Auf einer Strecke von 100 Kilometern würde er dann seine 70 Kilogramm Körpermasse auf eine Höhe von rund 3000 Metern gehoben haben. Das ist viel Arbeit, die im Interesse der waagerechten Arbeit unbedingt vermieden werden muss.

Auch die Energie beim Atmen muss minimiert werden. Bei uns Zweifüßern hat es angeblich eine Entkopplung von Atmungszyklus und Gangart gegeben, daher lasse sich, so die These, der Energieaufwand der Fortbewegung nicht für die Atmung nutzen. Im Gegensatz zu dieser Theorie koppelte ich Arm und Beinschwung mit meinen Atemzügen. Die Anzahl der Arm- und Beinschwingungen pro Atmungszyklus und die

Tiefe der Atemzüge hing von der Anstrengung ab. Doch die Synchronisation blieb erhalten. Die Energie, die durch diese Synchronisation eingespart wurde, war zweifellos sehr gering, aber auch sie konnte sich bei dieser langen Strecke summieren. Es ging darum, dass schließlich alle meine Körperbewegungen elegant, reibungslos und ohne Beteiligung des Bewusstseins abliefen. Doch eine gelegentliche Kontrolle meiner Form während des Trainings erschien nützlich, besonders wenn ich auf langen Strecken ermüdete und dann Koordination und Laufeffizienz rasch nachließen.

Wichtig war natürlich, das Training intensiv zu betreiben, doch es galt auch hier ein Mittelmaß zu halten, denn jede Übertreibung führt unweigerlich ins Chaos, während alles, was nicht mit der nötigen Energie betrieben wird, Zeitverschwendung ist. Der australische Mittelstreckler Herb Elliot behauptete, das Trainingspensum, das ihm sein Trainer Percy Cerutti verordnet habe, würde heutzutage »beängstigend« wirken. Dabei handelte es sich vermutlich vor allem um Tempotraining, denn für seine Spezialstrecke musste er vorrangig den Kohlenhydratstoffwechsel mobilisieren. Früher habe ich auch einmal auf Tempo trainiert und kam mit Mühe und Not auf eine Zeit unter zwei Minuten über 800 Meter. Für mich war es ein Durchbruch, und ich schaffte ihn auch erst, als ich das 30. Lebensjahr überschritten hatte, vor allem durch intensives Tempotraining, durch Läufe über 400 und 800 Meter auf der Bahn. Der Schlüssel zum Erfolg im Ultramarathon liegt natürlich darin, sehr viel langsamer zu laufen und sparsam mit dem Kohlenstoffwechsel umzugehen, damit er für die ganze Strecke reicht. Nachdem ich das Langstreckentraining aufgenommen hatte, erreichte ich nie wieder eine derartige Laufgeschwindigkeit. Trotzdem war ich davon überzeugt, dass die Trainingsintensität von entscheidender Bedeutung war, nur dass auf der langen Strecke diese Intensität darin bestehen musste, weite Läufe zu machen und nicht Tempo als solches zu trainieren. Da ich langsamer laufen würde, konnte ich die nötige Intensität nur erreichen, indem ich lief, bis ich völlig ausgepumpt war, und dann einfach weitermachte, weiter, weiter, weiter, sodass ich mich manches Mal noch in einem Zustand völliger Erschöpfung vorwärts quälte. Doch nach einiger Zeit ertrug ich das klaglos, weil das, was zunächst eine lästige Pflicht war, zum Ritual geworden war und das Ritual zu einer Gewohnheit. Ich musste nicht darüber nachdenken. Ich tat es einfach.

Wie ich glaube, dass jedes Zucken meines Körpers eine physikalische Ursache hat und dass alles, was ich tue, eine Rolle spielt, so gibt es Zeiten, in denen Unwägbarkeiten das Geschehen bestimmen. An manchen Trainingstagen fühlte ich mich halb tot. Es kostete mich unendliche Mühe, einen Fuß vor den anderen zu setzen. Ich schleppte mich vorwärts wie ein Zombie, von Anfang bis Ende unter einer bleiernen Müdigkeit leidend. Ich fragte mich, ob es an den Schweinekoteletts lag, die ich am Vorabend gegessen hatte. Oder war ich gestern zu schnell gelaufen? Hatte das Erdnußbrot Schuld, das ich kurz vor dem Start verputzt hatte? Dann wieder gab es Tage, da fühlte ich mich leicht und beflügelt, legte ein höllisches Tempo vor und hatte das Gefühl, ewig so weiterlaufen zu können. An solchen Tagen lief ich statt der vielleicht beabsichtigten 25 Kilometer 30 oder 40 Kilometer. Ich fragte mich, warum ich mich so gut fühlte. Gründe lassen sich natürlich immer finden. Doch im Endeffekt wusste ich einfach nicht, welche Unwägbarkeiten da am Werke waren. Ich hoffte lediglich, dass ich einige relevante Faktoren entdecken würde und dass das große Ereignis auf einen meiner guten Tage fallen würde.

Als ich Anfang Mai 1981 zu trainieren begann, lief ich zwei oder drei 25- bis 30-Kilometer-Läufe an aufeinander folgenden Tagen und erwartete, auf diese Weise am 4. Oktober auf das Rennen vorbereitet zu sein. Überrascht stellte ich fest, dass ich schwächer statt kräftiger wurde. Das war erschreckend. Dann fand ich heraus, woran es lag. Ich bemerkte, dass sich mit meiner Erschöpfung Hunger einstellte, manchmal rasender Hunger. Mehrfach wurde ich so schwach und hungrig, dass ich bei fremden Leuten an die Tür klopfte und um eine Scheibe trocken Brot bat. Einmal musste ich meinen Lauf unterbrechen und in dem Laden des Dorfes, das nur fünf Kilometer von meinem Heim, der Blockhütte im Wald, entfernt lag, einen Schokoriegel auf Kredit kaufen. Die Kohlenhydrate wirkten Wunder – ich schaffte es stets nach Hause.

Mir wurde vollkommen klar, dass auf einer so langen Strecke der limitierende Faktor die Energiereserven war, und ich bemerkte, dass ich im Zuge des Trainings immer weiter und weiter laufen konnte. Warum konnte ich jetzt weiter laufen, bevor die Tanks leer waren? Meine erste Vermutung war, dass ich meinen Körper allmählich darauf trainierte, auf einen anderen Brennstoff zuzugreifen. Das konnte nur das Körperfett sein, wenn ich nicht mit jeder Mahlzeit mehr Glykogen in der Leber speicherte. Mein Körper war sicherlich bemüht, alles Fett zu retten, das er hatte, doch da er nun nicht mehr ständig sein bevorzugtes Kohlenhydrat verwenden konnte, blieb ihm nichts anderes übrig, als nachzugeben. Solange Kohlenhydrate vorhanden sind, hält sich der Körper immer zuerst an sie. Alle Kohlenhydratspeicher in den Muskeln und der Leber eines hochtrainierten Langstrecklers reichen gerade aus, um einen Marathon zu beenden. Doch das war erst der Beginn der 100 Kilometer, die ich mir vorgenommen hatte, ein erschreckender Gedanke angesichts des Umstands, dass ich mich bei manchen Trainingsläufen trotz anfänglicher Leichtigkeit schon nach 30 Kilometern erschöpft fühlte. Meine zweite Vermutung betraf die Laufeffizienz. Überrascht stellte ich fest, dass ich zwar rund zwei Kilo Körpergewicht ziemlich rasch verlor, dass sich mein Gewicht dann aber bald stabilisierte, obwohl ich jeden Tag rund 30 Kilometer lief. Nie wieder wurde ich während des Laufens hungrig, und alles in allem aß ich nicht viel mehr als normalerweise, wenn ich mich nicht im Training befand. Mit einer unveränderten Anzahl von Kalorien schaffte ich unglaublich viele Kilometer mehr. Daher vermutete ich, dass meine Laufmechanismen und möglicherweise auch der Zellstoffwechsel effizienter geworden waren. Das heißt, es wurde mehr Energie in mechanische Kraftanwendung umgewandelt, sodass weniger als Wärme vergeudet wurde.

Es heißt, beim Laufen kämpfe man in Wirklichkeit gegen sich selbst. Für mich begann das Rennen im Mai, und bis zum 4. Oktober bestritt ich es ganz allein und nur gegen mich selbst. In der Zwischenzeit sammelte ich Kilometer. Die Wettkampfdistanz schaffte ich nicht an einem einzigen Tag, doch dadurch, dass ich häufig lange in einem völlig ausgepumpten Zustand lief, simulierte ich die Wettkampfbedingungen. Am 19. Mai musste ich mich einer Meniskusoperation am linken Knie unterziehen (aufgrund einer Verletzung, die ich mir zugezogen hatte, als ich Bäume für den Bau meiner Blockhütte fällte). Das warf mich zurück. Zunächst hatte es sogar so ausgesehen, als würde mein Traum platzen. Doch am Ende war ich nur entschlossener denn je. Schon zwei Wochen nach der Operation erhöhte ich meine Kilometerzahl abermals und kam im Spätsommer auf einen Schnitt von 30 Kilometer pro Tag, wobei ich im Allgemeinen täglich zwischen längeren und kürzeren Läufen wechselte. Regelmäßig absolvierte ich am Wochenende einen 50-Kilometer-Lauf, und von den zwei Wochen abgesehen, die mich die erwähnte Operation kostete, setzte ich nicht einen Tag aus. Durchgehend lief ich 200 Kilometer pro Woche, manchmal sogar 230 Kilometer.

Frank Shorter meinte: »Einen Grundsatz haben alle Athleten, und der lautet: Verschwende keine Mühe.« Da Zeitknappheit ein wichtiger Aspekt meines Lebens war, musste ich mir und vor allem anderen erklären, wieso ich fast drei Monate lang zwei, manchmal drei Stunden pro Tag erübrigen konnte, um einfach auf irgendwelchen Straßen entlangzulaufen. Ich möchte mich weniger damit entschuldigen, dass ich auf diesen langen, stillen Läufen meine Gedanken wunderbar sammeln kann, als vielmehr darauf hinweisen, dass andere Menschen in der Lage sind, fast ebenso lange zu schwatzen oder Zeitung zu lesen und zu meinen, sie hätten ihre Zeit gut genutzt. Was die Abstriche an meiner wissenschaftlichen Produktivität angeht, so läuft die Zeit, die ich für die Vorbereitung auf das Rennen brauchte, vielleicht auf den Zeitaufwand für einen kleinen Forschungsbericht hinaus, der vermutlich nur von einem halben Dutzend Menschen gelesen wird, wenn es sich um Experimentalwissenschaft handelt. Jeder, der die Mühe im zweiten Fall gerechtfertigt findet, kann sie sicherlich auch im ersten gutheißen und umgekehrt. Ich jedenfalls kam zu dem Ergebnis, dass ich es könnte.

Ende August, als ich den Wald verließ und nach Burlington zurückkehrte, um an der University of Vermont zu lehren, setzte ich meine langen Trainingsläufe fort, gewöhnlich zur Arbeit und nach Hause. Außerdem lief ich jetzt manchmal mittags. Oder ich schob nach dem täglichen langen Lauf noch einen kurzen ein. Ich wollte meinem Körper das Empfinden vermitteln, er müsse ständig laufen. Niemals ging ich. Selbst wenn ich nur 50 Schritte zur Bibliothek oder meinem Auto zurücklegen musste, tat ich es im Laufschritt. Mein Körper durfte nicht auf den Gedanken kommen, er könnte jemals wieder gehen. Laufen musste für ihn die natürliche Fortbewegungsart werden, und wurde es.

Die Bewegungen eines trainierten Athleten sind automatisch. In der Regel braucht er nicht über sie nachzudenken, es sei denn, er versucht, Fehler zu beseitigen. Manchmal ging ich abends schlafen und versuchte bewusst, meinen Laufstil zu visualisieren, sodass ich die reine Poesie der Bewegung erleben konnte, ohne den Schmerz ihrer Realisierung ertragen zu müssen. Ich hatte das angenehme Gefühl, Zuschauer und Kritiker zu sein. Selbst kleinste Störungen der Bewegungseffizienz können sich auf einer langen Strecke enorm auswirken. Ich hatte oft bemerkt, dass Muskelverspannungen sich durch bewusste Anstrengung lockern lassen. Daher richtete ich meine Aufmerksamkeit auf meine Waden, Oberschenkel, Arme und versuchte sie während der Trainingsläufe zu entspannen, damit nur die für das Laufen wichtigsten Muskelpartien angespannt wurden. Ein, zwei Kilometer weit kontrollierte ich meinen Armschwung und bemühte mich, ihn so zu steuern, dass keine Energie in seitlichen Bewegungen verschwendet wurde.

Mitte September rückte das große Ereignis näher. Es würde tatsächlich stattfinden! Am 15. September, nach einem langen erschöpfenden Lauf am Vortag, absolvierte ich vier kurze, leichte Läufe von drei, elf, drei und drei Kilometer. Am Tag darauf lief ich drei Kilometer,

30 Kilometer (in zwei Stunden) und dann weitere drei Kilometer. Am Tag darauf drei Kilometer, 64 Kilometer (in 4:39) und am Abend noch weitere drei Kilometer. In mein Trainingsbuch schrieb ich, die erste 32-Kilometer-Schleife des 64-Kilometer-Laufs hätte ich in 2:19 gelaufen und sei dann »fast eingebrochen, habe aber drei Tüten Saft getrunken und wieder Tritt gefasst ... am Ende ziemlich stark. Bin überzeugt, dass ich noch weiter und schneller gekonnt hätte, wenn ich alle acht Kilometer zwei Säfte gehabt hätte.«

Am 19. September entspannte ich mich und lief nur 15 Kilometer, die Eintragung lautete: »Beine fühlen sich gut an.« Ich war auf dem richtigen Weg. Am folgenden Tag lief ich drei Kilometer, dann meine übliche Elf-Kilometer-Schleife, aber schnell, in 41:13, einer Zeit, mit der ich meinen bisherigen Trainingsrekord um 16 Sekunden unterbot. Im Trainingsbuch heißt es dazu: »Fühlte mich zuerst langsam und am Ende stark. Hätte mit der gleichen Geschwindigkeit viel weiter laufen können.« Obwohl es am folgenden Tag regnerisch und windig war, schaffte ich meine 32-Kilometer-Schleife in 1:58:30, ebenfalls ein neuer Trainingsrekord. Dabei verausgabte ich mich nicht vollkommen. Gewöhnlich versuchte ich, noch ein paar Reserven übrig zu behalten, sodass sich Willenskraft ansammeln konnte wie in einem Akku.

Damals hatte ich nicht die Einsichten, die die neueren Arbeiten über Zugvögel vermitteln. Trotzdem schwante mir, dass das intensive Training für einen Ultramarathon Ähnlichkeit mit den interkontinentalen Wanderungen eines Vogels haben könnte. Vögel ziehen ihrem endgültigen Ziel in Etappen entgegen, die wie die Trainingsphasen eine Ultraläufers sind. Trotz ständiger körperlicher Betätigung sinkt ihr Leistungsvermögen kontinuierlich ab, da die Körpergewebe – unter anderem auch Flugmuskeln und Herz – als Brennstoff verbrannt werden. Merkwürdigerweise geht der Ruheumsatz ihrer verbleibenden Körpergewebe um erstaunliche 45 Prozent zurück. Zwar wusste ich das damals noch nicht, hatte aber trotzdem das Gefühl, ein zu langes und zu hartes Training würde kontraproduktiv sein, wenn nicht sogar schädlich für den Körper. Ich versuchte, für ein bestimmtes Rennen auf einen Leistungsgipfel zu gelangen, genauso wie Vögel sich physiologisch auf jeden spezifischen Ultraflug vorbereiten.

Drei Tage später (aber ohne einen Tag auszusetzen) nahm ich zur Vorbereitung an einem 15-Kilometer-Lauf im nahe gelegenen Essex Junction in Vermont teil, nicht, weil mich das Rennen reizte, sondern weil ich ein Gefühl für meine Tempoeinteilung unter Wettkampfbedingungen bekommen wollte. In meinem Rennbuch finde ich keinen Hinweis auf den Platz, den ich belegt habe (ich glaube, ich wurde Dritter), aber ich habe meine Zeit eingetragen: 54:03. Am folgenden Tag ließ ich es langsam angehen und gab mich mit elf Kilometern zufrieden. Am Tag darauf stellte ich über meinen 32-Kilometer-Rundkurs mit 1:53:30 einen neuen Rekord auf (wobei ich den alten um fünf Minuten unterbot), was einem Kilometerschnitt von 3:54 entsprach. Ich schrieb: »Fühlte mich stark am Ende. *Nicht* erschöpft. Hätte dieses Tempo wahrscheinlich noch 25 bis 32 Kilometer durchhalten können. Bin nicht stehen geblieben, um zu trinken.« Ich erholte mich rasch, was notwendig ist, wenn man lange und schnell laufen will. Nur noch sechs Tage bis Chicago, bis ich alle Kräfte mobilisieren konnte und bis alles vorbei war.

In relativ kurzer Zeit – verglichen mit einem Ausdauerraubtier, das sein Leben lang dafür sorgt, in Form zu bleiben – hatte ich erreicht, was vorher unmöglich erschien.

Ich konnte weiter, schneller und in längeren Intervallen laufen, als ich mir das je hatte träumen lassen. Wenn ich dazu in der Lage war, war es auch fast jeder andere gesunde Erwachsene. Wir sind alle Läufer, wenn wir es müssen oder wenn wir es ernsthaft wünschen zu sein. Nun wusste ich, dass ich die zuvor undenkbare Anstrengung eines 100-Kilometer-Laufs bewältigen konnte. Die einzig entscheidende Frage lautete, in welchem Tempo?

Der Sinn des Trainings besteht darin, den Körper auf den Umgang mit den Strapazen zu konditionieren. Irgendwann wird die körperliche Anstrengung zum Stress – physisch, psychisch und hormonell. Es gibt eine umfangreiche wissenschaftliche Literatur über Stress. Es heißt, er sei ungesund und man solle ihn vermeiden. Ich war nicht besorgt. Stress ist Energieaufwand. Also ist es völlig unmöglich, ohne ihn zu leben. Manchmal wird vorgebracht, die Zahl der Herzschläge im Leben eines Menschen sei begrenzt, daher hüten sich manche Menschen, eine Straße hinunterzulaufen, um ihre Quote nicht unnötig zu belasten. Zwar erhöht sich die Herzfrequenz schon bei moderater Geschwindigkeit von den »normalen« 60 Schlägen pro Minute auf 120 bis 140 Schläge, doch dafür wird schon nach wenigen Monaten Training der Ruhepuls erheblich zurückgehen (meiner fiel auf 34 Schläge pro Minute). Das heißt, bei einem täglichen Aufwand von 4000 Herzschlägen während einer Stunde sportlicher Betätigung kann der Athlet fast 36000 Herzschläge pro Tag einsparen, was auf eine Nettoersparnis von 32000 Schlägen der sonst erforderlichen 86000 hinausläuft, vorausgesetzt, der durch das Laufen hervorgerufene Stress wird aufgefangen durch die Ruhe, die erforderlich ist, damit die Vorteile des Stresses zum Tragen kommen können.

Mir sind auch andere Argumente gegen das Laufen zu Ohren gekommen. Ein Kollege, der sich Sorgen um meine Lebenserwartung (oder meinen Geisteszustand?) machte, schickte mir einen Forschungsbericht, aus dem hervorging, dass Lauftraining zur Freisetzung des Stresshormons Kortison führt, das laut anderen Studien in dem Verdacht steht, Hirnschäden und andere degenerative Erkrankungen hervorzurufen. Daher gelangten die Forscher zu dem Schluss, permanentes Laufen könnte für einen verstärkten Neuronenverlust und frühzeitiges Altern verantwortlich sein. Ich war nicht sonderlich besorgt. Wie meist, wurde auch über ganz andere Effekte berichtet. Barry L. Jacobs und seine Mitarbeiter vom neurowissenschaftlichen Fachbereich an der Princeton University haben gezeigt, dass Mäuse, die täglich in einem Laufrad liefen, mehr Gehirnzellen entwickelten und rascher lernten als Kontrolltiere, die wenig Bewegung hatten. Ich glaube an Mäuse.

Eine Variable, die die meisten Forscher außer Acht ließen, war die Zeit. Laufen ist nur für jemanden belastend, der an diese Anstrengung nicht gewöhnt ist. Doch mit einigem Training wird das Laufen normal. Ich hatte beschlossen, so viel zu laufen, dass normales Laufen kein Stress mehr für mich sein würde – nur noch besonders schnelles oder langes Laufen. Ich konnte jetzt jeden Tag 32 Kilometer laufen und es als vollkommen normal empfinden. Entscheidend war, dass ich auf diesen Zustand allmählich hingearbeitet hatte. Die Zeit und ihre Einteilung sind alles. Es gibt einen ungeheuren Unterschied zwischen unmittelbaren Auswirkungen und endgültigen Folgen. Beim Laufen ist es weniger wichtig, die Belastungen des Laufens zu vermeiden, als anderen Stressfaktoren aus dem Wege zu gehen, etwa solchen, wie ich sie als Student erlebt hatte. Wenn Stress tatsächlich zum Untergang von Neuronen oder Hirnschädigungen führt, dann dürfte ich als Student weit mehr Gehirnläsionen, strukturelle Verletzungen des Gehirns, erlitten haben denn als Läufer.

Ich glaube auch an Antilopen. Sie hätten sich sicherlich keinen Trick entgehen lassen, der ihrem Lauftempo und ihrer Ausdauer zugute gekommen wäre. Und nie war mir eine Antilope vor Augen oder zu Ohren gekommen, die Stretching praktizierte oder Gewichte hob, um Kraft zu trainieren. Meines Wissens taten sie nicht viel mehr, als zu fressen und zu laufen. Doch hätte ich die moderne Trainingsliteratur gelesen, etwa das ausgezeichnete Buch von McArdle, *Katch und Katch* oder *The Lore of Running* von Tim Noakes, dann hätte ich es vielleicht nicht nur mit Stretching, Tempotraining und Gewichtheben versucht, sondern auch mit Aufwärm- und Lockerungsübungen. Natürlich hatte ich Begründungen für alle diese Maßnahmen gehört, aber ich wusste damals nicht, ob es Fakten oder Fiktionen waren. Ich vermutete, dass die motiviertesten und besten Läufer fast alles ausprobieren würden, egal, wie abstrus es war, sofern es eine Leistungssteigerung versprach und irgendeine Erklärung mitlieferte. Nähme beispielsweise ein Weltrekordhalter regelmäßig einen bestimmten Pflanzenextrakt zu sich und verbände das mit pseudowissenschaftlichen Erklärungen, würden ihn andere kopieren, und schon bald priesen findige Geschäftsleute das Produkt an und schrieben ihm ungeahnte Kräfte zu. Ohne den geringsten Beweis hätte die Fiktion die Fakten ersetzt. Mir sind keinerlei überzeugende Daten bekannt, die beweisen, dass ein Läufer, der pro Tag eine Trainingsleistung von 15 oder 30 Kilometern absolviert, irgendeinen Gewinn für seine Leistung erzielt, wenn er eine bestimmte Anzahl von Stretching- oder Kraftübungen durchführt. Ich habe nie von einem Yogi gehört, der ein großer Läufer war. Ich glaube eher, dass Muskeln wie Gummibänder sind – sie liefern nur Energie, wenn sie straff gespannt sind. Sind sie lang und straff, ziehen sie sich »umsonst« zusammen, bis sie straff sind. Nie habe ich irgendwelche Aufwärmübungen gemacht.

Was die Frage angeht, ob Laufen vorzeitiges Altern bewirkt, so habe ich Rationalisierungen gehört, aber keine Beweise. Auch ich hatte eine Rationalisierung: Da aus vielen Studien an Tieren – von Mäusen bis Affen – hervorgeht, dass sich die Reduzierung der Kalorien-(Nahrungs-)Aufnahme positiv auf Gesundheit und Lebenserwartung auswirkt, ist möglicherweise die entscheidende Variable das Kaloriendefizit, daher müsste eine sportliche Betätigung, die den Kalorienüberschuss abbaut, den gleichen Effekt haben wie die Verringerung der Nahrungsaufnahme.

Es ist sehr schwierig, die vielen mit der Lebensweise verknüpften Variablen zu bestimmen, die Läufer und Nicht-Läufer charakterisieren. Was die reine Langlebigkeit angeht, so ist Carlton Mendell, aktiver Läufer seit seiner Highschool-Zeit, ehemaliges Mitglied des Senats von Maine und des Maine »Rowdies Running Club«, wohl kaum zu überbieten. Mit 62 Jahren legte Carlton auf der Bahn des Bowdoin College 200 Kilometer zurück und stellte damit einen neuen Rekord für seine Altersgruppe auf. 1999, mit 78 Jahren, hatte er 126 Marathonläufe bestritten und keineswegs die Absicht, mit dem Laufen aufzuhören – nicht einmal mit dem Ultralaufen. Ich weiß nicht, ob er wegen des Laufens oder trotz des Laufens noch so vital ist. Ich nehme an, beides trifft ein bisschen zu. Jedenfalls ist er ein einzigartiges Experiment. Auf das Training bezogen, bin ich das auch. Wir werden sehen, was dabei herausgekommen ist.

Kapitel neunzehn

# Letzte Vorbereitungen

Gott hat mir die Fähigkeit geschenkt.
Alles andere liegt bei mir. Glaube. Glaube. Glaube.

BILLY MILLS, ein Oglala-Sioux aus South Dakota in einem Trainingstagebuch vor seinem unerwarteten Sieg über 10000 Meter bei den Olympischen Spielen in Tokio, als er seine persönliche Bestleistung über diese Distanz um 46 Sekunden unterbot.

Um die 100 Kilometer in sechseinhalb Stunden zu laufen – mein Ziel –, musste ich über die gesamte Strecke ein Durchschnittstempo von 3:54 pro Kilometer einhalten. So gesehen erschien mir die Aufgabe fast übermächtig. Anderseits traute ich sie mir zu und ich wollte die 2160 Trainingskilometer – nach der Knieoperation zunächst 16 Kilometer pro Woche, während der letzten fünf Wochen dann mehr als 200 Kilometer in der Woche – auf keinen Fall in den Wind schreiben. Ich würde am Wochenende darauf kein neues Rennen laufen, möglicherweise nie wieder. Also war es eine Frage der Qualität. Ich hatte nur einen Versuch und der musste klappen, daher durfte ich nur wenig dem Zufall überlassen. Fehler konnte ich mir nicht erlauben, folglich war die gute Absicht, keine zu machen, nicht ausreichend. Hier war Willenskraft gefragt, der unbändige Wille, um sicher zu gehen, dass nichts schief ging, was schief gehen konnte, und dass alles klappte, was nur klappen konnte.

Ich war bereits Risiken mit dem Trainingsplan und der beabsichtigten Kohlenhydrat-/Flüssigkeits-Aufnahme während des Rennens eingegangen, und jetzt setzte ich noch einmal alles auf eine Karte: Ich beschloss, mich der anstrengenden Prozedur der Superkompensation zu unterziehen, bei der die Glykogenspeicher des Körpers zunächst entleert und dann wieder aufgefüllt werden. Das Verfahren beruht auf der Theorie, dass die Leber und die Muskeln, wenn ihnen alles Glykogen vollkommen entzogen ist, überkompensieren und mehr Glykogen aufnehmen, als sie normalerweise bei einer kohlenhydratreichen Kost enthalten. Es ist wie ein Fressanfall nach einer Fastenkur, die Art der Natur, sich für Entbehrungen zu entschädigen.

Die Superkompensation ist riskant, weil sie den Athleten anfällig für Grippe und andere Infektionskrankheiten macht. Obwohl denkbar war, dass ich ein hervorragendes Rennen hätte bestreiten können, ohne die winzige potenzielle Leistungssteigerung durch ein paar Kalorien Glykogen mehr in Muskeln und Leber zu Beginn des Rennens, war es umgekehrt auch möglich, dass diese winzige Menge über alles entschied. Ich musste daran glauben.

Es gab noch einen weiteren Grund dafür, dass ich das Risiko der Superkompensation einging. Ich beschloss, meine Glykogenspeicher nicht nur durch das Training zu entleeren, sondern auch, indem ich mich fast nur noch von Fetten und ein bisschen Eiweiß ernährte. Ich hoffte, meine Fettverbrennungsmechanismen dadurch zusätzlich anzukurbeln.

Das Verbrennen der Fette in den Depots unter der Haut hängt von der Triglyceridlipase ab, einem Enzym, das durch Hormone aktiviert wird. Um es aus seinem inaktiven in seinen aktiven Zustand zu versetzen, müssen im Blut Adrenalin, Glukagon und Noradrenalin sowie eine Spur Insulin vorhanden sein. Training, Hungern und eine spezielle Ernährung können die Lipaseaktivität verdoppeln oder verdreifachen, und außerdem ging ich davon aus, dass die Erregung des Rennens mein Hormonprofil entscheidend verändern würde. Die erhöhte Lipaseaktivität durch Adrenalinausschüttung würde meine Glukoseverwendung verringern, die Glykogenreserven schonen und die Erschöpfung hinausschieben.

Nicht alle Ultraläufer glauben an die Superkompensation. Auf die Frage, was er auf einem 80-Kilometer-Lauf zu sich genommen habe, meinte der Ultraläufer Jim Pearson: »Ich bin mal von einem Burschen geschlagen worden, der aß ein Erdnussbrot und trug ein T-Shirt, auf dem hinten geschrieben stand: ›Ich würde lieber Würmer fressen, als superkompensieren.‹« Nachdem ich zwei Tage lang kaum etwas anderes gegessen hatte als Butter, Erdnussbutter, Käse und fettes Fleisch, fragte ich mich angeekelt, ob Würmerfressen nicht vielleicht wirklich angenehmer sei. (In der Rückschau würde ich diese Methode auch nicht empfehlen. Die letzten beiden Male, als ich sie ausprobierte, bekam ich eine Grippe, musste vor dem Rennen einige Tage das Bett hüten und lief entsprechend schlecht.)

Laut Trainingsbuch habe ich am Abend des 28. Septembers »gut gegessen«, nachdem ich an diesem Tag auf meinem 32-Kilometer-Kurs mit 1:53 einen neuen Trainingsrekord aufgestellt habe. Am Ende fühlte ich mich gut und »hätte das Tempo wahrscheinlich noch 20 oder 30 Kilometer durchhalten können«. Da meine Durchschnittszeit für einen Kilometer 3:54 betragen hatte, konnte ich wahrscheinlich über die ganze Strecke von 100 Kilometern, eine Distanz, die doppelt so lang war als alles, was ich vorher absolviert hatte, im Bereich von

3:54 pro Kilometer laufen. Doch es gab keine Möglichkeit, in Erfahrung zu bringen, ob ich durchhalten konnte, nachdem ich in die unbekannte Zone jenseits der 50-Kilometer-Marke vorgedrungen war. Der Strapaze dieses 32-Kilometer-Laufs hatte ich mich unterzogen, um die Entleerung der Glykogenspeicher zu beschleunigen, ein Prozess, den ich am folgenden Tag, dem 29. September, sechs Tage vor dem Wettkampf, abzuschließen hoffte.

Der Lauf am 29. September, der die Speicher endgültig leer räumen sollte, war wirklich unheimlich. Zum Frühstück aß ich lediglich Käse und Erdnussbutter und lief dann meinen 32-Kilometer-Trainingsrundkurs zweimal hintereinander ohne Pause, abgesehen von der Zeit, die ich brauchte, um am Umkehrpunkt Wasser zu trinken. Ich begann gemächlich – 4:23 pro Kilometer. Nach 40 Kilometern »wurde ich schwach«. Bei 55 Kilometern dachte ich noch, ich könnte es »mit eisernem Willen« schaffen. Doch bei 57 Kilometern bekam ich weiche Knie und musste gehen. Das war's, ich hatte aufgegeben.

Es bedarf nicht allzu vieler solcher Erlebnisse, um die Wolken des Zweifels aufziehen zu lassen, die das Hirn benebeln und den Willen lähmen. Es ging darum, die ganze Strecke zu laufen, und das Einzige, was wirklich zählte, war Tempo. Aber es war ja nicht das erste Mal. Wieder und wieder, Woche um Woche war es mir passiert, dass ich im Training einen kleinen Bruchteil der Gesamtdistanz lief und in einen Zustand der Erschöpfung geriet, in dem ich nur noch kriechen konnte. Das waren echte Krisen, weil sich neben der körperlichen Erschöpfung auch die Erkenntnis einstellte, dass ich an einen Punkt gelangt war, an dem es unmöglich erschien, auch nur noch zehn oder 15 Kilometer zu schaffen, dass aber die Wettkampfdistanz noch über weitere 50 Kilometer führen würde. In solchen Momenten ist man versucht, aufzugeben und sich zu sagen, dass man sich zu viel vorgenommen hat. Doch irgendwie macht man weiter, man sagt sich, man tue, was man könne, der Rest sei Sache des Schicksals, und hofft, dass zum Zeitpunkt des Wettkampfs alles besser sein werde. Doch dieses Mal hatte ich einen kleinen geistigen Trost für die körperliche Erschöpfung. Ich wollte ja meine Glykogenspeicher leeren und wusste nun, dass ich diesen Zustand tatsächlich erreicht hatte. Rückblickend muss ich sagen, dass ich es nicht wieder auf die gleiche Weise versuchen würde. Den aktuellen Stand des Wissens, der sich auf eine große Zahl von wissenschaftlichen Studien stützt, hat Ed Eyestone im Augustheft 2000 der Zeitschrift *Runners World* erläutert: Statt die Zahl der Trainingskilometer knapp eine Woche vor Wettkampfbeginn zu erhöhen, wie ich es getan hatte, sollte man in den drei Wochen vor dem Rennen mit dem *Tapering* beginnen, der allmähliche Reduzierung der Trainingsleistung, um rund 20 Prozent pro Woche, wobei die »Länge des *Taperings* von der Länge des Rennens abhängt, das Sie gewinnen wollen«. Diese Empfehlung hatte ich damals natürlich noch nicht gelesen.

Noch einen weiteren Tag hielt ich die Fettdiät durch und fühlte mich am Morgen des 1. Oktobers nach einem 14-Kilometer-Lauf, inzwischen wahrscheinlich nur noch von meinem Fett zehrend, »ziemlich gut«. Das war ermutigend. Ich war dabei, meinen Ekel vor Fett zu überwinden. Anschließend verschlang ich, mit dem Frühstück beginnend, Brot, Spaghetti, Kekse und Müsli, um die Glykogenspeicher in Leber und Muskeln wieder aufzuladen.

In den letzten beiden Tagen vor dem Wettkampf musste ich eigentlich nur noch essen. Aber sollte ich ganz mit dem Laufen aufhören? Bis zu diesem Tage hatte ich meinem Körper mitgeteilt, er müsse ständig laufen. Nun wollte ich ihn nicht so plötzlich mit Inaktivität konfrontieren oder ihm gestatten, das Laufen zu vergessen. Gewissheit hatte ich natürlich nicht, aber ich vermutete, dass ein Raubtier von extremer Ausdauer, das bis zur völligen Entleerung seiner Glykogenspeicher läuft, um eine lohnende Beute zu reißen, in Zyklen lebt, Zyklen des unvermittelten Umschaltens von Energieabgabe und Energieerhaltung, sobald die Jagd zu Ende ist. Da die Jagd für mich noch nicht abgeschlossen war, absolvierte ich zweimal am Tag einen leichten Dauerlauf, sogar am Abend vor dem Wettkampf, wobei ich ein sehr langsames Tempo anschlug und jedes Mal nur vier oder fünf Kilometer lief. Ich hoffte, ich könnte auf diese Weise das so sorgfältig gespeicherte Glykogen unangetastet lassen. Am Ende empfand ich nur noch unendliche Erleichterung – ich hatte alles Menschenmögliche getan.

Merkwürdigerweise hatte ich während der letzten drei Monate die Vorstellung, ich sei zu kräftig. Doch wie aus der Eintragung vom 1. Oktober in meinem Trainingsbuch hervorgeht, betrug mein Gewicht vor dem 14-Kilometer-Lauf 64 Kilo. (Nach dem »Carbo-Loading«, dem Auffüllen der Glykogenspeicher, kletterte es wieder um gut zwei Kilo.) Das war das niedrigste Gewicht, das ich in meiner gesamten Zeit als aktiver Läufer, einschließlich meiner Schulzeit, auf die Waage gebracht habe. Es war auch das erste und einzige Mal, dass ich mich dem Verfahren der Superkompensation unterzogen habe.

Mein niedriges Gewicht erwähne ich deshalb, weil es in so krassem Gegensatz zu dem Vorstellungsbild stand, das ich von mir hatte. Als ich ein Jahr später Fotos von mir aus dieser Zeit sah, konnte ich nicht glauben, dass ich es war. Ich »wusste«, dass ich nicht so schlank war, und war fest davon überzeugt, dass der Fotograf eine Tricklinse verwendet hatte. Auch von meiner Lauffähigkeit hatte ich eine negative Auffassung und glaubte immer, ich liefe viel zu langsam und nicht weit genug.

Meine damalige Frau Margaret und ich flogen am Tag vor dem Wettkampf nach Chicago und quartierten uns in einem Hotel in der Nähe des Starts am Ufer des Lake Michigan ein. Ich machte eine kurze Joggingrunde, um zu sehen, ob ich den Start am Abend fand, weil ich dann sicher sein konnte, ihn auch am früh am nächsten Morgen mühelos zu finden.

Die Wettkampfveranstalter führten am Vorabend ein Treffen von Teilnehmern und Offiziellen durch. Ich nahm nicht teil, weil es mich Adrenalin gekostet hätte, das ich dringend für das Rennen am nächsten Morgen brauchte. Außerdem fand ein »Carbo-Loading-Dinner« statt, aber das war zu spät angesetzt. Das Rennen sollte um 7 Uhr starten, daher wollte ich mich von dem Großteil meiner umfangreichen Kohlenhydratmahlzeit (Riesenmengen vorgekochter Spaghetti, die ich in Gläsern mitgebracht hatte, und Hefebrötchen) bereits um 6 Uhr wieder befreit haben. Ich hatte nicht die Absicht, 100 Kilometer mit vollem Darm zu laufen, und jeder Halt unterwegs konnte alle meine Pläne zunichte machen. Ich kannte meine Verdauung und wusste, dass ich vor 17 Uhr mit dem Abendessen fertig sein musste.

Für den Fall, dass der Wecker versagte, hatte ich noch einen zweiten in Reserve, sonst hätte ich vor lauter Angst gar keinen Schlaf gefunden. Der abgesprochene Weckanruf vom Hotel kam, kurz nachdem mein Wecker geklingelt hatte. Ich stand sehr früh auf, damit ich zwei Stunden Zeit hatte, mein aus Hefebrötchen bestehendes Frühstück zu verdauen und den Kaffee zu trinken, den wir in einer Thermosflasche mitgenommen hatten. Nach dem Frühstück bezahlten wir die Hotelrechnung, nahmen unsere Reisetasche mit an den Start, um gleich nach dem Rennen nach Hause fliegen zu können. Meine Arbeit duldete keinen weiteren Aufschub.

Ich trug »Mariah«-Laufschuhe von Nike, sehr schmale Schuhe, für die ich mich wegen ihres geringen Gewichtes entschieden hatte. Um das Gewicht weiter zu vermindern, zog ich keine Socken an. Socken saugen Schweiß auf, was noch mehr Gewicht bedeutet. Mit einer Rasierklinge hatte ich kleine Belüftungslöcher in die Schuhe geschnitten. Es gehört nicht viel dazu, die Füße in rohes Fleisch zu verwandeln, wenn man sie sechs bis sieben Stunden ohne Unterbrechung auf das Pflaster trommeln lässt. Ohne Socken genügt die kleinste Unebenheit im Schuh, um allen Träumen ein Ende zu bereiten. Ich hatte meine Füße abgehärtet, indem ich in diesen Schuhen viele Kilometer ohne Socken gelaufen war, daher hoffte ich, von allen größeren Beeinträchtigungen verschont zu bleiben. Auch meine Turnhose war straßengetestet, doch um ganz sicher zu gehen, rieb ich die Innenseite meiner Schenkel mit Vaseline ein. Schweiß in Verbindung mit ständiger Reibung kann leicht dazu führen, dass man sich wund läuft und dadurch unbemerkt seinen Laufstil beeinträchtigt.

Als wir zum Start kamen, war es noch dunkel. Er schien verlassen zu sei, doch dann sah ich einige andere Läufer, die sich auf dem dunklen, etwas erhöht liegenden Gehweg warmliefen, an den in der Morgenbrise die Wellen des Sees klatschten. War ich wirklich am richtigen Ort? Doch bald trafen weitere Läufer ein. Wie ich, hatten sie alle ihre privaten Träume. Lange und hart hatten sie sich vorbereitet und waren aus allen Teilen der

Vereinigten Staaten und Kanadas gekommen, um diese Träume zu verwirklichen, egal, wovon sie träumten: die Distanz zu schaffen, eine persönliche Bestzeit zu laufen, zu gewinnen, Eindruck zu machen, einen Rekord aufzustellen.

Jack Canney, mein Betreuer, erwartete mich mit einer Kiste Preiselbeersaft in der Nähe des Starts. Ich gab ihm meine Trinkflasche aus Plastik und bat ihn, sie zu füllen und sie an bestimmten Stellen entlang der 15-Kilometer-Schleife bereitzuhalten, sodass ich immer nach höchstens acht Kilometern etwas zu trinken bekam. Ich wollte sie so rasch wie möglich austrinken und fallen lassen. Er sollte sie wieder füllen und sie mir am nächsten verabredeten Ort reichen. Wir übten ein paar Übergaben beim geplanten Wettkampftempo.

Um 6 Uhr 50 hatte sich eine stattliche Menge eingefunden, die noch auf 261 Starter anwachsen sollte. Kurz vor dem Start liefen sie sich vor und hinter der dünnen weißen Linie warm, die auf dem Pflaster gezogen war. Als wir uns hinter der Linie versammelt hatten, machten die meisten immer noch Stretchingübungen oder liefen auf der Stelle. Die Sonne war über den Horizont geklettert. In der kühlen Morgenbrise zitterten wir ein bisschen.

Ich überlegte, ob ich den verschlissenen blauen Jogginganzug aus Baumwolle zunächst anbehalten sollte und entschloss mich in letzter Sekunde, die Hosen trotz der Kälte auszuziehen, weil es mich während des Laufens kostbare Sekunden kosten würde. Den Pullover konnte ich jederzeit abwerfen, ohne den Lauf zu unterbrechen.

Immer dichter drängten wir uns hinter der weißen Linie. Die Antilopen – der Weltrekordhalter Klecker, Paul und anderen Spitzen-Ultramarathonläufer – bezogen unmittelbar hinter der Linie Position, sodass die Spitzen ihrer Laufschuhe sie praktisch berührten. Als vollkommen unbeschriebenes Blatt ordnete ich mich mit den anderen irgendwo hinter ihnen ein. Allerdings drängelte ich mich dann ziemlich weit nach vorn. Merkwürdig ruhig wurde ich nun, vielleicht erleichtert. Endlich war es so weit. In wenigen Stunden würde alles vorbei sein.

Dieses isolierte Experiment wird, wissenschaftlich gesprochen, nur anekdotischen Wert haben. Trotzdem ist es ein Experiment, kein zufälliges Ereignis. Es ist ein Experiment, weil ich mich von der Logik habe leiten lassen, die ich aus einer Fülle von Tierstudien gewonnen und durch meine eigene Erfahrungen ergänzt habe. Ich habe versucht, die empirischen Fakten und Untersuchungsergebnisse für die Verwirklichung eines bestimmten Ziels nutzbar zu machen, und ich kann voller Befriedigung konstatieren, dass ich alles getan habe, was ich nach bestem Wissen und Gewissen tun konnte.

Wenige Augenblicke vor dem Start erläuterte der Veranstalter noch einmal kurz die Strecke, die Regeln, die Verpflegungsstellen ... Einige der Läufer standen still, andere hüpften unruhig auf und ab, machten Stretchingübungen oder schlugen in nervöser Erwartung die Arme vor der Brust zusammen. Ich reichte meinem Nachbarn die Hand. »Viel Glück!«, wünschte ich ihm. »Dir auch!«, erwiderte er. Dann bückte ich mich, um noch einmal meine Schuhbänder zu überprüfen, um sicher zu gehen, dass sie fest und doppelt verknotet waren, andererseits aber locker genug, um die Füße nicht einzuschnüren. Es war außerordentlich wichtig, dass sie richtig saßen.

Kapitel zwanzig

# Das Rennen

Du läufst nicht gegen eine verdammte Stoppuhr, hörst du?
Ein Läufer läuft gegen sich selbst, gegen das Beste, was in ihm ist ...
Gegen alle Verderbtheit der Welt. Gegen Gott, wenn du gut genug bist.

BILL PERSONS, Trainer in Hugh Atkinsons Roman *Olympiade*

Auf die Plätze – fertig – scharf ertönte die Pistole des Starters – LOS. Ich hatte den Klang in den vergangenen zwei Jahrzehnten Hunderte von Malen gehört. Doch dies hier war etwas anderes. Ich war 41 Jahre alt. Eine weitere Chance würde es für mich nicht geben. Das machte das Ganze ein bisschen unheimlich. Ich tröstete mich damit, dass ich dem Tier in mir versprochen hatte, dies werde mein letzter und mein bester Versuch sein.

Klecker und die anderen im Vorderfeld laufenden Cracks stoben davon wie Antilopen, die von Wölfen verfolgt werden. Bleib ruhig, ganz ruhig, sagte ich mir immer wieder. Überpace nicht! Lauf dein Rennen, halt dein Tempo. Also versuchte ich mich zu bremsen, gleichzeitig aber schnell genug zu sein, um das geplante Tempo von 3:54 pro Kilometer zu erreichen. Konzentriert widmete ich mich dieser Aufgabe. Ich musste ein Kamel sein, allerdings ein sehr schnelles. Es galt, die

Strecke langsamer anzugehen als die meisten meiner Trainingsläufe und obendrein den Adrenalineffekt zu berücksichtigen, der mich am Start beflügelte. Ich beschloss mein Tempo zu überprüfen, indem ich den Zeitnehmern an der Strecke lauschte, die die Zeiten laut ins Feld riefen, bei 1,5 Kilometer, 8 Kilometer, 16 Kilometer …

Wir hatten kaum begonnen, wie mir schien, als ich schon die Zeit für die ersten 1,5 Kilometer vernahm – einige Sekunden über sechs Minuten – eine Winzigkeit zu schnell, aber doch ungefähr in dem Bereich, den ich mir vorgenommen hatte. Vor mir lief ein großer Pulk, und bereits nach fünf, sechs Kilometern hatte ich den Sichtkontakt zu ihnen verloren.

An der ersten Verpflegungsstelle tauchte Jack neben mir auf und reichte mir die erste Flasche. Ich ergriff sie, drückte mir den Saft in den Mund und ließ die zusammengequetschte Flasche fallen, während ich mich bemühte, das Tempo beizubehalten. Der Schlüssel zum Sieg war: Werde nicht schneller, werde nicht langsamer, höre nicht auf, bis das Rennen vorbei ist. Am wichtigsten in einem solchen Rennen: Lass dir von niemandem sein Tempo aufzwingen. Und dann, o ja, *glaube daran*.

Ich hatte so viel getrunken, wie ich hinunterbekommen konnte. Letztlich musste ich, was die Ausdauerleistung anging, auf den Fettstoffwechsel zurückgreifen, aber ich würde Kohlenhydrate verbrennen, solange es ging – all das Glykogen, mit dem ich die Speicher in Muskeln und Leber gefüllt hatte und mit den Kohlenhydraten, die ich direkt aus dem Darm bezog –, um meine Geschwindigkeit zu halten. Trotzdem befürchtete ich, zu viel Saft zu trinken, weil ich keine Ahnung hatte, wie groß mein Flüssigkeitsverlust durch Schwitzen war. Alles hing vom Tempo und der Temperatur ab. Während jenes rasch nachzulassen schien, stieg diese unaufhaltsam an.

An der 16-Kilometer-Marke lauschte ich gespannt auf die Zeiten, die ausgerufen wurden, während wir rasch vorbeiglitten: »Eins-null-drei-zehn, eins-null-drei-fünfzehn …« Mit 63 Minuten und 10 bis 15 Sekunden war ich fast eine Minute langsamer als beabsichtigt. In meinem Kopf ertönte eine kleine Alarmglocke – aber die Stimme der Vernunft hielt dagegen: Besser du bist jetzt langsam als später. Wie Antilopen hatten Paul und Klecker die 16-Kilomter-Marke acht Minuten vor mir passiert. Dabei hatte ich nicht gebummelt! Was für ein Tempo – aber schließlich war Klecker seit dem letzten Jahr der weltbeste Ultraläufer über diese Distanz. Was erwartete ich? Einige Weltklasseläufer sind bemüht, das Rennen vom Start an zu kontrollieren und die Führung zu übernehmen – eine Strategie, für die der verstorbene Pre (Steve Prefontaine) berühmt war. Auf diese Weise schockieren sie die Konkurrenz und retten sich dann mit eisernem Willen ins Ziel. Das war ganz gewiss nicht mein Stil.

Also erhöhte ich das Tempo nur ein bisschen, um wieder im Plan zu sein. Das tat ich mit erstaunlichem Erfolg, denn wie ich später (18 Jahre später!) erfuhr, absolvierte ich die ersten vier 16-Kilometer-Runden in 1:03:16, 1:01:31, 1:01:33 und 1:01:03.

Am Ende der ersten 16 Kilometer war ich noch bei klarem Bewusstsein und konnte mich auf alle Mechanismen des Laufens konzentrieren. Bei einem Ultramarathon bleibt immer reichlich Zeit, Bewegungen und Reaktionen zu kontrollieren, die sonst automatisch ablaufen. Ich hatte noch 84 Kilometer vor mir.

Halte die Daumen hoch, sagte ich mir, um schlaffe Handgelenke zu vermeiden. Die Bewegung muss nach vorne und hinten führen, minimiere das Auf und Ab. Heb die Knie nicht höher als unbedingt notwendig. Ich konzentrierte mich vollkommen auf die Bewegungen und prüfte, ob sie sich glatt anfühlten. Komm schon – locker, locker – bleib locker! 800 Meter weit ging ich im Geiste meinen ganzen Körper durch, *visualisierte* lockere Oberschenkel, Waden, Arme … Dann volle Konzentration auf die Beine. Kriechende Müdigkeit kann zu ineffizienten Bewegungen führen. Locker. Wenn du das Bein nach vorne schwingst, achte darauf, dass alle Muskeln entspannen. Auf diese Weise erledigt jeweils nur das andere die Arbeit, und die Gliedmaßen arbeiten nicht gegeneinander, wie es der Fall ist, wenn sich Hummeln warmzittern. Dann wird Energie verbraucht, um Wärme zu erzeugen, und nicht, um Arbeit zu verrichten. Ich visualisierte, wie ich den Schritt des rechten Beins exakt mit dem Schwung des linken Arms synchronisierte. Etwa 400 Meter fühlte ich den Rhythmus, dann lenkte ich mein Bewusstsein auf die entgegengesetzten Gliedmaßen. Hin und wieder veränderte ich die Schrittlänge, um die Dauer, während der meine Beinmuskeln kontrahiert waren, etwas zu variieren, wie beispielsweise die Frösche die Länge ihrer Rufe verändern. Der Rhythmus meiner Schritte war stetig, gleichmäßig und, wie mein Herzschlag, unbewusst auf meine Atmung abgestimmt. In Ruhe kann ich den Herzschlag normalerweise fühlen, wenn ich mich bewusst darauf konzentriere. Es sind entweder ein oder zwei Schläge beim Einatmen und dieselbe Zahl beim Ausatmen. Wenn ich laufe, spüre ich meine Atmung. Wie der Herzschlag ist der Atemrhythmus gewöhnlich unbewusst. Er richtet sich nach dem gleichen unbewussten Metronom, das auch als Zeitgeber für die Schritte dient. Ich mag den starken, stetigen Rhythmus der allgemeinen Synchronizität. Manchmal lausche ich ihm – im Bruchteil einer Sekunde kann ich ihn auf den Bildschirm meines Bewusstseins rufen. Drei Schritte bei einem langen Einatmen, ein vierter Schritt und ein schnelles Ausatmen. Immer und immer wieder. Mein Mantra. Das Bewusstsein wird leer. Manchmal ändere ich den Rhythmus und machte nur zwei Schritte beim Einatmen. Diesen Wechsel kann ich bewusst vornehmen, doch normalerweise erfolgt er automatisch, wenn ich meine Anstrengung erhöhe. Je stärker ich mich anstrenge, desto tiefer werden die Atemzüge, bis sich plötzlich ihre Zahl ändert. Doch der Rhythmus behält seine Synchronizität bei, die Synchronizität übersetzt sich in Gleichmaß und Gleichmaß bedeutet Energieeffizienz. Das Metronom des Körpers ist durch viele zehntausend Meilen abgestimmt, mehr Meilen als ich mir vorstellen kann, Meilen, die längst aus meinem Arbeitsgedächtnis gelöscht sind, so wie der Atemrhythmus aus meinem Bewusstsein gelöst ist. Ich fühle ihn nur noch. Und er fühlt sich gut an.

Inzwischen baute Klecker seine Führung immer weiter aus. Ich hatte fast die Marathonmarke erreicht und griff nach der Saftflasche, als ich Jack schreien hörte: »Er ist auf dem Weg zu einem neuen Weltrekord.« Über 100 Kilometer vermutete ich, denn über 80 Kilometer hatte er bereits letztes Jahr einen erstaunlichen Weltrekord aufgestellt. »Du kannst ihn jetzt nicht mal mehr per Luftpost erreichen«, fuhr Jack fort, während ich die leere Falsche fallen ließ. Vielleicht wollte er mir eine Enttäuschung ersparen oder verhindern, dass ich mich übernahm.

An diesen Kommentar werde ich mich erinnern, solange ich lebe. Er nahm mir ein bisschen Wind aus den Segeln. Klecker war wirklich einschüchternd. Ich wusste, dass ich keinen US-Rekord aufstellen würde, wenn ich ihn nicht schlagen würde – und zwar in diesem einen Wettkampf. Um überhaupt an einen Erfolg denken zu können, hatte ich mit phantastischen Träumen beginnen müssen, doch jetzt, am Ende, war Realismus gefordert. So versuchte ich mich mit dem Gedanken zu trösten, dass ich das Beste aus meinen Möglichkeiten machen müsse. Alles zu geben, was ich hatte – mehr konnte ich nicht tun. Um mehr konnte ich mich nicht kümmern, und daher war es das Einzige, was zählte. Trotzdem, es konnte noch viel geschehen. Jede Schwäche – und war sie noch so gering – würde sich über die nächsten 16, 32, 48 Kilometer verstärken, und danach würde es die Hölle für uns alle sein. Da war noch viel Raum für das Unerhörte, das Ungeplante, das Niedagewesene in jedem von uns.

Meine Zeit an der Marathonmarke war 2:42. Ich war wieder im Zeitplan, obwohl Klecker natürlich unerreichbar war. Ich würde nicht versuchen, auf einer kurzen Strecke schneller zu sein als eine Antilope. Jeder Anfall von unbedachter Kühnheit würde in die Katastrophe führen. Ich würde mich verausgaben und als Fall für die Sanitäter am Rande der Strecke enden. Sobald man das Tempo so erhöht, dass man anfängt, hart zu atmen, greift man zu tief in die Kohlenhydratspeicher und überschreiten möglicherweise die anaerobe Schwelle, das heißt, gerät in den Bereich, in dem die Milchsäure rascher produziert wird, als sie vom Stoffwechsel- und Herz-Kreislauf-System abgebaut werden kann. Milchsäure ist wie Sand, der sich im Getriebe eines Autos ansammelt und innerhalb kürzester Zeit dafür sorgt, dass nichts mehr geht. Es gibt nur eine Maxime: Lauf nicht zu schnell, lauf nicht zu langsam und, vor allem, bleib niemals stehen …

Schon kurz darauf wurde es hart. Richtig hart. Aber ich war mir nicht mehr sicher, ob ich zu langsam wurde oder überkompensierte und möglicherweise zu schnell lief. Es war einfach so, dass ich mich immer stärker und stärker anstrengte. Auf diese Weise passierte ich einen Läufer nach dem anderen. Stück um Stück ging es voran: Ein Läufer vor dir – hol ihn ein – vorbei – der nächste …

Als ich wieder bei Jack vorbeikam, rief er: »Paul hat aufgegeben – Klecker ist immer noch stark unterwegs.«

Der Preiselbeersaft machte meinem Magen immer mehr zu schaffen. Allmählich büßte ich Durst und Appetit ein, aber ich zwang mich, ihn hinunterzuwürgen. Schmerzhafte Erschöpfung überdeckte alle anderen Empfindungen. Mein Körper schrie, ich solle aufhören, und er hätte sich sicherlich durchgesetzt, wäre ihm nicht ein Geist mitgegeben, der ihn narren, nach seiner Pfeife tanzen lassen, hinters Licht führen konnte.

Ich musste mich selbst täuschen, um mich wieder aufzubauen. Es kam die Logik mit ins Spiel. Logik ist weniger ein Instrument der Wahrheitsfindung als ein Werkzeug, das uns hilft zu rechtfertigen, was unsere niederen emotionalen Zentren von uns verlangen und durchsetzen. Ohne diese im Dienst der Selbsttäuschung stehende Logik wären wir keine solchen Meister der Rationalisierung und damit auch nicht ohne weiteres fähig, so absurden, sinnlosen, verrückten Dingen zu verfallen wie dem Versuch, 100 Kilometer ohne Pause zu laufen, und zu schauen, wie viel Zeit wir dafür brauchen. Schließlich setzt unsere Logik dem Ganzen die Krone auf, indem sie unsere Rationalisierungen entlarvt, woraufhin sie ihre ganze Sinnlosigkeit offenbaren. Fast unvermeidlich geschieht das auf halber Strecke, und man fragt sich: »Warum tue ich das? Warum bin ich hier? *Warum?*« Darauf gibt es keine Antwort.

An diesem Punkt brauchen wir unseren Glauben – eine Mischung aus Ignoranz, absichtlicher Blindheit, Hoffnung und Optimismus. Er widerspricht aller Logik, gibt uns aber die Kraft weiterzumachen, zu überleben. Vielleicht ist er es auch, der unseren Geist von einem Computer unterscheidet, der unsere Vorfahren dazu brachte, die Antilope zu hetzen, bis sie erschöpft zusammenbrach. Den Glauben hatte ich, und doch fragte ich mich: Gibt es irgendjemanden in Amerika, der noch irrer ist als ich, der sich noch mehr quält? Eine hartnäckige Stimme in meinem Hinterkopf sagt: Vielleicht.

Also hängte ich mich noch mehr rein, quälte mich noch ein bisschen mehr. War ich verrückt? Vielleicht. Trotzdem musste ich die eigenen Fähigkeiten und die der anderen genau beurteilen, mich hundertprozentig an das halten, was ich mir vorgenommen hatte, und mich ganz auf das Prinzip von Ursache und Wirkung, auf die empirische Wirklichkeit verlassen. Auch hier galt, was Yogi Berra über Baseball gesagt hat: »Es ist zu 90 Prozent mental, die andere Hälfte ist physisch.«

Nach etwa vier Stunden war die Sonne sengend heiß und der Wind hatte aufgefrischt. Noch immer streckte mir Jack in regelmäßigen Abständen die Flasche voll Preiselbeersaft entgegen. Ich schnappte sie, quetschte sie, schlucke, ließ die Flasche fallen und war froh, wieder beide Hände frei bewegen zu können … »Klecker lässt nach«, hatte er, so glaubte ich zumindest, gerufen, als ich das letzte Mal an ihm vorbeigelaufen war. Was? Wirklich? Er ließ nach? Hatte ich richtig gehört? Immer noch überholte ich Konkurrenten. Weitere fünf Meilen, noch eine Flasche Preiselbeersaft. »Du liegst auf dem zweiten Platz …« Na und? dachte ich – er ist immer noch Kilometer vor mir.

Jetzt war jede Flaschenübergabe ein willkommenes Ereignis. Jede Übergabe hakte weitere fünf Meilen ab, die hinter mir lagen.

Richtigen Durst hatte ich nicht. Trotzdem trank ich, weil ich auf meinen Trainingsläufen oft bemerkt hatte, dass ich einen erheblichem Flüssigkeitsverlust erlitt, ohne Durst zu haben. Der Durst machte sich zu spät bemerkbar.

»Er bricht ein!«, sagte Jack bei einer weiteren Flaschenübergabe. Diesmal war ich mir sicher, dass ich es richtig verstanden hatte. Ich dachte an Billy Mills, der als vollkommen unbekannter Läufer beim olympischen 10000-Meter-Lauf nach der letzten Kurve an die Spitze geht und sich immer wieder und wieder sagte: »Ich kann gewinnen, ich kann gewinnen, ich kann gewinnen.« Mir lief ein Schauer über den Rücken. Jacks kurzer Satz elektrisierte mich. Obwohl mein Körper Schwäche zeigte, wurde ich jetzt durch irgendwelche mentalen Kräfte vorwärts getragen. Ich wußte wirklich nicht, was das für Kräfte waren, aber ich fühlte mich anders. Ich weiß, dass ich eine Chance habe! Das Unmögliche. Niemand kannte mich. Ich kam aus dem Nichts und ich kriegte ihn! Ich wußte, wie es ihm ging. Jeder Läufer weiß, wie es ist, einzubrechen, auf den letzten Kilometern zu verhungern. Ich brauchte nur an letzte Woche zu denken. Er würde die 80 Kilometer nicht schaffen, ich würde sie nicht schaffen.

Jetzt war der Zeitpunkt gekommen, die Aufregung zuzulassen, das Adrenalin abzurufen. Ich dachte an Mike, Bruce, Fred aus unserem Cross-Team, an die Zeit, als wir wie Hunde knurrten, lachten und uns beim Laufen sagten: »Halt durch – sei ein Tier.« Ich wußte auch, dass in Führung zu liegen gar nichts bedeutete – nicht, bevor die Ziellinie hinter einem lag.

Vor zwei Jahren – es war beim San Francisco-Marathon und vor mir lagen noch qualvolle anderthalb Kilometer bis zum Ziel –, da hörte ich Bruchstücke der Kommentare in den Radios, die die Zuschauer an der Strecke hielten. Ich weiß noch, dass es hieß: »Jetzt kommt der Sieger ... es ist Peter Demaris.« Demaris lief weit vor mir, ich konnte ihn kaum sehen. Aber ich war noch nicht bereit, mich mit der Niederlage abzufinden, obwohl sein Sieg schon verkündet worden war. Also beschleunigte ich mein Tempo und lief einfach weiter – ich weiß nicht, woher ich die Kraft nahm, doch mir schienen plötzlich Flügel zu wachsen. Meine Siegerzeit war nicht der Rede wert, aber der *San Francisco Examiner* titelte am folgenden Tag (29. Oktober 1979): »Überraschender Ausgang des Golden Gate Marathons – totaler Außenseiter gewinnt.« Der Außenseiter war ich. Ich wusste, es gab viele solche Außenseiter. Und jeder von uns *konnte* es schaffen. Ich mochte jetzt – heute – die Führung haben, aber auch ich konnte eingeholt werden ... genauso, wie Demaris damals eingeholt worden war, unmittelbar vor der Ziellinie.

Bei körperlicher Aktivität wird die Mobilisierung des Brennstoffs, den die Muskeln verwenden, nicht nur durch Adrenalin, sondern auch durch Noradrenalin, das adrenocorticotrope Hormon, Glukagon und Thoraxin reguliert, wobei alle diese Hormone mittels Rückkopplungsschleifen vom Gehirn aus gesteuert werden. Natürlich dachte ich in diesem Augenblick nicht an Hormone oder ihre Rückkopplungsschleifen, doch ungewöhnliche Leistungen setzen ungewöhnliche physiologische Bedingungen voraus. Wie kam es, dass ich mich von der Normalität entfernt hatte? Unbewusst hatte ich aus dem Vorbild anderer Kraft geschöpft, aus der Stärke ihres Charakters und ihres Willens.

Lefty hatte sie. Lefty Gould, der sich stundenlang mit mir unterhalten hatte, als ich ein Postjunge gewesen war und zweimal täglich mit der Posttasche zwischen der Schule und dem Postamt hin- und hergejoggt war. Unverwandt sah er mich mit seinen blassgrauen Augen an, während er mir von den »Krauts« erzählte, die im Zweiten Weltkrieg über die feindlichen Linien gekrochen waren, mit vorgehaltenen Waffen Zigaretten verlangt und ihn dann unbehelligt hatten ziehen lassen. Als nächstes sah ich ihn vor meinem geistigen Auge, wie er von einer Gruppe Praktikanten durchs Krankenhaus geschoben wurde. Schwach und mühsam richtete er sich auf einem Ellenbogen auf und erklärte grinsend: »Euch mach ich doch alle noch fertig!« Der Champ von einst wollte kein Mitleid. Die tapfere, aber hilflose Geste war ein Ausdruck seines Kämpferherzens – wie viel Kraft noch in ihm steckte, auch wenn sein Körper schwach geworden war. Keinen Zentimeter nachzugeben, das hieß, alles zu geben. Die Geschichten, die er mir, dem kleinen Jungen, erzählt hatte ... Er hatte sich hinter seinem Schalter vorgebeugt und geschildert, wie er seinen herausgeschossenen Oberschenkelknochen nach dem Feind geworfen hatte ... wie er noch weiterschoss, als er schon das Bewusstsein verloren hatte ... Ich zehrte jetzt von tief verwurzelten Erinnerungen – vom Leben selbst. Dem Berg des Lebens. Hoffentlich war da genug, von dem sich zehren ließ ... bis zur Ziellinie ... Lefty –

jetzt sah ich ihn wieder vor mir – ganz still, die Hände auf der Army-Uniform gefaltet, in seinem Sarg in der Moody Chapel, wo ich als Kind hunderte von Malen gewesen war, bevor ich an den Sonntagnachmittagen immer hinauslief in den Wald. Lefty hatte zur persönlichen Schutztruppe von General George S. Patton, einem Olympiateilnehmer von 1912, gehört. Patton hat gesagt: »Willst du die Schlacht gewinnen, merke dir eins. Sorge dafür, dass der Geist den Körper regiert. Lass den Körper nie über den Geist bestimmen. Der Körper wird immer aufgeben.«

Der Körper schaffte nur kleine Schritte. Der Geist jedoch konnte große Schritte tun. Mein ganzes Leben wurde in dieses kleine Leben von einigen Stunden zusammengepresst. Vergangenheit, Gegenwart und Zukunft verschmolzen zu einem sengenden Knoten, in dem der Körper schrumpfte und der Geist immer größere Bedeutung gewann. Horizonte zogen sich zusammen. Ich versank im Schmerz, langsam, unaufhaltsam. Aufblickend konzentrierte ich mich auf einen Baum vor mir. Halt das Tempo – bis zu diesem Baum. Ich schaffte es, und belohne mich mit einem Glückwunsch: Ich habe es geschafft! Dort – jetzt dieser Baum. Und so ging es weiter, immer nur ein kleiner Abschnitt der gesamten Distanz, einer Distanz, die ich nie wieder in meinem Leben laufen müsste ... nie ... nie wieder. Das *Jetzt* war alles, was zählte. Jetzt – jetzt. Dieser Augenblick.

Es war, als wäre ich schon hundert Jahre im Wald, schon ewig auf der Spur eines riesigen Weißwedelhirsches – und als wäre er endlich in Reichweite. Ich konnte es schaffen! Das war das Ende der längsten Jagd und vor mir war der größte aller Hirsche. Er war die weiße Linie auf dem Asphalt. Mein Geist hat das Ziel ausgemacht, er zog mich vorwärts.

Schließlich, ich näherte mich der 80-Kilometer-Marke, rief Jack aufgeregt herein: »Klecker ist fertig! Du bist jetzt Erster und weit vor dem Nächsten.« Nur noch 20 Kilometer. Ich griff mir den Preiselbeersaft und legte zu, noch besessener als vorher. Ich konnte siegen, ein Grund mehr, alles zu geben, denn jetzt hatte ich die Chance, einen Rekord aufzustellen – wenn ich nur durchhielt. Aber es konnte noch so viel passieren – eine Muskelzerrung, der gefürchtete Einbruch, Dehydration, ein verstauchter Knöchel … etwas, womit niemand rechnete …

Das Ende dieser Jagd rückte näher. Die Beute, die ich fangen wollte, würde eine Zahl sein, meine Endzeit: Stunden, Minuten und Sekunden, durch Doppelpunkte getrennt. Und diese Zahl, einmal festgelegt, würde mich den Rest meines Lebens begleiten. Vielleicht ließ ich sie auf meinen Grabstein meißeln. Schließlich sagen die Zahlen des Geburts- und Todesdatums wenig über einen Menschen aus. Was dazwischen liegt, ist entscheidend. Die Zahl, die ich nun festlegen würde, wäre unverfälscht. Sie würde die Grenzen meiner tierischen Natur definieren – sie würde das Maß meiner Vorstellungskraft sein, erstritten durch Mut und Entschlossenheit. Man könnte sie nicht kaufen, nicht mit ihr handeln und sie sich nicht durch Einfluss verschaffen. Im Vergleich dazu waren alle anderen Ehren lächerlich. Sie würde so wertvoll, weil sie nicht von den Urteilen, Vorurteilen, Eifersüchteleien und der Ignoranz anderer abhinge. Sie wäre das Leben, nicht wie es ist, sondern wie es sein sollte.

Und vergessen wir die kostbare Vergangenheit nicht. Ich war 41 Jahre alt, und die sprichwörtlichen neun Katzenleben, die ich als Läufer hatte, gingen zur Neige. Der Rücken, die beiden Knieoperationen und der Orthopäde, der damals sagte: »Wenn Sie nicht aufhören zu laufen, nehme ich Ihnen die Kniescheibe raus und schmeiße sie in den Mülleimer.«

»Wie viele Kilometer habe ich noch, wenn ich zu laufen aufhöre?«, wollte ich wissen.

»Das kann ich Ihnen nicht sagen. Es könnte morgen sein, aber auch erst in 20 Jahren.«

»Und was ist, wenn ich *nicht* zu laufen aufhöre?«

»Das kann ich Ihnen nicht sagen.«

»In diesem Fall«, erklärte ich, »laufe ich wie der Teufel und bringe mich in die Form meines Lebens, damit ich möglichst viel von den verbleibenden Kilometern habe.« Das tat ich und gewann beim Boston Marathon in der Altersgruppe der Über-40-Jährigen.

Plötzlich sah ich ein Bild vor mir, von einem hoch gewachsenen Mann, der über den Campus in Berkeley geht. Sein Gesicht – es fehlte. In Vietnam verbrannt? All diese tapferen Soldaten – viele von ihnen Kameraden, mit denen ich gelaufen war. Andere gingen, weil ich es nicht tat … Ihr Heldenmut – und ich beklagte mich, dass ich *müde* war?

Tief atmete ich ein, saugte die frische, klare Luft vom See her in die Lunge. Vorbei ging es an den Spaziergängern auf dem Fußweg neben der Rennstrecke. Wir wirkten vollkommen absorbiert auf sie, blickten weder nach rechts noch links, stanken nach Schweiß und starrten mit glasigen Augen nach vorn … Wir Läufer müssen nicht lächeln, müssen nicht hübsch aussehen, brauchen keine Urteile über uns ergehen lassen. Uns schaudert jedes Mal, wenn wir sehen, dass sich hervorragende Sportler – Turmspringer, Gymnastinnen oder Eiskunstläufer – nach ihrer Übung beurteilen lassen, abwarten müssen, dass Karten mit Zahlen hochgehalten werden.

Eine kleine Entfernung zur Zeit. Ein Schritt. Jeder war kostbar. Jeder Schritt war lebendig, weil lebendig zu sein hieß, der Trägheit zu widerstehen. Ich zog alle emotionalen Register, die mir einfielen, um die Dämonen der Gleichgültigkeit zu besiegen, die da sagten: *Warum? Warum?* Es spielt doch nicht wirklich eine Rolle – wenn kümmerte es, ob ich gewann oder jemand anders? Und wen kümmerte es, ob ich 6:30, 6:31 oder 8:30 lief, solange ich Erster wäre? Niemand würde um den gewaltigen Unterschied wissen, niemand außer mir.

Ich überholte jetzt überrundete Läufer, die viele Kilometer hinter mir waren. Außenstehende können nicht entscheiden, wer vorne ist und wer hinten im Pulk. Es ist wie im wirklichen Leben.

»Leiden ist der einzige Ursprung des Bewusstseins«, schrieb Dostojewski einmal. Mein Bewusstseinsstrom schwankte zwischen einer hellen Wachheit und einem traumartigen Dämmerzustand. Manchmal zog er friedvolle Szenen aus der Erinnerung herauf – das Gegenbild dessen, was ich erlebte. Ich sah mich im Gras vor der Hütte liegen, mit meinem Kumpel Phil den Bog Stream hinabpaddeln, abends als Teenager mit ihm am Brailley Brook angeln, hoch oben in den nördlichen Wäldern von Maine. So suchte ich den Kontakt zu den Vögeln, dem Wald, den Menschen, die ich in mir trug. Ich rief diese Reichtümer ab durch die Bilder in meinem Kopf, »die durch unsere Träume flackern und heraufbeschworen werden können, um eine schwierige oder müßige Stunde zu erhellen«, wie Howard Evens, ein Freund und Biologe, einmal schrieb. Jetzt rief ich diese Vorstellungsbilder ab … Ich sah Phil vor mir auf einem Sportfest am Bates College. Er war mit dem Auto aus dem 50 Kilometer entfernten Wilton gekommen. Er war den ganzen Weg nach Lewiston gekommen, nur um mich laufen zu sehen. Das hatte noch niemand für mich je getan. Ich lief nur für Phil und gewann gegen den besten Langstreckenläufer des Staates. In seiner Begeisterung über meinen Sieg sprang er damals auf die Bahn – und übergab sich! Ich lief auch jetzt für ihn, für Phil … Ich sah ihn im Bett liegen. Der Krebs hatte ihn niedergeworfen. Er konnte sich kaum rühren. »Schwer zu hacken, diese Reihe«, sagte er. Als Kind hatte ich hunderte von Reihen Bohnen und Mais gehackt, viele davon bei ihnen im Garten. »Bring mich im Kanu zum Bog Stream«, bat er schwach. Er wollte hinaus, auf seinen Lieblingsfluss, wo wir einst Frieden fanden.

Während ich meinen Lauf unbeirrt fortsetzte, stieg ein anderes Gefühl in mir auf: Scham. Wollte er, dass wir das Kanu zum Kentern bringen, um ihn zu ertränken? Ich hatte mich dumm gestellt. Das hatte ihn zwei weitere Wochen Todeskampf gekostet, in denen er hilflos an die Decke starrte, bevor es endlich vorbei war. Wie kostbar wäre dieser Augenblick hier, würde er denken, wenn er ihn je erlebt hätte. Wie kostbar war er, werde ich denken, wenn ich einmal dort bin, wo er jetzt ist …

Mein Herz hämmerte. Wann war ich an der Reihe? Ich versuchte, mich mit erfreulicheren Bildern abzulenken – Zierschildkröten, die von halb versunkenen Baumstämmen schlüpfen, während wir mit dem Boot um eine Biegung des Kennebec River gleiten, an den Gärten von »Good Will« vorbei. Hummeln summen um die blauen Blüten des Hechtkrauts an den Ufern, wo Inseln von Wasserrosen dümpeln und der Hecht lauert … Würden meine Kinder diese Wunder sehen? Sie empfinden? Meine Tochter Erica – gerade zehn Jahre alt – war mit ihrer Mutter vor kurzem zurück nach Kalifornien gezogen. Erica – Erica – ich liebe dich – ich liebe dich ... Und mein Körper erschauerte. Siegen reicht nicht, sagte ich mir wieder und wieder. Seit Monaten hatte ich vergessen, wo der Rekord steht, nachdem ich mich entschlossen hatte, ihn anzugreifen, weil ich wusste, dass er letztlich nicht zählte. Entscheidend war, dass ich mein Bestes gab.

Die Kilometer strichen vorbei. Dass ich als Erster ins Ziel kommen würde, schien sicher zu sein, doch so wenig im Leben war wirklich sicher.

Mein Tempo musste jetzt von einem anderen Körper beibehalten werden. Auch die Landschaft selbst hatte sich verändert. Die Entfernung zwischen den Bäumen hatte sich ausgedehnt, der Boden war härter geworden, die Einzelheiten verblassen. Zuschauer und Spaziergänger gab es nicht mehr. Nichts als Asphalt drei Meter vor mir, einen Meter vor mir, und vor meinem geistigen Auge das Bild der Beute – die weiße Linie über dem Asphalt. Das Universum schrumpfte, zog sich zusammen. Der Asphalt – und die Linie –, mehr gab es nicht mehr. Um diese Gelegenheit zu bekommen, hatte ich die Erde mehrfach umrundet und noch immer konnte ich sie um eine Sekunde verpassen. Wenn ich diese 100 Meter bis zur nächsten Kurve nicht so schnell wie möglich lief, würde ich später einen Schmerz empfinden, der größer und dauerhafter wäre als der hier ... Bis zu diesem nächsten Baum ...

Ich brauchte immer stärkere Medizin. Bilder von ... der Hütte im Wald, der Stille der Bäume und dem Gesang der Vögel im Morgengrauen, den Gedanken an ihre epischen Wanderungen, das Empfinden von feuchtem Tau auf dem Gras früh am Morgen, das Summe der Insekten im Rhododendron im Moor – der Flug der Enten im letzten Frühjahr und ihre aufgeregtes Quaken im Sumpf ... Erinnerungen, Ablenkung, Reminiszenzen und die Sehnsucht nach »dem Frieden jenseits des Verstehens« trieben mich vorwärts.

Als ich in die Kurve ging, die drei, vier Kilometer vor dem Ziel lag, bewegte mich nur noch ein erhebender, begeisternder, köstlicher Gedanke: Es würde bald vorbei sein. Ich erhöhte das Tempo ein wenig, bekam einen Auftrieb in Erwartung der Erlösung. Nur noch Minuten ... Sekunden. Diese Vorfreude trieb mich genauso wie jedes andere Motiv vorwärts. Doch als ich endlich das Ziel vor mir sah – die Menschen, die sich dort drängten – war immer noch die Furcht da, von hinten könnte sich ein anderer Läufer nähern, der seine Kräfte bis zuletzt aufgespart hatte und mich im letzten Augenblick noch überraschte. Oder wenn ich nahe an einem Rekord wäre, könnte eine beliebige Zahl von Läufern *unsichtbar* neben mir sein, nur durch das Datum getrennt.

Und dann sah ich sie – die Beute, den Preis: die weiße Linie auf dem Asphalt! Noch 30 Meter – 15 – 3 ... Endlich ... Es war vorbei ... Ich hatte es geschafft! Ich war durchgekommen – in einen Himmel, in dem es nichts als süße Ambrosia gab.

Man sollte meinen, ich hätte die Arme im Triumph emporgeworfen und wäre wie ein verrückter Irrwisch herumgehüpft. Nichts dergleichen. Ich war zu kaputt, um einen einzigen Finger zu heben. Stattdessen verspürte ich eine tiefe, warme Freude, ließ mich auf das weiche, kühle Gras im Schatten eines Baumes fallen. Unaussprechliche Zufriedenheit erfüllte mich, während ich meinem Herzen lauschte, dass noch von dem harten Endspurt klopfte.

Der hohe, massive Siegerpokal trägt am Fuß die Inschrift »Sieger – 100 km«, und darunter »Nationaler Meister 1981«. Der Pokal ist voll. Er enthält alles, was ich in ihn hineintun musste. Wie bei der Jagd auf die Antilope werden uns die schönsten Dinge im Leben zuteil, wenn wir Ausdauer beweisen und am Ende siegen.

# Epilog

Denn die Bewegung fesselt mehr den Blick als Ruhendes.

SHAKESPEARE, *Troilus und Cressida*

Wie Jagden unterscheiden sich alle Langstreckenläufe voneinander und gleichen sich doch in vielerlei Hinsicht. In den meisten Aspekten war dieser wie viele andere. Hinterher fühlte ich mich wie ein Vogelkundler, der eine weitere seltene Art auf seiner Lebensliste abhaken kann.

Und wie der Versuch, seltene, scheue Vögel zu beobachten, ist das Ultralaufen nicht nach jedermanns Geschmack. Zwar wählte mich die Zeitschrift *Ultrarunning* nach meinem Sieg in Chicago zum besten Athleten des Jahres 1981, doch die *Chicago Tribune* nahm kaum Notiz davon. Bei den Recherchen für dieses Buch las ich einen Bericht in der Zeitung vom Montag, dem 5. Oktober 1981. Da ist kurz die Rede von Barney Klecker aus Minnesota und Sue Ellen Trapp aus Florida als dem Gewinner beziehungsweise der Gewinnerin der 80 Kilometer. Mein Name wird nicht erwähnt, obwohl ich die 100 Kilometer vier Minuten und 37 Sekunden beendete, *bevor* Trapp denselben Kreidestrich als Gewinnerin der 80-Kilometer-Konkurrenz überquerte. Diese Berichterstattung ist unwichtig, aber aufschlussreich.

Für Medien und Zuschauer ist der Ultralauf, wie ein Kommentator anschaulich feststellte, »etwa so aufregend, wie Farbe beim Trocknen zuzuschauen«. Tatsächlich trifft das die Sache nicht ganz. Physiologisch und psychologisch ist es so interessant wie jede andere Sportart. Nur lässt sie sich nicht mediengerecht in Sekunden oder Minuten zusammenfassen. Das ist auch der Grund, warum ich mich herausgefordert fühlte, darüber zu schreiben. Ich habe mich für dieses Rennen entschieden, weil es mein denkwürdigstes und engagiertestes war. Ich weiß noch genau, dass mir, während ich es bestritt, der Gedanken durch den Kopf ging, in 20 Jahren ein Buch darüber zu schreiben. Damals fand ich die Idee merkwürdig. Doch als die 20 Jahre fast vorbei waren, erinnerte ich mich daran und griff zum Bleistift.

Ich beendete das 100-Kilometer-Rennen nicht in einem spannenden Kopf-an-Kopf-Rennen, wie ich mir das so lange vorgestellt hatte. Vielmehr war es eine recht langweilige Angelegenheit: Ich kam fast eine Dreiviertelstunde von dem Zweiten ins Ziel. Mein Freund Ray Krolewicz wurde Dritter. Meine offizielle Zeit auf dieser vom Verband vermessenen Strecke betrug 6:38:21 und war damit um 13 Minuten schneller als Frank Bozanichs nordamerikanischer Rekord über die 100 Kilometer auf der Straße. In den 19 Jahren seither ist mein Rekord von vier Nordamerikanern verbessert worden. Unlängst hat Tom Johnson mit 6:30:11 einen neuen Rekord aufgestellt. Hinter Klecker hatte ich die 80-Kilometer-Marke als Zweiter mit 5:10:13 passiert. Diese Zeit ist seither von sechs Nordamerikanern verbessert worden. Stefan

Fekner aus Kanada unterbot sie um erstaunlich knappe drei Sekunden, und Don Paul, jener Paul, der aus dem Wettkampf 1981 in Chicago ausgestiegen war, schaffte es in einem späteren Rennen noch knapper, nämlich mit zwei Sekunden!

Meine Zeiten über die 80 Kilometer und die 100 Kilometer waren damals und sind heute noch Weltrekorde in der Altersgruppe derer über 40.

Während der Arbeit an diesem Buch setzte ich mich mit Andy Milroy, dem ehemaligen Technischen Direktor der »International Association of Ultrarunners«, in Verbindung, der mir folgende E-Mail schickte:

> »Um Ihre 6:38:21 über 100 km weltweit einzuordnen ... Da mit den 6:36:57 (damals ein möglicher Weltrekord auf der Straße), die Richard Chouinard aus Kanada beim Montmagny-Rennen am 21/22 Juli 1979 erzielte, einige Unklarheiten verknüpft sind, waren Ihre 6:38:21 vom 4. Oktober 1981 in Chicago zu diesem Zeitpunkt die beste eindeutig bestätigte Straßenleistung über 100 km – praktisch der Weltrekord. Gemessen an der Dokumentation, die über Montmagny zur Verfügung stand, gebührte Chicago eindeutig der Vorrang.«

Ich möchte eiligst hinzufügen, dass es natürlich erheblich bessere Leistungen gibt. Meine Zeit blieb beispielsweise weit hinter der glänzenden Zeit des Schotten Don Ritchie zurück, der am 28. Oktober 1978 im Kristallpalast in London die 100 Kilometer auf der Bahn in glänzenden 6:10:20 zurücklegte und der in jüngeren Jahre 15 Weltrekorde aufstellte. Schon jenseits der 40 Jahre lief er in Italien die Strecke von Turin nach St. Vincent in 6:36:02 (Zeiten auf Punkt-zu-Punkt-Kursen können als »beachtliche Leistungen«, nicht aber als Weltrekorde anerkannt werden). Ritchies viele sensationelle Leistungen würden jeden Versuch von mir, mit Weltrekorden zu prahlen, lächerlich erscheinen lassen.

In der Rückschau erscheint mir das Rennen aber als Metapher meines Lebens. Unser Leben unterliegt dem Einfluss der evolutionären Vergangenheit, der Erfahrung und des Bewusstseins. Es gibt Zeiten, da nehmen wir das Leben, wie es kommt, und dann wieder gibt es Zeiten, da mobilisieren wir alle Kräfte, um ein bestimmtes Ergebnis zu erzielen. Alles in allem ist es ein Abenteuer, auf das wir mit Stolz zurückblicken möchten. Wir wissen nicht wirklich, ob das, was wir tun, uns dorthin bringt, wohin wir möchten. Auch ich wusste nicht wirklich, ob meine Vorbereitung auf das Rennen richtig war. Egal, ob wir uns einen Partner wählen, uns für ein Studium entscheiden oder einem Trainingsplan folgen, immer gehen wir ein kalkuliertes Risiko ein. Aus der Rückschau betrachtet, habe ich törichte Fehler begangen. Beispielsweise hatte ich die Erkenntnisse aus der Vogelforschung damals unberücksichtigt gelassen. Ich hätte mir mehr Ruhe gönnen, die Glykogenspeicher weniger radikal leeren und ein bisschen Eiweiß während des Wettkampfs zu mir nehmen sollen. Zweifellos habe ich noch viel mehr Fehler begangen, die ich noch nicht einmal bemerkt habe. Trotz der Fehler, die mir vermutlich unterlaufen sind, hat man mich, wie andere Ultraläufer auch, aufgefordert, mein Experiment in einem Ultramarathon-Handbuch zu dokumentieren. Aus seinen Fehlern lernt man mehr als aus seinen Erfolgen, daher will ich mich im Folgenden auf sie konzentrieren.

Während des Rennens habe ich fast sechs Liter Preiselbeersaft getrunken und trotzdem dreieinhalb Kilo Körpergewicht verloren. Da meine Nieren ihren Dienst einstellten – ich habe nicht ein einziges Mal uriniert –, muss ich rund neun Kilo an Schweiß verloren haben. So war ich zu der Überzeugung gelangt, Preiselbeersaft sei ein magisches Getränk, und trank ihn auch bei einem 80-Kilometer-Rennen, das an einem kühlen Spätherbsttag in Maine stattfand. Dort schwitzte ich nicht mehr so viel und urinierte entsprechend mehr. So merkte ich, dass der Saft sehr harntreibend ist. Für einen anderen Wettkampf, ein 24-Stunden-Rennen in North Carolina, trainierte ich noch härter – mit Spitzenwerten von über 300 Trainingskilometern pro Woche. Abermals wählte ich Preiselbeersaft als Getränk. Als ich ihn dieses Mal während des Laufs probierte, schmeckte er so grauenhaft, dass ich ihn nicht herunterbekam. Also musste ich Wasser trinken, aber auch das Wasser, das von den Saftresten ein bisschen Geschmack übernommen hatte, widerstrebte mir so sehr, dass ich es nicht hinunterschlucken konnte. Nach 50 Kilometern brach ich ein und gab auf. Ich hätte mir das Kleingedruckte auf den Etikett genauer durchlesen sollen. Wie sich später herausstellte, war diesem Preiselbeersaft anstelle des Maissirups ein künstlicher Süßstoff zugesetzt. Der Mangel an Ausdauer kam durch den Mangel an Brennstoff.

Die Geschmacksaversion mochte daher rühren, dass meinem Körper während des Rennens der Eindruck vermittelt worden war, der Schmerz komme vom Saft. Das heißt, mir wäre von *jedem* Preiselbeersaft schlecht geworden, weil mein Körper vom Rennen erinnerte, dass er umso heftigere Schmerzen verspürt hatte, je mehr Saft ich getrunken hatte, daher führte mein Körper den Schmerz auf den Preiselbeergeschmack und nicht auf das Laufen zurück. In ähnlicher Weise entwickeln Ratten, bei denen man mit vergifteter Nahrung Schmerz oder Übelkeit auslöst, eine Geschmacksaversion gegen die Nahrung, die mit dem negativen Reiz verknüpft wurde. Offenbar hatte ich mich unbewusst an den Schmerz erinnert, den ich während des Rennens verspürt hatte, obwohl ich keine klare sensorische Erinnerung mehr hatte. Unsere Unfähigkeit, das sensorische Gedächtnis an einen Schmerz zu bewahren, ist möglicherweise ein psychologischer Anpassungsmechanismus, der uns ermöglicht, wieder auf die Jagd zu gehen, nicht in furchtsamer Bewegungslosigkeit zu verharren, das Rennen wieder und wieder aufzunehmen. (Ich ging noch auf weitere Rekordjagd – über die 140 Kilometer und die Kilometerzahl in 24 Stunden –, bevor sich die Erkenntnis durchsetzte.) Im Gegensatz dazu erinnere ich mich noch ganz deutlich an das Entzücken aus Kindheitstagen, als ich meinen ersten Tigerkäfer fing, ein Vogeljunges in der Hand hielt und noch an tausend weitere wunderbare Erlebnisse, die mein Handeln bis auf den heutigen Tag bestimmen und motivieren.

Ein andermal wurde ich zum griechischen Spartathlon eingeladen, einem 200-Kilometer-Lauf von Athen nach Sparta. Dieses Mal stand ich unter dem Druck zu gewinnen. Wahrscheinlich aufgrund des früheren Erfolgs und meines kurzen Gedächtnisses hielt ich beim Aufbruch an einem noch dunklen Morgen in Athen mit den europäischen Antilopen Schritt. Als ich in die steilen Berge vor Sparta kam, begann ich zu gehen. Mir kam das wie ein Abbruch des Wettkampfs vor. Ich wusste noch nicht, dass Gehphasen durchaus zur Strategie des Ultramarathons gehören können. Dieses Mal schlug mich mein Freund Krolewicz, das Marathonkamel, der ebenfalls zum amerikanischen Aufgebot gehörte, ohne jede Mühe. Er kam ins Ziel. Ich hatte das Vorbild der Frösche und Kamele vernachlässigt, die sich ihr Tempo selber vorgeben und gut daran tun. Auch das Beispiel des Hirsches hatte ich mir keine Warnung sein lassen, der es ganz falsch anfängt, indem er davonsprintet, wenn er von einem Ausdauerraubtier gejagt wird.

Erfolg bedeutet jedem Menschen etwas anderes, wie mir vor kurzem auf einer Reise quer durch das Land einmal mehr vor Augen geführt wurde. Unsere Familie machte im Red Rock State Park bei Gallup in New Mexico Halt. Während wir picknickten, joggte ein Indianer an uns vorbei, den Canyon hinauf. Als er zurückkam, sprach ich ihn an. Wir entdeckten, dass wir beide Langstreckenläufer waren. Er hatte vor kurzem seinen sechsten Marathon absolviert, obwohl er früher 115 Kilo gewogen, stark geraucht, einen hohen Blutdruck und ein Alkoholproblem gehabt hatte. Das Laufen hatte ihm das Leben gerettet. »Jedes Mal, wenn ich die Ziellinie überquere«, erklärte er mir, »gewinne ich.« Er hatte einen phantastischen Sieg erzielt. Oder besser, sein Bewusstsein. Er hatte sich gesagt, ich kann es, und er konnte es. Es hätte sich genauso gut als ein tödlicher Irrtum herausstellen können. Auch ich denke, dass ich dem Laufen viel verdanke – meine Ausbildung, meine Gesundheit und vielleicht mein Leben.

In Chicago habe ich alles, was ich damals wusste, nach bestem Wissen und Gewissen umgesetzt. Das war entscheidend für mich. Wie gesagt, als ich durchs Ziel gelaufen war, wusste ich noch nicht einmal, ob ich einen Rekord aufgestellt hatte und wenn, was für einen. Ich habe später nicht mehr oft an das Rennen zurückgedacht. Erst 19 Jahre später, als ich meinem Sohn bei einem Crosswettkampf der Highschool zusah, war die Erinnerung plötzlich wieder da, und mir liefen Schauer über den Rücken. Eine Erinnerung um die andere stieg in mir auf, als wäre es erst gestern gewesen. So begann ich zu schreiben, um die Erfahrung nicht wieder zu verlieren, die mich so viel gekostet hatte und mir so kostbar war. Ich wollte sie weitergeben, und um das Laufen erneut zu erleben, begann ich wieder mit dem Training. Es gibt auch in meiner Altersgruppe (über 60 Jahre) Rekorde zu brechen.

Wenn Buschmänner eine Antilope oder ein Gnu erlegen, teilen sie das Fleisch mit ihren Freunden. Sie versammeln sich um die Glut ihres Lagerfeuers und unterhalten sich bis tief in die Nacht über die Jagd. Wenn sie nicht jagen, sprechen sie von der Jagd und lassen ihre Erlebnisse noch einmal lebendig werden.

Ich glaube, das Wesen des Jägers, der in uns allen lebt, ist die Fähigkeit, Werte zu vermitteln, die über alle praktische Nutzanwendung hinausreichen. Man nennt es auch Träumen. Das ist ein Großteil dessen, was uns zu Menschen macht. Kämen moderne Läufer an einem Lagerfeuer in einer warmen afrikanischen Nacht zusammen, würden sie wie die Buschmänner in der Glut stochern und noch einmal all ihre Rennen zum Leben erwecken, vom Start bis zur Ziellinie und darüber hinaus. Genau das habe ich hier versucht.

# Danksagung

Ich danke Bob Colby und Edmund Styrna, meinen Trainern in Highschool und College, deren fester Glaube an das Ideal der Höchstleistung immer eine Richtlinie für mich blieb – sowohl auf als auch jenseits der Aschenbahn. Der verstorbene Dick Cook – Lehrer, Wissenschaftler und Freund – gab mir die Ermutigung, die ich brauchte, um anzufangen. Die Anregung für die Fortsetzung der Arbeit bekam ich von unzähligen Läufern, unter denen meine Teamkollegen – vor allem der verstorbene Mike Kimball sowie Jerry Ellis, Bruce Wentworth, Kirk Hanson, Horace Horton und Timothy Carter – besondere Erwähnung verdienen. Vier wichtige Jahre lang sind wir zusammen gelaufen. Bill Gayton sei Dank für das Engagement und den Humor, den er als Sportveranstalter bewies; unvergessen ist ein 24-Stunden-Event, auch wenn dieses in meinem Bericht nicht vorkommt. Großen Dank schulde ich David Blaikie für seine Hilfe bei der Beschaffung der Daten und seine Ermutigung sowie Kim Layfield für ihre wunderbar rasche und zuverlässige Arbeit beim Tippen.

Alle Läufer sind den Menschen dankbar, die ihnen helfen, Fehler zu entdecken, das Tempo, die Kraft und den Laufstil zu verbessern. Schreiben ist wie Laufen. Es bedarf scheinbar unzähliger Wiederholungen, um Tempo, Kraft und Sparsamkeit des Ausdrucks zu verbessern, bis alles ganz leicht aussieht. Euch allen sei dafür Dank: Sandy Dijkstra, Diane Reverand, Alice Calaprice, Bill Patrick und vor allem meiner Frau Rachel Smolker, die mir alle Hindernisse sorgfältig aus dem Weg räumte, um mir jegliches Straucheln zu ersparen.

# Literatur

## Kapitel 1

Urquhart, F. A., *Monarch Butterfly: International Traveler.* Chicago: Nelson-Hall, 1987

## Kapitel 2

Martin, D. E., und Gynn, R. W. H., *The Marathon Footrace.* Springfield, Ill.: Charles C. Thomas, 1979

## Kapitel 3

Costill, D. L., *A Scientific Approach to Distance Running,* Track & Field News, (ohne Ort), 1979

## Kapitel 4

Bartholomew, G. A., und Heinrich, B., »Endothermy in African dung beetles during flight, ball making, and ball rolling«, in: *Journal of Experimental Biology*, 73, 1978, S. 65–83

Heinrich, B., und Bartholomew, G. A., »Roles of endothermy and size in inter- and intraspecific competition for elephant dung in an African dung beetle, *Scarabaeus laevistriatus*«, in: *Physiological Zoology*, 52, 1979, S. 484–496
Morgan, K. R., »Body temperature regulation and terrestrial activity in the ecothermic beetle *Cicindela tranquebarica*«, in: *Physiological* Zoology, 58, 1985, S. 29–37

Kapitel 5

Hadley, M. E., *Endocrinology*, Upper Saddle River, NJ.: Prentice Hall, 1996
Hylan, D. A., *Physiology of Sport*, New York: Paragon, 1990
Nijhout, H. F., *Insect Hormones*, Princeton: Princeton University Press, 1994
Speck, F. G., *Penobscot Man: The Life History of a Forest Tribe in Maine*, London: Oxford University Press, 1940
Tauber, M. J., Tauber, C. A., und Masaki, S., *Seasonal Adaptation of Insects*, New York: Oxford University Press, 1986

Kapitel 6

Cook, J. R., und Heinrich, B., »Glucose vs. acetate metabolism in *Euglena*«, in: *Journal of Protozoology*, 12, 1965, S. 581–584
Ebd., »Unbalanced respiratory growth of *Euglena*«, in: *Journal of Genetic Microbiology*, 53, 1968, S. 237–251
Costill, D. L., »Metabolic responses during distance running«, in: *Journal of Applied Physiology*, 28, 1970, S. 251–253
Heinrich, B., und Cook, J. R., »Studies on the respiratory physiology of *Euglena gracilis* cultured on acetate or glucose«, in: *Journal of Protozoology*, 14, 1967, S. 548–553

Noakes, T., *The Lore of Running*, Cape Town: Oxford University Press, 1985
Schmidt-Nielsen, K., *Physiologie der Tiere*, Heidelberg: Spektrum, Akad. Verl., 1999
Wilmore, J. H., *Training for Sport and Activity: The Physiological Basis of the Conditioning Process*, Boston: Allyn and Bacon, 1982

Kapitel 7

Bramble, D. M., und Carrier, D. R., »Running and breathing in mammals«, in: *Science*, 219, 1983, S. 251–256
Fixx, J. F., *Das komplette Buch vom Laufen*, Frankfurt am Main: Fischer Taschenbuch-Verlag, 1985
Heinrich, B., »Nervous control of the heart during thoracic temperature regulation in a sphinx moth«, in: *Science*, 169, 1970, S. 606–607
Ebd., »Thoracic temperature stabilization in a free-flying moth«, in: *Science*, 168, 1970, S. 580–583
Ebd., »Temperature regulation of the sphinx moth, *Manducasexta*«, in: *Journal of Experimental Biology*, 54, 1971, S. 141–166
Ebd., »Heat exchange in relation to blood flow between thorax and abdomen in bumblebee«, in: *Journal of Experimental Biology*, 64, 1976, S. 561–585
Ebd., »Keeping a cool head in honeybee thermoregulation«, in: *Science*, 205, 1979, S. 1269–1271

Kapitel 8

Able, K. P. (Hg.), *Gatherings of Angels*, Ithaca: Comstock Books, 1999
Baird, J., »Returning to the tropics: The epic autumn flight of the blackpoll warbler«, in: Able, K. P. (Hg.), *Gatherings of Angels*, Ithaca: Comstock Books, 1999

Berthold, P., *Control of Bird Migration*, London: Chapman and Hall, 1996

Ens, B. J., Piersma, T., Wolff, W. J., und Zwarts, L. (Hg.), »Homeward bound: Problems waders face when migrating from the Bane d'Arguin, Mauritania, to their northern breeding grounds in spring«, in: *Ardea*, 78, 1990, S. 1–363

Gonzalez, N. C., und Fedde, R. M., *Oxygen Transport from Atmosphere to Tissues*, New York: Plenum, 1988

Harrington, B. A., »The hemispheric globetrotting of the white-rumped sandpiper«, in: Able, K. P. (Hg.), *Gatherings of Angels*, Ithaca: Comstock Books, 1999

Piersoma, T., und Davidson, N., *The Migration of Knots*, Wader Study Group Bulletin 64. Petersborough, GB: Monkstone House, 1992

Piersma, T., Koolhaas, A., und Dekinga, A., »Interactions between stomach structure and diet choice in shorebirds«, in: *Auk*, 110, 1993, S. 552–564

Schmidt-Nielsen, K., *Physiologische Funktionen bei Tieren*, Stuttgart: Fischer, 1975

Tucker, V. A., »Respiratory exchange and evaporative water loss in the flying budgerigar«, in: *Journal of Experimental Biology*, 48, 1968, S. 67–87

Kapitel 9

Burney, D. A., »Recent animal extinctions: Recipes for disaster«, in: *American Scientist*, 81, 1993, S. 530–541

Byers, J. A., »Play in ungulates«, in: P. K. Smith (Hg.), *Play in Animals and Humans*, Oxford: Basil Blackwell, 1984

Ebd., *American Pronghorn: Social Adaptations and the Ghosts of Predators Past*, Chicago und London: University of Chicago Press, 1997

Eyestone, E., »Man vs. Horse«, in: *Runner's World*, November, 2000
Kurten, B., und Anderson, E., *Pleistocene Mammals of North America*, New York: Columbia University Press, 1980
Lindstedt, S. L., Hokanson, J. F., Wells, D. J., Swain, S. D., Hoppeler, H., und Navarro, V., »Running energetics in the pronghorn antelope«, in: *Nature*, 353, 1991, S. 748–749
Mech, L. D., *The Wolf: The Ecology and Behavior of an Endangered Species*, New York: Doubleday, 1970
Nobokov, P., *Indian Running: Native American History and Tradition*, Santa Fe, N.M.: Aneburt City Press, 1981
Price, E. O., »Behavioral aspects of animal domestication«, in: *Quarterly Review of Biology*, 59, 1984, S. 1–32
Stuart, A. J., »Mammalian extinctions in the late Pleistocene of northern Eurasia and North America«, in: *Biological Review*, 66, 1991, S. 453–462
Turbak, G., *Pronghorn: Portrait of the American Antelope*, Flagstaff, Ariz.: Northland Publishing Co, 1995
Webb, S. D., »A history of savanna vertebrates in the New World, Part I, North America«,in: *Annual Review of Ecology & Systematics*, 8, 1977, S. 355–380

Kapitel 10

Dagg, A. J., »The locomotion of the camel *(Camelus drom-edarius)*«, in: *Journal of Zoology*, 174, 1974, S. 67–68
Denis, F., *Observations sur le comportement du dromadaire*, Dissertation, Faculté des Sciences de l'Université de Nancy, 1970
Gauthier-Pilters, H., und Dagg, A. I., *The Camel: Its Evolution, Ecology, Behavior, and Relationship to Man*, Chicago, University of Chicago Press, 1981
Louw, G., *Physiological Animal Ecology*. Essex, GB: Longman Scientific and Technical, 1993

McKnight, T. L., *The Camel in Australia.* Carlton, Melbourne University Press, 1969

Perk, R. F., »The camel's erythrocyte«, in: *Nature*, 200, 1963, S. 272–273

Ebd., »Osmotic hemolysis of the camel's erythrocytes«, in: *Journal of Experimental Zoology*, 163, 1966, S. 241–246

Schmidt-Nielsen, K., »The physiology of the camel«, in: *Scientific American*, 201, 1959, S. 140–151

Ebd., *Desert Animals: Physiological Problems of Heat and Water*, Oxford: Clarendon Press, 1964

Schmidt-Nielsen, K., Crawford, E. C., Newshoime, A. E., Rawson, K. S., und Hammel, H. T., »Metabolic rate of camels: Effect of body temperature and dehydration«, in: *American Journal of Physiology*, 212, 1967, S. 341–346

Schmidt-Nielsen, K., Schmidt-Nielsen, B., Houpt, T. R., und Jarnum, S. A., »The question of water storage in the stomach of the camel«, in: *Mammalia*, 20, 1956, S. 11–15

Ebd., »Water balance of the camel«, in: *American Journal of Physiology*, 185, 1956, S. 185–194

Kapitel 11

Billings, D., »Aerobic efficiency in ultrarunners«, in: *Ultrarunning*, November 1984, S. 24–25

Davies, C. T. M., »Physiology of ultra-long distance running«, in: *Medicine and Sport*, 13, 1981, S. 53–63

Taigen, T. L., und Wells, K. D., »Energetics of vocalization by an anuran amphibian *(Hyla versicolor)*«, in: *Journal of Comparative Physiology*, 155, 1985, S. 163–170

Taigen, T. L., Wells, K. D., und Marsh, R. L., »The enzymatic basis of high metabolic rates in calling frogs«, in: *Physiological Zoology*, 58, 1985, S. 719–726

Wells, K. D., und Taigen, T. L., »The effect of social interactions on calling energetics in the gray treefrog *(Hyla versicolor)*«, in: *Journal of Behaviorial Ecology and Sociobiology*, 19, 1986, S. 9–18

### Kapitel 12

Alexander, R. M., »Elastic energy stores in running vertebrates«, in: *American Zoologist*, 24, 1984, S. 85–94

Ebd., *Elastic Mechanisms in Animal Movement*, Cambridge, GB: Cambridge University Press, 1988

Darwin, C. R., *Die Entstehung der Arten durch natürliche Zuchtwahl*, Stuttgart: Reclam, 1859/1963

Gordon, D. G., *The Compleat Cockroach: A Comprehensive Guide to the Most Despised (and Least Understood) Creatures on Earth*, Berkeley, Kalifornien: Ten Speed Press, 1996

Ker, R. P., Bennett, M. B., Bibby, S. R., Kester, R. C., und Alexander, R. McN., »The spring in the arch of the human foot«, in: *Nature*, 325, 1987, S. 147–149

McMahon, T. A., »The spring in the human foot«, in: *Nature*, 325, 1987, S. 108–109

McMahon, T. A., und Greene, P. R., »The influence of track compliance on running«, in: *Journal of Biomechanics*, 12, 1979, S. 893–904

Vogel, S., *Von Grashalmen und Hochhäusern*, Weinheim: Wiley-VHC, 2000

### Kapitel 13

Andrade, M. C. B., »Sexual selection for male sacrifice in the Australian redback spider«, in: *Science*, 271, 1996, S. 70–72

Bennett, W. C, und Zingg, R. M., *The Tarahumara: An Indian Tribe of Northern Mexico*, Chicago: University of Chicago Press, 1935

Borta, W. M., »Physical exercise as an evolutionary force«, in: *Journal of Human Evolution*, 14, 1985, S. 145–155

Bramble, D. M., und Carrier, D. R., »Running and breathing in mammals«, in: *Science*, 219, 1983, S. 251–256

Burney, D. A., »Recent animal extinction: Recipes for disaster«, in: *American Scientist*, 81, 1993, S. 530–541

Caputa, M., »Selective brain cooling: An important component of thermal physiology«, in: *Contributions to Thermal Physiology*, 32, 1981, S. 183–192

Carrier, D. R., »The energetic paradox of human running and hominid evolution«, in: *Current Anthropology*, 24, (4), 1984, S. 483–495

Dawson, T., Robertshaw, J. D., und Taylor, C. R., »Sweating in the kangaroo: A cooling mechanism during exercise, but not in the heat«, in: *American Journal of Physiology*, 227, 1974, S. 494–498

Falk, D., »Brain evolution in homo: The ›radiator‹ theory«, in: *Behavioral and Brain Sciences*, 13, 1990, S. 333–386

Gaesser, C. A., und Brooks, G. A., »Glycogen depletion following continuous and intermittent exercise to exhaustion«, in: *Journal of Applied Physiology*, 49, 1980, S. 727–728

Hawkes, K., »Showing off: Tests of an hypothesis about men's foraging goals«, in: *Ethology and Sociobiology*, 12, 1991, S. 29–54

Heinrich, B., »Thoracic temperature stabilization by blood circulation in a free-flying moth«, in: *Science*, 168, 1970, S. 580–582

Ebd., »Thoracic butterflies in the field near the equator«, in: *Comparative Biochemical Physiology*, 43A, 1972, S. 459–467

Ebd., *The Hot-Blooded Insects*, Cambridge: Harvard University Press, 1993

Ebd., *The Thermal Warriors*, Cambridge: Harvard University Press, 1996

Johanson, D., und Edey, M., *Lucy*, München: Piper, 1982
Kaplan, H., und Hill, K., »Hunting ability and reproduction success among male Ache foragers: Preliminary results«, in: *Current Anthropology*, 26, 1985, S. 131–133
Kessel, E. L., »The mating activities of balloon flies«, in: *Systematic Zoology*, 4, 1955, S. 97–104
Lee, R. B., und DeVore, I. (Hg.), *Man the Hunter*, Chicago: Aldine, 1968
Lee, R. B., *The !Kung San: Men, Women, and Work in a Foraging Society*, Cambridge: Cambridge University Press, 1979
Leonard, W. R., und Robertson, M. L., »Ecological correlates of home range variation in primates: Implications for hominid evolution«, in: S. Boinski und P. A. Garber (Hg.), *On the Move: How Animals Travel in Groups*, Chicago und London: University of Chicago Press, 2000
Louw, G., *Physiological Animal Ecology*. Essex, GB: Longman Scientific and Technical, 1993
Lowie, R. H., »Notes on Shoshonean ethnography«, in: *Anthropological Papers of the American Museum of Natural History*, 20, Teil 3, 1924
May, M., »Thermoregulation and adaptation to temperature in dragonflies *(Odonata: Anisoptera)*«, in: *Evolutionary Monographs*, 46, 1976, S. 1–32
McCarthy, F. D., *Australian Aborigines: Their Life and Culture*, Melbourne: Colorgravure Publications, 1957
Newman, R. W., »Why man is such a sweaty and thirsty naked animal: A speculative review«, in: *Human Biology*, 42, 1970, S. 12–27.
Pennington, C. W., *The Tarahumara of Mexico*, Salt Lake City: University of Utah Press, 1963
Poulten, E. B., »Empidae and their prey in relation to courtship«, in: *Entomol. Mo. Mag.*, 49, 1913, S. 177–180

Rudman, P. S., und McHenry, H. M., »Bioenergetics and the origin of hominid bipedalism«, in: *American Journal of Physical Anthropology*, 52, 1980, S. 103–106

Schaller, G. B., und Lowther, G. R., »The relevance of carnivore behavior to the study of early hominids«, in: *Southwestern Journal of Anthropology*, 25, 1969, S. 307–341

Schapera, I., *The Khoisan People of South Africa: Bushman and Hottentots*, London: Routledge and Kegan Paul, 1930

Shoemaker, V. H., Nagy, K. A., und Costa, W. R., »Energy utilization and temperature regulation by jackrabbits *(Lepus californicus)* in the Mojave Desert«, in: *Physiological Zoology*, 49, 1976, S. 364–375

Sollas, W. J., *Ancient Hunters and Their Modern Representatives*. New York: MacMillan, 1924

Stanford, C. B., »To catch a colobus«, in: *Natural History*, 1, 1995, S. 48–54

Ebd., *The Hunting Apes: Meat Eating and the Origins of Human Behavior*, Princeton: Princeton University Press, 1999

Steudel, K., »Limb morphology, bipedal gait, and the energetics of hominid locomotion«, in: *American Journal of Physical Anthropology*, 99, 1996, S. 345–355

Strum, S. C., »Processes and products of change: Baboon predatory behavior at Gilgil, Kenya«, in: R. S. O. Harding und G. Teleki (Hg.), *Omnivorous Primates: Gathering and Hunting in Human Evolution*, New York: Columbia University Press, 1981

Taylor, C. R., Heglund, N. C., und Maloiy, G. M. O., »Energetics and mechanisms of terrestrial locomotion«, in: *Journal of Experimental Biology*, 97, 1982, S. 1–21

Taylor, C. R., und Rowntree, V. J., »Running on two or four legs: Which consumes more energy?«, in: *Science* 179, 1973, S. 186–187

Ebd., »Temperature regulation and heat balance in running cheetahs: A strategy for sprinters?«, in: *American Journal of Physiology*, 224, 1973, S. 848–851

Toolson, E. C., »Water profligacy as an adaptation to hot deserts: Water loss rates and evaporation cooling the Sonoran Desert cicada, *Diceroprocta apache* (Homoptera: Cicadidae)«, in: *Physiological Zoology*, 60, 1987, S. 379–385

Wannenburgh, A., *Buschmänner*, Hannover: Landbuch-Verlag, 1979

Washburn, S. L., und Lancaster, C., »The evolution of hunting«, in: Lee, R. B., und DeVore, I. (Hg.), *Man the Hunter*, Chicago: Aldine, 1968

Wheeler, P. R., »The evolution of bipedalability and loss of functional body hair in hominids«, in: *Journal of Human Evolution*, 13, 1984, S. 91–98

Ebd., »Thermoregulatory advantages of hominid bipedalism in open equatorial environments: The contribution of increased heat loss and cutaneous evaporative cooling«, in: *Journal of Human Evolution*, 21, 1991, S. 107–115

Wolpoff, M. H., *Paleoanthropology*, New York: Knopf, 1980

Wrangham, R. W., Jones, J. H., Laden, G., Pilbeam, D., und Conklin-Brittain, N., »The raw and the stolen: Cooling and the ecology of human origins«, in: *Current Anthropology*, 40, 1999, S. 567–594

Kapitel 14

Adier, N. T., *Neuroendocrinology of Reproduction: Physiology and Behavior*, New York: Plenum Press, 1981

Bale, J., und J. Sang, *Kenyan Running*, London: Frank Cass, 1996

Beck, S. D., *Insect Photoperiodism*, New York: Academic Press, 1980

Berg-Schlosser, D., *Tradition and Change in Kenya: Comparative Analysis of Seven Major Ethnic Groups*, Paderborn: Ferdinand Schoningh, 1984
Cobb, W. M., »Race and runners«, in: *Journal of Health and Physical Education*, 1, 1936, S. 3–7, 53–55
Daniels, J., »Science on the altitude factor«, in: D. Prokop (Hg.), *The African Running Revolution*, Mountain View, Calif.: World Publications, 1975
Derderian, T., *Boston Marathon; The History of the World's Premier Running Event*, Champaign, Ill.: Human Kinetics, 1994
Derr, M., »The making of a marathon mutt«, in: *Natural History*, 3, 1996, S. 35–40
Donovan, C. M., und Brooks, G. A., »Endurance training affects lactace clearance, not lactate production«, in: *American Journal of Physiology*, 244, 1983, S. E82–E92
Hoberman, J., *Mortal Engines: The Science of Performance and the Dehumanization of Sport*, New York: Free Press, 1952
Saltin, B. u. a., »Aerobic exercise capacity at sea level and at altitude in Kenyan boys, junior and senior runners compared with Scandinavian runners«, in: *Scandinavian Journal on Medicine and Science in Sports*, 5(4), 1995, S. 209–221
Wiggin, D., »›Great speed but little stamina‹, The historical debate over black superiority«, in: *Journal of Sports History* 16(2), 1999, S. 158–185
Wehner, R. A., Marsh, A. C., und Wehner, S., »Desert ants on a thermal tightrope«, in: *Nature*, 357, 1992, S. 586–587

Kapitel 15

Revkin, A. C., »Sleeping beauties: The bear's strategies of getting through the winter«, in: *Discover*, April, 1989, S. 62–65

Kapitel 16

Allport, S., *The Primal Feast*, New York: Harmony Books, 1999

Battley, P. P., Piersma, T., Dietz, M. W., Tang, S., Dekinga, A., und Hulsman, K., »Empirical evidence for differential organ reductions during trans-oceanic bird flight«, in: *Proceedings of the Royal Society, London*, B, 267, 1999, S. 191–195

Biebach, H., »Phenotypic organ flexibility in garden warbler *Sylvia borin* during long-distance migration«, in: *Journal of Avian Biology*, 29, 1998, S. 529–535

Karasov, W. H., und Pinshow, B., »Changes in lean mass and in organs of nutrient assimilation in long-distance passerine migrant at a spring-time stopover site«, in: *Physiological Zoology*, 71, 1998, S. 435–448

Larsen, C. S., *Bioarcheology: Interpreting Behavior from the Human Skeleton*, Cambridge: Cambridge University Press, 1997

Kapitel 17

Heinrich, B., *Der Hummelstaat*, München: List, 1994

Piersma, T., Gudmundsson, G. A., und Lilliendahl, K., »Rapid changes in size of different functional organ and muscle groups during refueling in a long-distance migrating shorebird«, in: *Physiological and Biochemical Zoology*, 72, 1999, S. 405–416

Kapitel 18

Battley, P. E, Piersma, T., Dietz, M. W., Tang, S., Dekinga, A., und Hulsman, K., »Empirical evidence for differential organ reductions during trans-oceanic bird flight«, in: *Proceedings of the Royal Society London*, B, 267, 1999, S. 191–195

Gaesser, C. A., und Brooks, G. A., »Glycogen depletion following continuous and intermittent exercise to exhaustion«, in: *Journal of Applied Physiology*, 49, 1980, S. 727–728

Hochachka, P. W., und Somero, G. N., *Strategien biochemischer Anpassung*, Stuttgart: Thieme, 1980

Hollaszy, J. O., und Booth, P. W., »Biochemical adaptations to endurance in muscle«, in: *Annual Review of Physiology*, 38, 1976, S. 273–291

Jacobs, B. L., van Praag, H., und Gaze, F. H., »Depression and the birth and death of brain cells«, in: *American Scientist*, 88, 2000, S. 340–354

Krause, R., *One Hundred Years of Maine Running*, Selbstverlag, 2001

McArdle, W. D., Katch, F. I., und Katch, V. L., *Exercise Physiology, Energy, Nutrition, and Human Performance*, 3. Aufl., Philadelphia and London: Lea und Febiger, 1991

Noakes, T., *The Lore of Running*, Cape Town: Oxford University Press, 1985

Piersma, T., Bruinzeel, L., Drent, R., Kersten, M., der Meer, J. V., und Wiersma, P., »Variability in basal metabolic rate of a long-distance migrant shorebird (red knot, *Calidris canutus)* reflects shifts in organ sizes«, in: *Physiological Zoology*, 69, 1996, S. 191–217

Sleamaker, R., *Serious Training for Serious Athletes*, Champaign, Ill.: Leisure Press, 1989

Kapitel 19

Steinberg, D., und Khoo, J. C., »Hormone-sensitive lipase of adipose tissue«, in: *Fed. Proc.*, 36, 1977, S. 1986–1990

# Register

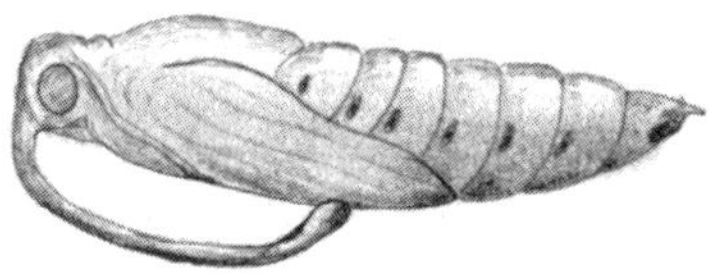

## A

## B



## C



## D



## E

## F



## G

## H



## I



## K

## L



## M

## P



## R



## S

## T



## U



## V

# Quellennachweis

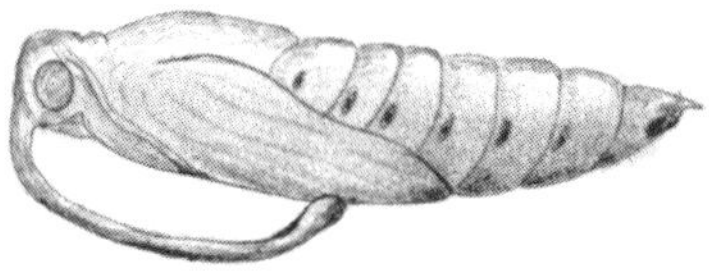

Das Zitat von Charles Darwin auf S. 199 wurde mit freundlicher Genehmigung des Reclam Verlags abgedruckt (Charles Darwin, *Die Entstehung der Arten durch natürliche Zuchtwahl*, Reclam, Stuttgart 1963, S. 269).

Die Motti der einzelnen Kapitel wurden neu übersetzt.

Die Illustrationen im Innenteil stammen vom Autor Bernd Heinrich. Wir danken für die freundliche Genehmigung des Abdrucks.